生产经营单位安全培训教材

班组长安全生产与应急管理培训教材

张学光 初建斌 夏 爽 姜伯宁 刘大勇 编著

图书在版编目(CIP)数据

班组长安全生产与应急管理培训教材／张学光等编著. —北京：气象出版社，2018.5
生产经营单位安全培训教材
ISBN 978-7-5029-6764-2

Ⅰ. ①班… Ⅱ. ①张… Ⅲ. ①班组管理—生产管理—安全培训—教材 Ⅳ. ①F406.6

中国版本图书馆 CIP 数据核字(2018)第 084548 号

Banzuzhang Anquan Shengchan yu Yingji Guanli Peixun Jiaocai
班组长安全生产与应急管理培训教材

出版发行：气象出版社	
地　　址：北京市海淀区中关村南大街46号	邮政编码：100081
电　　话：010-68407112(总编室)　010-68408042(发行部)	
网　　址：http://www.qxcbs.com	E-mail：qxcbs@cma.gov.cn
责任编辑：徐秋彤　彭淑凡	终　审：张　斌
封面设计：楠竹文化	责任技编：赵相宁
印　　刷：三河市百盛印装有限公司	
开　　本：850 mm×1168 mm　1/32	印　张：9.75
字　　数：253 千字	
版　　次：2018 年 5 月第 1 版	印　次：2018 年 5 月第 1 次印刷
定　　价：28.00 元	

本书如存在文字不清、漏印以及缺页、倒页、脱页等，请与本社发行部联系调换

前 言

安全生产是关系人民群众生命财产安全的大事，是经济社会协调健康发展的标志，是党和政府对人民利益高度负责的要求。党中央、国务院历来高度重视安全生产工作，党的十八大以来作出了一系列重大决策部署，推动全国安全生产工作取得了积极进展；习近平总书记发表了一系列重要讲话，是我们做好安全生产工作的根本遵循和行动指南。

党中央、国务院陆续出台了《中共中央 国务院关于推进安全生产领域改革发展的意见》等法律法规及重要文件。要求各生产经营单位严格落实企业安全教育培训制度，切实做到先培训、后上岗；推进安全文化建设，加强警示教育，强化全民安全意识和法治意识。

班组作为企业承上启下的基层组织，是落实企业安全管理制度、搞好安全生产的基础。国家有关安全生产的方针政策、法律法规，最终都要在班组贯彻落实。企业形成的一系列安全制度、规定措施也要通过班组具体实施，而所有这一切都必须由班组长去负责组织落实。班组长是班组的安全生产第一责任人，是安全生产法律法规、规章制度的首要执行者。企业班组安全管理的好坏与班组长的安全素质、安全知识、安全技能有着直接关系。因此，不断开展班组长安全生产培训教育、提高班组长安全素质是企业一项长期的重要工作。

本书从企业班组安全生产的实际需要出发，本着科学、系统、实用的原则，针对班组长安全培训实际，从安全生产的基本知识入手，着重强调了班组长在安全上应知应会的内容，力求使班组长通过本书的学习，掌握安全生产的基本知识、班组安全管理的基本理论和方法、基本的应急管理知识和现场应急处置方式方法，达到上岗的要求。

本书主要包括班组安全概述、安全生产法规制度、班组安全建设和管理、作业现场安全标准化管理、劳动防护用品的使用和管理、现场安全检查与隐患排查治理、事故现场应急处置和急救、班组长安全管理艺术和管理经验等内容，并附有典型事故案例。

本书是班组长进行安全生产与应急处置培训的专用教材，也可作为生产经营单位各类管理人员、从业人员、安全工程专业学生的安全培训和学习资料。各单位可结合本单位班组的特点，适当增加本单位安全管理实际工作的相关内容，使培训达到更好的效果。

在本书的编写过程中，参考了大量的相关资料，特向这些资料的作者表示诚挚的谢意。同时，编者还得到了刘博、刘春燕等多位专家的宝贵指导，在此一并表示衷心的感谢！

由于编写时间仓促、水平有限，本书难免存在不足之处，敬请广大读者批评指正，以便在今后修订时逐步完善。

编者

2018 年 4 月

目 录

前言
第一章 班组安全概述 …………………………………… (1)
　第一节 班组的地位和作用 ………………………………… (1)
　第二节 班组安全工作的重要性和特点 …………………… (3)
　第三节 班组安全工作的基本内容 ………………………… (4)
第二章 安全生产法规制度 ……………………………… (11)
　第一节 安全生产法规及安全生产法规体系 ……………… (11)
　第二节 国家有关安全生产的法律、法规 ………………… (16)
　第三节 班组安全生产工作制度 …………………………… (21)
第三章 班组安全建设和管理 …………………………… (38)
　第一节 班组安全建设与组织管理 ………………………… (38)
　第二节 班组长的安全素质和条件 ………………………… (46)
　第三节 从业人员的权利与义务 …………………………… (51)
　第四节 特殊从业人员的安全管理 ………………………… (58)
　第五节 基层班组安全活动 ………………………………… (61)
　第六节 班组安全生产教育 ………………………………… (72)
　第七节 班组安全管理的常用规范 ………………………… (76)
第四章 作业现场安全标准化管理 ……………………… (82)
　第一节 班组标准化作业 …………………………………… (82)
　第二节 人员作业的安全管理 ……………………………… (90)
　第三节 现场设备的安全管理 ……………………………… (103)
　第四节 现场物料标准化管理 ……………………………… (116)
　第五节 作业条件与环境改善 ……………………………… (121)

第五章　劳动防护用品的使用和管理……………………(156)
   第一节　劳动防护用品及其使用……………………(156)
   第二节　劳动防护用品管理…………………………(171)
   第三节　职业病危害与预防…………………………(173)
第六章　现场安全检查与隐患排查治理…………………(189)
   第一节　岗位危险源辨识……………………………(189)
   第二节　危险点控制管理……………………………(197)
   第三节　危险作业控制管理…………………………(202)
   第四节　危险预知活动………………………………(215)
   第五节　安全检查和隐患排查治理…………………(217)
第七章　事故现场应急处置和急救………………………(224)
   第一节　事故应急救援基础知识……………………(224)
   第二节　事故现场应急与自救互救…………………(239)
   第三节　事故报告与现场处置………………………(265)
   第四节　典型事故案例………………………………(270)
第八章　班组长安全管理艺术和管理经验………………(279)
   第一节　预先安全心理调适…………………………(279)
   第二节　安全行为激励………………………………(286)
   第三节　安全纪律控制………………………………(290)
   第四节　班组先进安全管理经验……………………(292)

第一章 班组安全概述

第一节 班组的地位和作用

一、班组的概念及特点

1. 概念

班组是企业最基层的生产组织,是实现安全生产的基础,是企业组织中的基本细胞,是生产经营的最小单位,是生产经营任务的直接完成者。国家有关安全生产的方针、政策、法规、条例等最终都要在班组里落实。企业生产管理中的一系列安全措施、控制措施,都要依靠班组长组织员工具体实施,设备设施都要由班组员工正确操作和维护。因此能否将安全管理有效地深入到班组安全建设,是大幅度降低伤亡事故,实现安全生产的关键。

班组安全管理是企业管理的一个重要组成部分。管理是一种无形资产、无形财富,作为一个优秀的班组长,应该做到管得起、理得顺、统人心、出效益。尤其是在生产飞速发展的二十一世纪,班组长除了做好日常管理以外,还要学习现代企业管理的理论和方法。

班组是一个完善的组织机构,麻雀虽小,五脏俱全。班组长既是基层管理者,也是中层管理干部的重要来源,许多优秀的车间主任、科长,甚至厂长,都来自于班组长。

班组日常管理是一个大杂烩,质量、安全、生产、工艺、劳动纪律、员工关系等一应俱全。班组是一个锻炼人才的摇篮,经历了酸甜苦辣的磨炼，每个班组长才能胜任今后更加复杂、更加高层的管理工作。

2. 班组的特点

(1) 结构小——班组为企业最基层单位，结构最小，不能再分。

(2) 管理全——质量、安全、生产、工艺、劳动纪律等等，麻雀虽小，五脏俱全。

(3) 工作细——班组工作非常具体，需要班组长耐心、细致。

(4) 任务实——上面千条线，下面一根针，企业所有管理内容最终都要落实到班组。

(5) 群众性——班组工作是一项群众性很强的活动，需要班组长团结员工，集中大家的智慧和力量才能更好地完成。

二、班组的地位及作用

在企业里，绝大部分事故发生在班组。班组长作为"兵头将尾"，对控制事故发生起着非常重要的作用。如果班组长管理不善，或责任心不强，对违章违纪听之任之，那么，发生事故的概率将大大增加。班组的地位及作用可概括为以下几点：

(1) 班组是企业生产经营管理的第一线，具有保证企业管理目标实现的作用。

(2) 班组是企业经济活动的细胞，具有提高企业经济效益的作用。企业好比是躯体，班组就是细胞。

(3) 班组是企业能人、强人的聚集库，具有对企业的发展"输送能量"的作用。

(4) 班组是企业活力的源头，具有增强企业活力的支撑作用。

(5) 班组是企业民主管理的基地，具有团结和稳定职工的凝聚作用。

(6) 班组是企业职工的小家，具有育人和护人的熔炉作用。

第二节　班组安全工作的重要性和特点

一、班组安全管理的重要性

班组是企业安全生产的基础。只有搞好班组的安全生产，整个企业的安全生产才有保证。因此，搞好班组安全管理具有十分重要的意义，是现场安全管理的关键。

1. 班组是落实安全生产方针的基础

班组处于生产第一线，管理第一线，国家和企业的安全生产方针、政策、法规、制度最终都要在班组具体贯彻落实，在班组见到效果。班组的安全管理如何，是安全生产方针、政策、法规能否具体实施的关键。只有把班组的安全管理搞好、HSE管理做好，才能保证安全生产、方针、政策、法规的贯彻实施。

2. 班组是控制职工伤亡的前沿阵地

由于人在班组，思想活动在班组，机器设备在班组，因此，绝大部分事故都发生在班组。如果把班组安全管理搞好，保证每个班组都不发生事故，那么企业的安全生产就有保证。所以，控制企业职工伤亡事故的关键在于控制每个班组的伤亡事故。

3. 班组是发现和消灭事故隐患的前线

造成事故的原因归纳起来主要有两个方面，一是人的不安全行为，二是物的不安全状态。从人的因素讲，由于人的种种不安全意识（即事故隐匿形式）的支配产生种种不安全的行为，从而造成事故。从物的因素讲，由于生产设备和生产环境有潜在的危险因素，未能及时发现和处理，容易在生产运行时造成事故。不论是人的隐患还是物的隐患，都隐匿在班组。隐患的第一发现者应当是工人和他所在的班组。如果把住班组安全管理这一关，则绝大部分事故隐患可以在班组发现和消除。

二、班组安全工作的特点

贯彻安全生产的方针，做好班组安全生产工作，必须认识班组安全生产工作的特点，归纳起来有以下几个方面。

1. 预防性

班组安全生产工作的预防性，是指班组要把安全生产工作做在发生事故之前，尽一切努力来杜绝事故的发生。因此，要求班组的安全生产工作必须树立预防为主的思想。

2. 长期性

哪里有生产活动，哪里就有不安全的因素存在。因此，只要班组生产活动还在进行，就必须做好安全生产工作，它是一项长期的、经常的、艰苦细致和复杂的管理工作。

3. 科学性

班组安全生产工作有一定的规律性，围绕班组安全生产所制订的各种安全制度、操作规程都是经验的总结，班组人员只有不断学习有关安全生产的各项科学知识，才能掌握班组安全生产的主动权。

4. 群众性

班组安全生产是一项与广大群众切身利益相关的工作，只凭少数人抓安全生产是不够的，必须使它建立在广泛的群众基础上。只有人人重视安全生产，班组实现安全生产才有保证。

第三节 班组安全工作的基本内容

一、班组安全生产目标

班组的根本任务是安全、文明、优质、高效地完成生产、施工和试验任务。班组在生产劳动过程中应始终把安全工作放在首位，实行安全目标管理。班组安全生产目标主要有：

(1) 不发生人身未遂或轻伤及其以上事故;
(2) 不发生人员责任造成的设备异常及其以上事故。

上述安全目标的实现,需要班组不断加强自身建设,建立健全以落实岗位责任制为中心的安全制度,开展经常性、多样化的安全学习、宣传教育和岗位练兵活动,使职工熟练地掌握本岗位的安全操作技术及安全作业标准,不断提高安全意识、自我保护能力以及处理突发性事故的能力;需要充分发挥班组党、工、团组织和安全员在班组安全工作中的作用;需要班组每一个成员自觉遵章守纪,确保不发生违章、不发生差错,努力做到"三不伤害"(我不伤害自己,我不伤害他人,我不被他人伤害)。

二、班组安全管理的内容

班组安全管理是一项系统工程,同样应实行"三全"管理(全员、全方位、全过程)。班组安全工作主要内容有:

(一) 班组安全教育

1. 新工人三级安全教育

企业三级安全教育中第三级安全教育就是班组安全教育。厂级、车间级二级安全教育只能使新工人对企业安全生产状况有一个大概了解,不能提高职工操作技能和应变能力。班组安全教育则是注重安全操作示范,讲述正确使用个体防护用品,讲解岗位作业特点、危险因素、危险区域及预防事故的方法。

2. 经常化安全教育

安全生产要天天讲,月月说。班组安全教育要围绕生产活动,针对职工不安全行为经常开展。其内容主要是班前安全喊话,强调安全教育;班中正确使用个人防护用品,遵章守纪教育;班后安全讲评,宣传好人好事的正面教育。

3. 换岗和新操作教育

操作工人调换工种,企业推广新工艺、新设备、新产品、新材料时，必须进行换岗和"四新"操作法的安全教育。如果以为自己是老工人，可以凑合操作，不需要进行新的操作知识教育那就错了。有许多事故恰恰发生在这些换岗不久，或采用新的工艺、新的操作方法的老师傅身上。因此，千万不能忽视这个问题。

4. 岗位安全操作技能训练

岗位安全操作技能训练是班组安全教育的重要环节。其内容主要是使职工做到"四懂四会"，即懂设备、工具主要结构和性能，会安全操作和一级保养；懂岗位区域的不安全因素的分布点及职业危害，会正确使用个人防护用品和灭火器材；懂岗位的工艺流程及事故发生的特点，会采取预防措施和排除故障；懂工伤事故报告规程，会处理伤害和未遂事故。

(二) 班组安全自查、互查

在班组安全管理中实行班组职工自查、互查，对于及时纠正个体不安全行为，消除事故隐患能起到积极作用。这是因为生产现场的情况是经常变化变动的，仅仅依靠厂、车间二级领导去发现，依靠专职安全干部去检查、把关，往往是有困难和难于施行的。搞好现场安全生产，除了领导重视，有一些精通业务的专职安技人员外，还要充分依靠班组职工开展自查和互查这种群众性的检查活动。

1. 自查

自查是指生产工人在生产过程中，对自己的操作行为、工作环境及设备、工具是否有异常现象进行自我检查，即自己把关。

2. 互查

互查是指生产工人之间对违章行为和不安全因素进行的相互检查。互查的形式主要有以下几种：

(1) 班组长或安全员对本班组成员的巡查。

(2) 同机床倒班操作者的交接互查。

(3) 同工序间（同工种）生产工人的互查。

(三）班组安全活动

经常开展适合班组特点的各种类型安全活动，有助于提高班组群体安全意识，及时解决班组生产中存在的事故隐患，实现安全生产。

企业在开展班组安全活动方面，创造了许多诸如班组安全日活动、危险预知活动、安全质量控制小组活动、安全互保活动等形式，这些形式用某种方法把它们串起来，形成统一可行的定量标准，便于检查、评比，推动班组管理水平不断提高的活动，就是创建班组安全合格班组活动。

（四）班组安全制度

班组安全生产要靠制度来保证，安全制度是班组职工必须遵守的行为规范。班组安全制度一般有：安全责任制、安全教育制、安全检查制、交接班制、安全操作规程、安全奖惩制以及安全互保制、安全确认制、联系呼应确立制等。

然而有的班组安全制度比较健全，不是无章可循，而是有章不循，安全制度贯彻不力的现象比较严重。因此，要加强检查考核，严明奖惩，促使班组安全制度落到实处。

（五）班组安全标准化

班组安全标准化是控制事故的一项重要措施。班组安全标准化工作主要有岗位作业安全标准，生产过程作业安全标准，质量作业标准等。

1. 岗位作业安全标准

岗位作业安全标准，就是使每个单元作业都有作业程序，有动作标准。作业程序就是作业的先后顺序，先干什么，后干什么。动作标准就是每个程序中每一个动作的标准，如怎样取送工件，怎样操作设备，手脚活动范围和身体姿势等动作都要有具体要求。操作者按标准化作业程序工作，可达到安全、准确、高效的作业效果。

2. 生产过程作业安全标准

班组生产过程作业安全标准，按工作前、工作中、工作后三个阶段制定出标准程序。

工作前：一讲二查。

一讲：班组长或安全员进行安全讲话、召开工具箱会议，讲安全注意事项。

二查：查职工是否正确穿戴防护用品，查工作场所、机械设备、工作器具有无危险因素。

工作中：三遵守。

遵守劳动纪律，遵守安全操作规程，遵守安全规章制度。

工作后：四做到。

做到工作现场清洁，做到工具物料摆放整齐，做到设备擦洗干净，做到认真填写交接班记录。

3. 工程质量标准

工程质量与安全生产息息相关。尤其是煤矿、矿山、冶金、管道建设、隧道工程建设等行业工程质量如果不高，就会造成事故发生。坚持工程质量标准化作业方面，山东省肥城矿务局查庄煤矿采煤二区一班做得好。他们自 1986 年以来，严格工程质量，发动职工人人干标准活，上上下下形成按标准作业确保工程质量的良好风尚，连续 18 年杜绝了重伤以上事故，年年超额完成国家计划，得到全国总工会表彰。

4. 其他基础工作标准化

标准化活动领域十分广泛，如安全日活动，文明生产等都可以开展标准化活动。企业主管部门可以抓住主要工作，制定标准，逐步推广。但是必须注意，开始标准不宜过多，注重于建立一个标准，实施一个标准，巩固一个标准。如果班组有了先进的安全作业标准，没有贯彻执行，则标准失去了制定的意义。因此，在班组安全管理标准化过程中，贯彻执行标准是非常重要和不可缺少的环节。

（六）班组安全原始记录和台账

班组安全管理活动的原始记录和台账是班组安全生产成果的主

要表现形式,是反映企业管理水平的第一手材料,是企业安全信息控制与反馈的基本环节和工作基础。

1. 班组安全原始记录的内容

班组安全原始记录的内容较多,究竟设置哪些原始记录,应根据行业生产特点,以总厂、公司、市局为单位,统一内容为宜。通常包括:

(1) 安全日活动记录。班组安全日活动是班组全体成员学习安全文件,讨论安全问题,研究安全对策的活动,必须将每个人的发言,每一条事故隐患详细记录下来,作为资料保存。

(2) 各类型事故(包括未遂人身伤害事故)分析、处理记录。这是职工与伤害事故作斗争的真实写照,对预防重复事故有较大的参考价值。

(3) 生产设备、工具安全检查、点检的记录及有关数据。

(4) 班组互查安全的记录。

(5) 职工违章记录。包括班组的内部检查的人次,上级部门检查人次及处理意见。

(6) 安全教育培训。为改善劳动条件,解决事故隐患的小改小革、合理化建议记录等等。

2. 班组安全原始记录的要求

(1) 认真。如安全日活动要记下时间、内容、参加人员、缺席人数,发言记录要详细。

(2) 及时。进行哪一次安全活动,就现场记录哪次活动,不采用回忆式的补记方法。

(3) 系统。安全记录要符合安全管理的程序进行,有利于纳入安全管理台账。

(4) 适用。要从班组的实际出发,实事求是,反对弄虚作假,应付上级检查,流于形式。

3. 班组安全管理台账

台账是分类汇总原始记录和积累统计资料用的表格或账册。台账有两种形式,一种是由安全原始记录过渡到报表的一种登记表格,称为汇总台账。另一种是将企业主要考核的安全管理活动情况,定期按顺序进行登记的账册称为积累台账。不论汇总性的还是积累性的台账要适量,否则班组招架不住,最终导致流于形式。但是太少了也不行,没有安全台账不利于班组安全管理。

班组安全管理台账通常有:安全操作规程台账,安全活动及安全日活动台账,各类事故"三不放过"台账,安全自查、上级检查、事故隐患整改台账,以及职工违章作业、处罚台账等。

(七)推广现代安全管理方法

班组要结合自己的特点,逐步推广运用安全检查表、事故因果分析、生物节律、行为科学、心理学、安全评价等现代管理方法,作为事故的预防预测手段。对本班组过去发生的各类事故要进行科学分析,掌握事故发生的规律,联系生产作业实际,开展群众性的事故预想预知活动,确定预防事故的重点,制订预防措施。

(八)搞好事故管理

班组发生事故后,应做好以下几件工作:

1. 报告

工伤事故发生后,负伤者或者事故现场有关人员应当立即直接或者逐级报告企业负责人。

2. 抢救

在报告的同时,要立即组织力量抢救负伤人员和财产,防止事故扩大。

3. 保护现场

未经上报有关部门同意,不准拆除或破坏现场。

4. 协助调查、分析

积极协助上级有关部门进行调查,如实反映事故真相,同时要总结教训,制定改进措施。

第二章　安全生产法规制度

安全生产法规是调整安全生产关系的法律、法令、条例、规则、章程等的总称，是人们在生产过程中必须遵守的行为准则之一。完善的安全生产法规和有效的安全生产法制是预防意外事故、保障安全生产的基本前提。

第一节　安全生产法规及安全生产法规体系

一、安全生产法规

安全生产法规是指调整在生产过程中产生的同劳动者或生产人员的安全与健康，以及与生产资料和社会财富安全保障有关的各种社会关系的法律规范的总和，是国家法律体系的重要组成部分。安全生产法规通过规定人们之间的权利和义务的方式来调整社会关系，以保障社会的稳定和发展，维护国家和人民的根本利益。

安全生产法规有广义和狭义两种解释，广义的安全生产法规是指保护劳动者、生产者和保障生产资料及财产安全的全部法律、法令、条例、规则、章程等。这些法律规范都是为了保护国家、社会的利益和劳动者、生产者的利益而制定的，例如，关于安全生产技术、安全工程、工业卫生工程、生产合同、工伤保险、职业技术培训、工会组织和民主管理等方面的法规。狭义的安全生产法规是指国家为了改善劳动条件，保护劳动者在生产过程中的安全和健康，以及保障生产安全所采取各种措施的法律、法令、条例、规则、章程等。例如，劳动安全卫生规程，对女工和未成年工劳动保护的特别规定,关于工作时间、休息时间和休假制度的规定,关于劳动保护的组织和管理制度的规定等。安全生产法规的表现形式是国家制定的关于安全生产的各种规范性文件,它可以表现为国家立法机关制定的法律,也可以表现为国务院及其所属的部、委员会发布的行政法规、条例、规章以及地方性法规等,还可表现为各种劳动安全卫生技术规程、规范和标准。

二、安全生产法规的特征

安全生产法规是国家法规体系的一部分,因此,它具有法的一般特征。

(1) 保护的对象是人的生命与财产。安全生产法规以法律、法规文件来规范生产经营单位与政府之间、人员与生产经营单位之间、人员与人员之间、生产过程与自然界之间的关系。把国家保护人员的生命安全与健康,生产经营单位的生产利益与效益,以及保障社会资源和财产的需要、方针、政策具体化、条文化。通过制定法律、法规,建立起一套完整的、具有普遍约束力的安全生产法律规范,以使企业的生产经营行为及过程有法可依、有章可循。

(2) 安全生产法规具有强制性的特征。法制包括制定法律和制度以及对法律和制度的执行与遵守两个方面。两者密切联系,互为条件。法制健全与否的标志,不仅取决于是否有完备的法律和制度,从根本上说,还决定于这些法律和制度在现实生活中是否真正被遵守和执行。切实维护人员安全与健康的合法权益,仅靠思想政治教育和行政管理是不够的,不仅要制定保证安全生产的措施,而且要强制人人都必须遵守规章,要用国家强力来迫使人们按照科学办事,尊重自然规律、经济规律和生产规律,尊重群众,保证人员得到符合安全与健康要求的条件。

(3) 安全生产法规涉及自然科学领域和社会科学领域,既具有政策性特点,又具有科学技术性特点。安全生产法规中包括有大量的技术规范,这类技术规范也可以说是调整在生产经营活动中同安全生产有关的人和自然的关系的一种规范。它是人们为了有效、安全地从事生产经营活动,根据自然规律、科学技术研究成果而制定的,规定在生产经营活动中人的行为和物的状态(包括环境因素)的一种规范。违反这些规范就有可能造成不堪设想的后果,不仅会危及劳动者的人身安全,而且会造成经济损失,甚至还会给周围生活环境、社会环境造成危害。因此,为了维护生产秩序和社会秩序,国家就有必要通过立法,把有关人员遵守的技术规范规定为必须履行的法律义务。

三、安全生产法律法规体系

按照"安全第一,预防为主、综合治理"的安全生产方针,我国制定了一系列安全生产法律、法令、条例、规则、章程,已基本形成了安全生产法律法规体系。按法律地位及效力同等原则,可以分为以下七个门类。

1. 宪法

《中华人民共和国宪法》是我国安全生产法律体系框架的最高层级,该法第四十二条关于"加强劳动保护,改善劳动条件"的规定,是我国有关安全生产方面最高法律效力的规定。

2. 安全生产方面的法律法规

(1)基础法。我国有关安全生产方面的法律包括《中华人民共和国安全生产法》和与它平行的专门安全生产法律,以及与安全生产有关的法律。

(2)专门法律。专门安全生产法律是规范某一专业领域安全生产法律制度的法律。我国在专业领域的法律主要有《中华人民共和国矿山安全法》《中华人民共和国海上交通安全法》《中华人民共和国消防法》《中华人民共和国道路交通安全法》等。

(3)相关法律。与安全生产相关的法律是指安全生产专门法律以外的其他法律中涵盖有安全生产内容的法律，如《中华人民共和国劳动法》《中华人民共和国建筑法》《中华人民共和国煤炭法》《中华人民共和国铁路法》《中华人民共和国民用航空法》《中华人民共和国工会法》《中华人民共和国全民所有制企业法》《中华人民共和国乡镇企业法》《中华人民共和国矿产资源法》等。还有一些与安全生产监督执法工作有关的法律，如《中华人民共和国刑法》《中华人民共和国刑事诉讼法》《中华人民共和国行政处罚法》《中华人民共和国行政复议法》《中华人民共和国国家赔偿法》和《中华人民共和国标准化法》等。

3. 安全生产行政法规

由国务院组织制定并批准公布，为实施安全生产法律或规范安全生产监督管理制度而制定并颁布的一系列具体规定，是实施安全生产监督管理和监察工作的重要依据。我国已颁布了多部安全生产行政法规，如《国务院关于特大安全事故行政责任追究的规定》和《煤矿安全监察条例》等。

4. 地方性安全生产法规

地方性安全生产法规是指有立法权的地方权力机关——人民代表大会及其常务委员会和地方政府制定的安全生产规范性文件，是由法律授权制定的，是对国家安全生产法律、法规的补充和完善，它以解决本地区某一特定的安全生产问题为目标，具有较强的针对性和可操作性。如目前我国有 27 个省、自治区、直辖市人大制定了《劳动保护条例》或《劳动安全卫生条例》；有 26 个省、自治区、直辖市人大制定了实施《矿山安全法》的办法。

5. 部门安全生产规章、地方政府安全生产规章

根据《中华人民共和国立法法》有关规定，部门规章之间、部门规章与地方政府规章之间具有同等效力，在各自权限范围内施行。国务院部门安全生产规章是有关部门为加强安全生产工作而颁布的安全生产规范性文件，内容涉及交通运输业、化学工业、石油

工业、机械工业、电子工业、冶金工业、电力工业、建筑业、建材工业、航空航天业、船舶工业、轻纺工业、煤炭工业、地质勘探业、农村和乡镇工业、技术装备与统计工作、安全评价与竣工验收、劳动保护用品、培训教育、事故调查与处理、职业危害、特种设备、防火防爆等。部门安全生产规章作为安全生产法律法规的重要补充,在我国安全生产监督管理工作中有重要的作用。

6. 安全生产标准

安全生产标准是我国安全生产法规体系中的一个重要组成部分,也是安全生产管理的基础和监督执法工作的重要技术依据。安全生产技术标准大致分为设计规范类标准;安全生产设备、工具类标准;生产工艺安全卫生标准;防护用品类标准四类。如我国目前有关工程设计规范、电气安全、机械安全、锅炉压力容器安全、防火防爆、职业健康、劳动防护用品等方面的国家标准就有200余种,有关煤矿安全方面的行业标准有400余种。

7. 我国批准的国际劳工安全公约

自1919年创立国际劳工组织以来,该组织一共通过185个国际公约和为数较多的建议书,这些公约和建议书统称国际劳工标准。其中70%的公约和建议书涉及职业安全卫生问题。我国政府为国际性安全生产工作而签订了国际性公约,当我国安全生产法律与国际公约的规定不同时,应优先采用国际公约的规定(除我国保留条件的条款外)。目前,我国政府批准的公约有23个,其中4个是与职业安全卫生相关的。当前,国际上将贸易与劳工标准挂钩是发展趋势,随着我国加入WTO,参与世界贸易必须遵守国际通行的规则。

第二节 国家有关安全生产的法律、法规

一、《中华人民共和国宪法》（以下简称《宪法》）

1982年公布施行的《宪法》有关安全生产的规定如下。

总纲第一条明确指出："中华人民共和国是工人阶级领导的，以工农联盟为基础的人民民主专政的社会主义国家。"这一规定就决定了我国的社会主义制度是保护以工人、农民为主体的劳动者的。在《宪法》中又规定了相应的权利和义务。

第四十二条规定："中华人民共和国公民有劳动的权利和义务。"

国家通过各种途径，创造劳动就业条件，加强劳动保护，改善劳动条件，并在发展生产的基础上，提高劳动报酬和福利待遇。

劳动是一切有劳动能力的公民的光荣职责。国有企业和城乡集体经济组织的劳动者都应当以国家主人翁的态度对待自己的劳动。国家提倡社会主义劳动竞赛，奖励劳动模范和先进工作者。国家提倡公民从事义务劳动。

国家对就业前的公民进行必要的劳动就业训练。

第四十三条规定："中华人民共和国劳动者有休息的权利。国家发展劳动者休息和休养的设施，规定职工的工作时间和休假制度。"

第四十八条规定："……国家保护妇女的权利和利益……"

《宪法》的这些条款是我国安全生产方面工作的原则性规定。

二、《中华人民共和国安全生产法》（以下简称《安全生产法》）

《安全生产法》共七章一百一十四条，包括总则、生产经营单位的安全生产保障、从业人员安全生产的权利义务、安全生产的监

督管理、生产安全事故的应急救援与调查处理、法律责任、附则。

三、《中华人民共和国刑法》（以下简称《刑法》）

1997年3月14日修订的《刑法》对安全生产有如下规定。

第一百三十条至一百四十六条列出了危害公共安全罪的处罚条款，包括航空人员违反规章制度；铁路职工违反规章制度；违反交通运输管理法规，交通运输肇事后逃逸或者有其他特别恶劣的行为；工厂、矿山、林场、建筑企业或者其他企业、事业单位的职工，由于不服从管理、违反规章制度，或者强令工人违章冒险作业；工厂、矿山、林场、建筑企业或者其他企业、事业单位的劳动安全卫生设施不符合国家规定；违反爆炸性、易燃性、放射性、毒害性、腐蚀性物品的管理规定；建设单位、设计单位、施工单位、工程监理单位违反国家规定；明知校舍或者教育教学设施有危险，而不采取措施或者不及时报告；违反消防管理法规，经消防监督机构通知采取改正措施而拒绝执行；生产不符合保障人身及财产安全的国家标准或行业标准的电器、压力容器、易燃易爆产品，或者其他不符合保障人身、财产安全的国家标准或行业标准的产品，或者销售明知是以上不符合保障人身、财产安全的国家标准、行业标准的产品的处罚规定。

2006年6月29日，第十届全国人大常委会第二十二次会议通过了《刑法修正案（六）》，将《刑法》中有关内容进行了修改，具体如下。

将《刑法》第一百三十四条修改为：在生产、作业中违反有关安全管理的规定，因而发生重大伤亡事故或者造成其他严重后果的，处3年以下有期徒刑或者拘役；情节特别恶劣的，处3年以上7年以下有期徒刑。

强令他人违章冒险作业，因而发生重大伤亡事故或者造成其他严重后果的，处5年以下有期徒刑或者拘役；情节特别恶劣的，处

5年以上有期徒刑。

此外,还在《刑法》第一百三十九条后增加一条,作为第一百三十九条之一:在安全事故发生后,负有报告职责的人员不报或者谎报事故情况,贻误事故抢救,情节严重的,处3年以下有期徒刑或者拘役;情节特别严重的,处3年以上7年以下有期徒刑。

四、《中华人民共和国突发事件应对法》(以下简称《突发事件应对法》)

《突发事件应对法》于2007年8月30日由中华人民共和国第十届全国人民代表大会常务委员会第二十九次会议通过,2007年11月1日起施行。这部法律的立法目的主要是为了预防和减少突发事件的发生,控制、减轻和消除突发事件引起的严重社会危害,规范突发事件应对活动,保护人民生命财产安全,维护国家安全、公共安全、环境安全和社会秩序。

五、《中华人民共和国劳动法》(以下简称《劳动法》)

《劳动法》是调整劳动关系以及与劳动关系密切联系的其他关系的法律规范。

(1) 劳动者权利和义务中有关劳动保护的规定。根据《劳动法》第三条规定,劳动者享有以下几种权利:①平等就业和选择职业的权利;②取得劳动报酬的权利;③休息休假的权利;④获得劳动安全卫生保护的权利;⑤接受职业技能培训的权利;⑥享有社会保险和福利的权利;⑦提请劳动争议处理的权利。

劳动者必须履行的义务有以下几种:①完成劳动任务;②提高职业技能;③执行劳动安全卫生规程;④遵守劳动纪律和职业道德。

(2) 用人单位在劳动安全卫生方面的职责。《劳动法》第五十二至五十五条规定了用人单位在劳动安全卫生方面的职责,包括劳动安全卫生制度;劳动安全卫生设施;劳动安全卫生条件及劳动防护用品;建立伤亡事故和职业病统计报告和处理制度;对劳动者的职业培训。

(3) 劳动者在劳动安全卫生方面的权利和义务。《劳动法》第五十六条规定:"劳动者在劳动过程中必须严格遵守安全操作规程。劳动者对用人单位管理人员违章指挥、强令冒险作业,有权拒绝执行;对危害生命安全和身体健康的行为,有权提出批评、检举和控告。"

从总体上看,劳动安全卫生方面的法律条款对用人单位要求的多,对劳动者要求的少。这是因为用人单位在劳动法律关系中处于主动的、支配的地位,而劳动者处于被动的、被支配的地位。因此,劳动安全卫生方面的规章制度的建立、执行、监督、检查,以及对劳动者在安全操作方面的培训和管理,都是用人单位义不容辞的职责和权利。这是保护劳动者在劳动生产过程中的人身安全、身体健康、防止事故发生的主动措施和手段。这些劳动安全卫生方面法规体系的建立,基本上做到了有法可依、违法必究。这对指导劳动安全卫生工作,减少因工伤亡事故、减少职业病的危害,保护劳动者的人身安全和身体健康发挥了巨大的作用。

六、《中华人民共和国职业病防治法》(以下简称《职业病防治法》)

2017年11月4日,第十二届全国人民代表大会常务委员会第三十次会议决定,通过了对《职业病防治法》的修改,2017年11月5日起施行。本法的立法目的是:预防、控制和消除职业病危害,防治职业病,保护劳动者健康及其相关权益,促进经济社会发展。本法适用于中华人民共和国领域内的职业病防治活动。《职业病防治法》分总则、前期预防、劳动过程中的防护与管理、职业病诊断与职业病病人保障、监督检查、法律责任、附则,共七章八十八条。

七、《中华人民共和国消防法》（以下简称《消防法》）

《消防法》于1998年4月29日经第九届全国人民代表大会常务委员会第二次会议通过，1998年9月1日起施行，其主要内容有总则、火灾预防、消防组织、灭火救援、法律责任、附则。

八、《中华人民共和国矿山安全法》（以下简称《矿山安全法》）

《矿山安全法》于1992年第七届全国人大常委会第二十八次会议通过，1993年5月1日实施，相关的《矿山安全法实施条例》于1996年10月30日由原劳动部发布施行。《矿山安全法》是保障矿山生产安全、防止矿山事故、保护矿山职工人身安全、促进采矿业的发展的重要专业安全生产法律。《矿山安全法》也是我国在矿业生产领域最高层次的安全生产专业法律。

九、《危险化学品安全管理条例》

《危险化学品安全管理条例》于2002年1月9日国务院第五十二次常务会议通过，由朱镕基总理以国务院令第344号发布，条例于2011年2月16日修订。

《危险化学品安全管理条例》的基本宗旨和目的是为了加强对危险化学品的安全管理，保障人民生命、财产安全，保护环境。

《危险化学品安全管理条例》的适用范围是在我国境内生产、经营、储存、运输、使用危险化学品和处置废弃危险化学品的各个环节和过程。

十、《特种设备安全监察条例》

《特种设备安全监察条例》于2003年3月通过了国务院审议，于2009年1月14日修订。条例分为总则、特种设备的生产、特种设备的使用、检验检测、监督检查、法律责任和附则，共七章九十一条。

十一、《工伤保险条例》

《工伤保险条例》于2003年5月7日经国务院第五次常务会议讨论通过，并于2010年12月20日修订。该条例分为总则、工伤保险基金、工伤认定、劳动能力鉴定、工伤保险待遇、监督管理、法律责任和附则，共八章六十四条。

实施《工伤保险条例》的目的是为了保障因工作遭受事故伤害或者患职业病的职工获得医疗救治和经济补偿，促进工伤预防和职业康复，分散用人单位的工伤风险。

条例规定，中华人民共和国境内的各类企业、有雇工的个体工商户，应当依照本条例规定参加工伤保险，为本单位全部职工或者雇工缴纳工伤保险费。中华人民共和国境内的各类企业的职工和个体工商户的雇工，均有依照本条例的规定享受工伤保险待遇的权利。有雇工的个体工商户参加工伤保险的具体步骤和实施办法，由省、自治区、直辖市人民政府规定。

条例规定，国务院劳动保障行政部门负责全国的工伤保险工作。县级以上地方各级人民政府劳动保障行政部门负责本行政区域内的工伤保险工作。劳动保证行政部门按国务院有关规定设立的社会保险经办机构具体承办工伤保险事务。

条例规定，劳动保证行政部门等部门制定的工伤保险政策、标准，应当征求工会组织、用人单位代表的意见。

第三节　班组安全生产工作制度

企业的安全管理制度是指企业为了贯彻国家、行业、地方有关安全生产的法律法规、标准条例有效地保护劳动者在生产经营过程中的安全、健康而制定的各种制度。这些规章制度因企业的类型不同、生产的产品不同、危险程度不同而有多种类型，但其内容都涵盖两个方面：一是生产经营行政管理制度，二是生产经营技术管理制度。

一、班组安全生产责任制

安全生产责任制是企业岗位责任制度的重要组成部分，也是企业管理中的一项基本制度，是企业所有安全生产规章制度的核心。

1. 班组长安全环保职责

（1）坚持"安全第一，预防为主"的方针，认真贯彻执行国家安全生产有关规定、标准和本企业的各项安全生产环保规章制度（安全管理标准），随时随地检查和督促本班组员工严格遵守安全操作规程和各项安全生产环保规章制度，对本班组的安全生产环保工作负责，对工人的安全负责。

（2）根据生产任务、生产环境和职工思想状况等特点，具体布置安全生产工作，落实班组安全生产"五同时"，应用班组安全工作手册，抓好班组的日常安全管理工作，长期坚持抓好班组安全建设。

（3）组织本班工人学习安全操作规程和有关安全生产规章制度（安全管理标准），教育工人在任何情况下不违章作业，发现违章作业，立即制止。对新调入的职工进行班组级新工安全教育并负责落实新工的岗位安全培训，在其熟悉工作环境和操作前，指定专人负责其劳动中的安全监护；对变换工种工人和长期离岗人员、工伤人员进行班组级换工教育和复工教育。

（4）认真执行交接班制度，交接安全生产情况。

（5）按规定进行班组安全周检，坚持岗位安全日查，对查出的各类隐患和不安全因素及时安排整改，并做好记录；对班组无能力解决的隐患，应采取控制措施，及时上报车间或分厂安技员处。

（6）定期组织班组安全活动，学习安全知识，进行总结评比，提高本组成员的安全素质；加强安全操作训练，推行安全标准化作业；对班组活动内容做好记录。

（7）发生工伤、急性中毒、火灾（火险）等事故，应立即采取果断措施，组织抢救，并迅速上报分厂领导及安技人员；要保护好现场，如实向调查组提供事故情况；事故结案后应组织工人认真学习事故通报，吸取教训，并落实事故防范措施、做好事故记录；对于未遂事故也应及时上报安技人员，并组织原因分析，提出防护措施。

（8）积极支持本班组安全员开展工作或做好兼职工作，把每年的安全生产环保目标纳入经济责任制承包实施考核。

2. 班组安全员安全生产职责

（1）坚持"安全第一，预防为主"的方针，协助班组长贯彻执行国家安全生产有关规定、标准和本企业各项安全生产规章制度、安全操作规程，协助组织班组职工学习安全知识，进行安全操作训练和交流安全操作技术，实行安全标准化作业。

（2）协助班组长对本班组人员，特别是对新工、变换工种、复工人员进行安全教育，指导督促他们爱护和正确使用设备以及合理使用劳动保护用品。

（3）协助组织和参加班组安全检查并做好记录，发现违章操作现象和不安全因素，立即予以纠正和提出整改意见，对严重违章作业及险情、隐患，有权制止操作，并立即报告班组长或本车间领导、分厂安技人员处理。

（4）协助做好本班组的安全生产环保工作，协助班组长开展日常安全管理，及时将各种安全信息反馈到车间（科室）或分厂（部门）专兼职安技人员处。

（5）经常研究、分析本班组的安全生产动态，协助制订预防事故措施，通过投稿、板报等各种形式宣传表扬坚持安全生产的好人好事，做好安全宣传工作。

（6）本班组发生工伤或未遂事故，协助班组长向有关领导和分厂安技人员报告，并保护好现场，如实提供事故情况，协助班组长和上级安技部门对事故做好"三不放过"。

3. 班组技术员安全职责

（1）负责本班组的安全技术工作。

（2）协助班组长组织本班组人员认真学习，切实执行上级有关安全生产的规程、规定和措施。

（3）负责一般工作项目的安全技术措施的编制以及交底工作，并督促检查安全措施的执行情况。

（4）协助班组长进行本班组生产施工场所的安全检查和工作前安全工作条件的检查。

（5）参加本班组的事故调查分析，协助班组长填报"职工伤亡事故登记表"。

4. 班组工会劳动保护检查员安全生产职责

（1）坚持"安全第一，预防为主"的方针，配合班组长开展各项安全生产教育培训，贯彻执行国家劳动安全卫生规程、标准和本企业的各项安全生产规章制度，对班组劳动保护和安全生产的督促检查负责。

（2）检查督促本小组职工爱护和正确使用各种安全防护设施和劳动保护用品。

（3）发现生产现场存在不安全因素，应及时向班组长报告，要求及时整改，对违章作业及险情，应及时加以劝阻，并立即报告班组长予以制止，或报告分厂安技人员处理。

（4）督促本班组组长和安全员做好劳动保护工作，参加班组安全生产检查，配合班组长组织好班组安全活动。

（5）对班组的劳动安全卫生工作、女职工和未成年工的特殊保护工作进行监督、检查，并将存在问题向班组长或上级工会、安技部门反映或提出建议和意见，确保职工在生产劳动中的安全和健康。

(6) 协助班组长组织班组的劳动竞赛、安全生产竞赛、安全知识竞赛等各种安全活动,提高劳动生产率和职工安全生产的保障,参与班组的各项安全评比奖励工作。

(7) 及时收集职工对搞好劳动保护,推动安全生产的各种积极建议和意见,并向安技部门、工会组织和行政领导报告。

5. 工人安全生产职责

(1) 坚持"安全第一,预防为主"的方针,严格遵守企业各项安全生产规章制度和安全操作规程,正确使用和保养各类设备及安全防护设施,不准乱开、乱动非本人操作的设备和电气装置。

(2) 上班前做好班前准备工作,认真检查设备、工具及其安全防护装置,发现不安全因素应及时报告安全员或班组长。

(3) 按规定认真进行交接班,交接安全生产情况,并做好记录。

(4) 积极参加和接受各种形式的安全教育及操作训练,参加班组安全活动,虚心听取安技人员或安全员对本人安全生产的指导。

(5) 按规定正确穿戴、合理使用劳动保护用品和用具,对他人的违章作业行为有责任规劝,对违章指挥有权拒绝执行,并立即报告有关领导和厂安技人员。

(6) 经常保持工作场地清洁卫生,及时清除杂物,物品堆放整齐稳妥,保证道路安全畅通。

(7) 发生工伤、未遂事故或发现事故隐患时,应立即抢救并及时向有关领导和安技人员(安全员、HSE 管理人员)报告,应保护好现场,积极配合事故调查,提供事故真实材料。

二、安全目标管理和绩效考核

1. 安全目标管理的概念

安全目标管理就是在一定的时期内(通常为一年),根据企业经营管理的总目标,从上到下地确定安全工作目标,并为达到这一目标制订一系列对策措施，开展一系列的组织、协调、指导、激励和控制活动。

安全目标管理的基本内容是：年初，企业的安全部门在厂长的领导下，根据企业经营管理的总目标，制定安全管理的总目标。然后经过协商，自上而下地层层分解，制定各级、各部门直到每个员工的安全目标和为达到目标的对策措施。

在制定和分解目标时，要把安全目标和经济发展指标捆在一起同时制定和层层分解，还要把责、权、利也逐级分解，做到目标与责、权、利的统一。通过开展一系列组织、协调、指导、激励、控制活动，依靠全体员工自下而上的努力，保证各自目标的实现，最终保证企业总安全目标的实现。年末，对实现目标的情况进行考核，并给予相应的奖惩。在此基础上，经过总结，再制定新的安全目标，进入下一年度的循环。

安全目标管理是企业目标管理的一个组成部分，安全管理的总目标应该符合企业经营管理总目标的要求，并以实现自己的目标来促进、保证实现企业经营管理的总目标。

2. 班组安全目标的制定

制定目标是目标管理的第一步工作。目标是目标管理的依据，制定既先进又可行的目标是安全目标管理的关键环节。

根据企业确立的年度安全生产总目标，结合车间的生产特点，将企业的安全生产总目标在本车间展开、分解、落实到班组，制定出班组的安全生产目标。

一般地说，班组年度安全目标项目可以包括下列各个方面：

(1) 各类工伤事故指标

根据《企业员工伤亡事故分类标准》（GB 6441—86），主要的工伤事故指标有千人死亡率、千人重伤率、伤害频率、伤害严重率。根据行业特点，也可选用按产品、产量计算的死亡率（百万吨死亡率、万立方米木材死亡率）。

(2) 工伤事故造成的经济损失指标

根据《企业职工伤亡事故经济损失统计标准》(GB 6721—1986),这类指标有千人经济损失率和百万元产值经济损失率。根据企业和车间的实际情况,为了便于统计计算,也可以只考虑直接经济损失,即以直接经济损失率作为控制目标。

(3) 尘、毒、噪声等职业危害作业点合格率

(4) 日常安全管理工作指标

对于班组安全生产责任制、遵章守纪、安全教育、安全检查、文明生产、隐患整改以及安全活动等班组日常安全管理工作的各个方面均应设定目标并确定目标数值。

3. 班组安全目标的实施

班组年度安全工作目标的展开,就是将目标全面落实到具体的个人身上。凡是涉及年度安全目标和落实措施项目有关的班组都要制定班组达标措施。这样,从个人、班组、车间、工厂,自上而下地层层落实、层层保障,才能保证企业年度安全目标的顺利实现。这样的安全保障体系在许多企业的安全生产实践中证明是切实可行的,是有成效的。

安全目标实施计划表可以按照 PDCA 循环的方式进行编制,其格式如表 2-1 所示。

表 2-1 安全目标实施计划表

安全目标	对策措施(P)	实施(D)						检查(C)						处理(A)			
		单位	负责人	实施进度(月)				单位	负责人	检查结果(月)				单位	负责人	处理结果	遗留问题
				1	2	……	12			1	2	……	12				

该表在具体实施过程中，还应进一步展开，使每项对策措施更加详细具体。对 PDCA 循环过程也应加以详细记录，以取得更好的效果，也有利于给成果评价阶段奠定基础。

目标实施主要依靠班组全体员工的自我控制，但也不能放松对员工的指导、帮助、协调和控制工作。要实行必要的监督和检查，通过监督检查，对目标实施中好的典型要加以表扬和宣传；对偏离既定目标的情况要及时指出和纠正；对目标实施中遇到的困难要采取措施给予关心和帮助。总之要使上下两方面的积极性有机地结合起来，从而提高工作效率，保证所有目标的圆满实现。

4. 班组安全绩效考核

安全绩效考核是安全目标管理的最后一个阶段。在这个阶段要对实际取得的目标成果做出客观的评价，对达到目标的给予奖励，对未达目标的给予惩罚，从而使先进的受到鼓舞，使后进的得到激励，进一步调动起全体员工追求更高目标的积极性。通过考评还可以总结经验和教训，发扬成绩，克服缺点，明确前进的方向，为下期安全目标管理奠定基础。

绩效考核一般可用打分法，其步骤如下。

(1) 确定各目标项目得分比重

把完成全部目标项目得分定为 100 分，再按各个项目的重要程度，分别规定其比例。如可规定工伤事故指标：经济损失指标：尘毒合格率指标：日常安全管理指标＝4：1：2：3。

(2) 给各目标项目打分

对每个目标项目，根据其达标程度、目标复杂困难程度、达标过程中的努力程度这几方面的内容分别打分，同时确定各方面内容的比重，把每一方面内容的得分乘以相应的比重数值后相加，则得到每个目标项目的总分。

如规定，达标程度：目标复杂困难程度：达标努力程度＝5：3：2，则目标项目得分＝达标程度得分×50％＋目标复杂困难程度得分×30％＋达标过程努力程度得分×20％。

比重的分配是人为的，可根据需要而适当加以调整，譬如当强调要求下级发挥能力时，则可把努力程度得分的比重提高。

(3) 综合评定

把每个目标项目的得分乘以它的比重后，逐项相加，就可得到所有目标项目的得分和，以此为基础，再考虑目标实施措施的有效性和协作情况就可得到目标成果的总分值，即目标成果总分值＝各目标项目得分之和＋实施措施有效性分＋协作分。

三、安全教育制度

安全教育主要包括：新工人安全教育；变换工种教育；员工教育。其中员工教育包括如下两个方面。

(1) 工伤伤愈上岗，不论歇工时间长短，一律要进行复工安全教育，教育内容是帮助伤者回顾事故是怎么发生的，要接受哪些教训等。

(2) 离岗三个月的各种情况，回岗后，班长要对其进行收心教育，重温安全生产纪律、制度、安全操作规程，稳定其安全生产情绪，重新熟悉环境和设备。

四、安全奖惩制度

对安全绩效除进行综合考核奖惩外，还应对一些具体安全事件进行奖罚。

1. 有以下行为之一的工段班组将给予处罚

(1) 未对新工种、新岗位的从业人员进行安全生产培训；

(2) 违反安全管理规定及考核不合格；

(3) 发生从业人员因工事故的；

(4) 对重复发生事故的要加倍处罚的；

(5) 存在重大安全隐患，且长期不解决、不治理的；

(6) 存在严重危害职工身体健康的职业危害因素，且长期得不到解决的；

(7) 在接到《隐患整改通知书》后不积极整改的；

(8) 发生工伤事故后隐瞒不报或未及时上报的；

(9) 动火等危险作业，未经审批同意的；

(10) 其他车间认为需要处罚的事件。

2. 有以下行为之一的个人将给予处罚

(1) 违反安全管理规章制度的；

(2) 没有合法、有效的特殊工种操作证件而从事特殊工种岗位操作的；

(3) 指派非特殊工种操作人员，违章从事特殊工种作业的；

(4) 在严禁烟火的场所内吸烟，或未经批准擅自动火、乱拉临时电源线的；

(5) 不服从正确管理或经批评教育仍不改正的；

(6) 其他车间认为需要处罚的违规行为。

3. 有以下行为之一的工段班组和个人将给予奖励

(1) 在安全生产中有突出贡献的；

(2) 积极对安全生产工作提出宝贵建议，并得到采用的；

(3) 积极对安全生产工作存在的问题提出批评、检举、控告，查证属实的；

(4) 发现危及人身安全的紧急情况，积极报告并采取措施防止事故发生和主动救援的；

(5) 在本岗位上进行合理创新有突出贡献的；

(6) 避免和防止重大事故发生的；

(7) 其他车间认为需要奖励的事件。

五、特殊工种持证上岗制度

(一) 特种作业范围

特种作业是指容易发生人员伤亡事故,对操作者本人、他人及周围设施的安全可能造成重大危害的作业。特种作业人员是指直接从事特种作业的从业人员。

特种作业包括十一大类:电工作业、焊接与热切割作业、高处作业、制冷与空调作业、煤矿安全作业、金属非金属矿山安全作业、石油天然气安全作业、冶金(有色)生产安全作业、危险化学品安全作业、烟花爆竹安全作业、安全监管总局认定的其他作业。

(二) 特种作业人员的基本条件

《特种作业人员安全技术培训考核管理规定》第四条规定,特种作业人员应当符合下列条件。

(1) 年满18周岁,且不超过国家法定退休年龄;

(2) 经社区或者县级以上医疗机构体检健康合格,并无妨碍从事相应特种作业的器质性心脏病、癫痫病、美尼尔氏症、眩晕症、癔病、震颤麻痹症、精神病、痴呆症以及其他疾病和生理缺陷;

(3) 具有初中及以上文化程度;

(4) 具备必要的安全技术知识与技能;

(5) 相应特种作业规定的其他条件。

危险化学品特种作业人员除符合前款第(1)项、第(2)项、第(4)项和第(5)项规定的条件外,应当具备高中或者相当于高中及以上文化程度。

《特种作业人员安全技术培训考核管理规定》第五条规定,特种作业人员必须经专门的安全技术培训并考核合格,取得《中华人民共和国特种作业操作证》(以下简称特种作业操作证)后,方可上岗作业。

六、安全文明生产检查制度

班组应按公司"班组岗位安全日查登记本"做好每日班前、班中、班后的安全检查。班组设备设施较多并有 A、B 类危险控制点的应根据需要坚持班组安全周检或其他专项检查。

七、工伤、事故管理制度

发生事故后班组应做到：
（1）积极保护伤者，保护好事故现场。
（2）立即派人报告车间和分厂主管领导，并同时报告安技部门。
（3）如实向事故调查组提供事故情况，事故结案后应组织工人认真学习事故通报，吸取教训，落实班组的事故防范措施，并做好班组的事故记录。
（4）对于未遂工伤等事故也应有分析记录。

八、危险能量源控制（挂牌/上锁）制度

危险能量源控制（挂牌/上锁）制度指在设备调整和维修时，为保护操作者人身安全，防止能量突然人为或非人为启动，而采取的一种安全措施，即将启动装置加锁锁定、挂上警示牌以防止意外发生的一种安全制度。它要求所有在调整和维修时可能会突然发生开机现象的设备都应列入此制度内。

挂牌上锁制度涉及所有能量源，包括机械、电、气动、化学、热量等。具体规定有：
（1）当设备需要修理或调整时，应通知维修计划部。
（2）在设备进行修理或调整时，将其锁定并贴上标签或挂"有人操作，禁止合闸"标志牌。
（3）所有参加修理或调整的人员应每人在控制系统上加上自己

的锁。

（4）确保设备在正常操作下不能被启动后方可进行维修。

（5）认真执行上锁/挂牌程序。

（6）维修结束后，恢复所有的安全防护装置。

（7）使用设备时，应严格遵守设备安全操作规则。

九、受限空间作业制度

（一）受限空间的含义

受限空间是指与外界相对隔离，进出口受限，自然通风不良，足够容纳一人进入并从事非常规、非连续作业的有限空间。

当受限空间经定时监测和持续进行机械通风，能保证在内部安全作业，并不需要办理许可的受限空间，称为无需许可受限空间。具有包含可能产生职业病有害因素、包含可能对进入者产生吞没危害；包含具有内部结构，易使进入者落入引起窒息或迷失、包含其他严重职业病危害因素等特征的受限空间称为需要许可受限空间，简称受限空间。

（二）受限空间作业规范

进入受限空间作业应由用人单位实施安全作业许可。用人单位应采取综合措施，消除或减少受限空间的职业病危害以满足安全作业条件。

1. 用人单位的职责

（1）按照本规范组织、实施受限空间作业。制定受限空间作业职业病危害防护控制计划、受限空间作业进入许可程序和安全作业规程，并保证相关人员能随时得到计划、程序和规程。

（2）确定并明确受限空间作业负责人、进入作业劳动者（以下简称作业者）和外部监护或监督人员（以下简称监护者）及其职责。

(3) 在受限空间外设置警示标识,告知受限空间的位置和所存在的危害。

(4) 提供有关的职业安全卫生培训。

(5) 当实施受限空间作业前,须评估受限空间可能存在的职业病危害,以确定该受限空间是否许可作业。

(6) 采取有效措施,防止未经允许的劳动者进入受限空间。

(7) 提供受限空间作业的合格的安全防护设施与个体防护用品及报警仪器。

(8) 提供应急救援保障。

2. 作业负责人(受限空间作业的直接负责人)的职责

(1) 确认作业者、监护者的职业卫生培训及上岗资格。

(2) 在受限空间作业环境、作业程序和防护设施及用品达到允许条件后,允许进入受限空间。

(3) 在受限空间及其附近发生安全作业许可所不允许的情况时,终止进入。

(4) 在受限空间作业完成后,在确定作业者及所携带的设备和物品均已撤离后终止许可。

(5) 检查、验证应急救援服务、呼叫方法的效果。

(6) 对未经许可试图进入或已进入受限空间者进行劝阻或责令退出。

3. 作业者(经用人单位审核、批准进入受限空间作业的劳动者)的职责

(1) 接受职业卫生培训,持证上岗。

(2) 遵守受限空间作业安全操作规程;正确使用受限空间作业安全设施与个体防护用品。

(3) 应与监护者进行必要的和有效的安全、报警、撤离等双向信息交流。

(4) 发生下列事项时作业者应及时向监护者报警或撤离受限

空间：

①已经意识到身体出现危险症状和体征；

②监护者和作业负责人下达了撤离命令；

③探测到必须撤离的情况或报警器发出撤离警报。

4. 监护者（当作业者进入受限空间作业时，在受限空间外负责安全监护的人员）的职责

（1）具有能警觉并判断作业者异常行为的能力，接受职业卫生培训，持证上岗。

（2）准确掌握作业者的数量和身份。

（3）在作业者作业期间保证在受限空间外持续监护；适时与作业者进行必要的和有效的安全、报警、撤离等信息交流；在紧急情况时向作业者发出撤离警报。监护者在履行监测和保护职责时，不能受到其他职责的干扰。

（4）发生以下情况时，应命令作业者立即撤离受限空间，必要时，立即呼叫应急救援服务，并在受限空间外实施应急救援工作：

①发现禁止作业的条件；

②发现作业者出现异常行为；

③受限空间外出现威胁作业者安全和健康的险情；

④监护者不能安全有效地履行职责时，也应通知作业者撤离。

（5）对未经许可靠近或者试图进入受限空间者予以警告并劝离，如果未经许可者进入受限空间，应及时通知作业者和作业负责人。

（三）用人单位受限空间作业职业病危害防护应采取的综合控制措施

（1）设置受限空间警示标识，防止未经许可人员进入。

（2）进入受限空间前，进行职业病危害因素识别和评价。

（3）制定和实施受限空间职业病危害防护控制计划、受限空间进入许可程序和安全作业操作规程。

(4) 提供符合要求的监测、通风、通信、个人防护用品设备、照明、安全进出设施以及应急救援和其他必须设备，并保证所有设施的正常运行和劳动者能够正确使用。

(5) 在进入受限空间作业期间至少要安排一名监护者在受限空间外持续进行监护。

(6) 指定专人按要求培训作业者、监护者和作业负责人。

(7) 制定和实施应急救援、呼叫程序，防止非授权人员进行急救。

(8) 制定和实施许可进入程序。

(9) 如果有多个用人单位同时进入同一受限空间作业，应制定和实施协调作业程序，保证一方用人单位作业者的作业不会对另一方用人单位的作业者造成威胁。

(10) 制定和实施进入终止程序。

(11) 当按照受限空间计划所采取的措施不能有效保护劳动者时，应对进入受限空间作业进行重新评估，并且要修订控制计划。

(12) 进入作业结束后，许可文件或记录至少存档一年。

十、动火管理制度

动火管理制度是指企业在具有燃烧或爆炸等危险场所（禁火区）进行明火作业，操作前必须制定安全方案，落实安全措施，报请安全主管部门审批，取得动火作业许可证，方可进行动火操作的一项安全管理制度。

在企业中，凡是动用明火或可能产生火种的作业都属于动火作业。例如，电焊、气焊、切割、沥青、烘砂、喷灯等明火作业，凿水泥基础、打墙眼、电器设备的耐压实验、电烙铁锡焊、凿键槽、开坡口等易产生火花的作业或高温作业。在禁火区内从事上述作业都应办理动火审批手续，落实动火安全措施。

根据生产工艺过程的危险程度与维修工作的需要，应在厂区内划分动火区和禁火区。动火区设立应符合下列条件。

（1）固定动火区距可燃易燃物质的设备、储罐、仓库、堆场等应符合国家有关防火规定的防火间距要求，距易燃易爆介质的管道最好在 15 m 以上。

（2）在任何气象条件下，固定动火区域内可燃气体的含量在允许含量之下，设备装置正常防空时，可燃气体扩散不到动火区。

（3）若设在室内，应与防暴生产隔开，不准有门窗串通，允许开的门窗要向外开，道路要畅通。

（4）固定动火区周围 10 m 内不得存放易燃易爆及其他可燃物质。

（5）固定动火区应备有可使用的、数量足够的灭火器材，并设置"动火区"字样一类的明显标志。

除固定动火区外的其他区域均设为禁火区，凡需要在禁火区动火时，必须办理"动火证"。禁火区内的动火可分为两级：一级动火是指在正常生产条件下的要害部分、危险区域动火。一级动火由企业安全技术和防火部门审核、主管领导批准。二级动火是除固定动火区和一级动火区以外的动火。二级动火由所在车间主管领导批准。

动火一般由施工生产部门在动火前提出申请，指定动火安全现场负责人，填写动火许可证，动火许可证上要详细写出动火安全措施。由施工生产单位的安全主管领导签字后，报安全、保卫部门审查同意，再报企业主管领导批准才能动火。动火过程应接受安全、保卫部门的监督和检查。动火前必须切断可燃物、助燃物。

第三章 班组安全建设和管理

第一节 班组安全建设与组织管理

一、班组安全建设的重要意义

作业基层指车间、工段和班组,而班组是生产作业的基本单位,是企业完成各项经营目标的主要承担者和直接实现者。班组安全生产的管理水平是企业综合管理水平的重要体现。班组能否长期保持安全生产的局面,决定着企业整体的安全生产形势。由此可见班组的安全建设是企业实现长期稳定安全生产的基础。

根据调查分析,90%以上的事故发生在生产班组,80%以上的事故的直接原因都是在班组生产中违章指挥、违章作业或者各种隐患没有被及时发现和消除所造成的。这个事实说明防止人的不安全行为,消除物的不安全状态,必须从班组做起。一切安全管理的措施方法、手段只有在班组真正发生作用,才能有效地避免事故和伤害。

长期以来,班组的安全建设未能受到足够的重视,工作是很薄弱的。安全工作一般号召多,具体措施落实少;浮在表面的活动多,深入实际解决问题少;根据事故被动应付多,主动预防控制少。总之是不严、不实、不深、不细,没有把有效的安全管理工作落实到班组这个最基本的环节上。当然,要从根本上搞好安全工作,涉及国家安全立法和监察的完善,设备设施本质安全水平的提高,人员素质的根本改善等,这些都还有待长期的努力。然而,从现有的实际条件出发，只要重视和加强管理，就可以使伤亡事故大幅度降下来。而在加强管理中，注重班组安全建设则是抓住了关键所在。

二、班组成员的组成

（1）班组长。班组长是班组安全的第一责任者，对本班组的安全工作负有全面管理的责任。班组长是安全管理的一线指挥员，具有承上启下的特殊地位，大量的安全管理工作由班组长来完成。

（2）班组技术员。现代化生产的安全管理工作，涉及许多安全技术知识，因此必须充分发挥技术员在安全生产中的作用。班组技术员岗位安全职责，体现了班组技术员为实现安全生产必须把好安全技术关的特点和要求。

（3）班组安全员。班组应设安全员，可以专职，亦可兼职。班组安全员是班组长的参谋和助手，在班组领导下协助做好安全管理工作，由有经验的老师傅担任或班组长兼任。

（4）班组工人。安全工作直接关系到每个职工的切身利益，归根结底是广大职工自己的事故。只有使全体职工都认识到安全工作的重要，并能自觉地参与管理，才能堵塞发生事故的漏洞，确保安全工作的落实。班组工人岗位安全职责具体规定了工人的安全生产内容和要求，是动员工人进行自我管理，自我约束，搞好安全工作的行为准则。

班组安全责任制的建立，是为了使班组每个成员都明确各自应负的安全职责，增强安全生产意识，按章办事，互相监督，从不同角度做好工作，确保安全，杜绝事故。

三、班组长成员的安全职责和权限

在班组成员日常安全管理中，他们不仅承担安全职责（见第二章第三节），也应该被赋予一定的安全职权。

1. 班组长、班组安全员的职权

(1) 对本班人员的违章行为有权制止、批评和处理。

(2) 对上级的违章指挥有权拒绝,并向各级安技部门报告。

(3) 发生危急情况有权停止作业,指挥在场人员撤离危险区,并向上级和安技部门报告。

2. 班组工会劳动保护检查员的职权

(1) 对本班组违章行为及险情有权加以劝阻或做紧急处理,并报告组长或安技部门处置,报告事故隐患或险情,未被重视,有权向上级工会或安技部门反映。

(2) 对班组长的违章指挥有权监督制止,并向工会组织和安技部门报告处理。

(3) 有权对班组的劳动安全卫生工作进行监督,对女职工和未成年工的合法权益受到损害时,有权维护,并要求组长予以纠正,未被重视则有权向上级工会和安技部门反映。

3. 职工的职权

对领导的违章指挥、干部的违章管理有权予以拒绝,并向安全员和安技部门报告。

三、班组安全建设的主要措施

1. 搞好班组长和班组安全员的选拔和培训

班组长是班组的核心,他们既是生产者,又是管理者;既是战斗员又是指挥员。建立一支好的班组长队伍是班组安全建设的中心环节。

根据《劳动保护监督检查员工作条例》,在工会小组应设劳动保护检查员。劳动保护检查员代表群众进行监督,班组安全员属行政管理,因此二者性质是不同的,但就保护班组成员安全与健康,实现安全生产这一基本目标而言它们是一致的,因此,为避免繁琐重叠,将二者合并,在实际中是可行的。

班组长和安全员应该在对班组成员全面考核的基础上，经过群众选举产生，经过系统的教育和培训并在实践中接受磨炼后才能逐步符合要求。因此，必须对这一工作给予高度的重视，并作出扎实细致的努力才行。

2. 完善班组管理制度

规定每位班组成员的职责是什么、应按照怎样的规矩做事，以及成员与成员之间、工种与工种之间的关系，是班组正常进行生产的基本要素。可以将班组成员在班组日常工作中所必须遵从的章程变成有形的文字固定下来。

班组必须完善的管理制度有：出勤纪律考核制度、设备保修制度、质量制度、场地使用制度、安全生产制度、维修操作规范制度、卫生制度等。

可以将这些内容进行具体量化，制定相应的考核制度，实行评分、排名制，对排名靠前的班组成员采取物质以及精神上的奖励，对排名靠后的班组成员实施相应的扣罚。这样完善班组管理制度，将会对班组制度建设起到很好的完善作用，从而推动班组建设。

但是需要注意的是，企业班组在实施这个制度完善方案时，必须根据企业的实际情况，务必做好如下各项工作。

第一，注意班组成员思想的统一。要完善班组建设管理制度，班组制度建设不是可以一朝一夕、一蹴而就的，班组管理制度必须通过实践的反复论证，才能达到逐步完善，从而有利于整个班组的建设。例如，班组中的评比方案只有在吸取了企业各方面的意见后，针对成员在班组工作中不断出现的情况进行及时修正，在实践中进行不断完善，才能真正做到发挥促进班组建设的作用。

第二，必须将制度具体化和量化。将执行制度以及考核制度进行具体化和量化，能够避免条文过于空泛抽象的弊病，从而有利于促进班组成员的执行。例如，将班组成员出勤次数、产品返工返修次数以及成员安全事故次数进行量化和记录，明确考核，就可以使得班组执行有标准，考核有根据，奖罚有尺度。

第三，制定的制度必须有利于班组成员明确责任，并与他们的经济利益挂钩。将制度与班组成员的经济利益进行挂钩，是制度最有效的保障手段。但有一点，我们需要强调的是，对班组成员的奖罚必须掌握一定的尺度。这样才能以免出现负面作用，真正对班组成员起到有效的激励以及约束作用。

第四，认真记录原始数据。认真记录原始数据，抓好记录工作，是班组制度实现有依有据的保障。这些数据记录可以为班组的制度化管理提供一定的资料，有利于使班组根据检查评比的情况，及时发现问题，从而分清责任。

总而言之，班组制度建设是一项长期且又艰巨的任务，班组只有通过在实践中不断完善班组的各项管理制度，才能建设出实效型的班组制度，从而推动班组的基础建设，推动企业不断向前发展。

3. 贯彻落实安全法规和安全生产规章制度

要以安全法规为基础，建立健全以岗位安全生产责任制为核心的各项安全生产规章制度。要实行安全目标管理，把安全生产责任转化为具体的安全目标，实行安全承包，个人保班组，班组保车间。严格考评和奖惩，达到目标的受奖，违章违纪发生事故的受罚，把安全生产责任和经济责任挂起钩来。

4. 抓好岗位安全教育和培训

要严格按照制度要求抓好教育培训（新工人三级教育、特种作业教育等）和创造性地抓好长期、多样化的教育培训。通过教育和培训，提高班组成员的安全意识，增长安全知识，增强安全操作技能。

岗位安全教育和培训要抓住重点，结合危险性分析，针对消除各种潜在的危险因素来进行，着眼于增强班组成员的自我防卫能力。例如针对节假日前后思想不稳定，抓安全意识教育；从事"五新"作业和危险作业以及复工、调岗等作业进行作业前培训。

教育和培训要讲究方法,注重实效。广大职工创造了多种多样生动有效的方法,如安全演讲、知识竞赛、亲人嘱托、算账对比、现身说法、操作表演、事故分析等等,都是值得推广借鉴的。结合实行标准化作业开展岗位技术练兵,预防事故演习活动等,都是提高班组成员安全操作技能,增强自我防卫能力的最有效方法。

教育培训要严格考核,记载成绩,并与奖惩、提薪挂钩。

5. 积极推行科学的安全管理方法和制度

比如:班前会、系统安全分析和危险性评价,安全检查表、标准化作业、确认制、互保制,以及建立健全安全档案等。这里的有些内容此前已有介绍,现将其余的分述如下。

(1) 开好班前会

开好班前会是搞好班组安全管理的重要手段,作用极大。然而许多人对此还缺乏高度重视,因此必须加以强调,并切实地加以推行。

为了开好班前会,必须明确班前会中应包含的内容:

①健康和心理状况认证。理论和实践都表明,许多事故都是在有关人员身体疲劳、患病,或心神不宁的情况下发生的。因此,班组长和安全员应该十分关注每个班组成员的身心健康,必须保证每个人都以充沛的体力和振作的精神投入工作。发现健康状况不良、疲倦,或带着烦恼和心事来上班的人,要给予教育、帮助,或临时调换工作。必要时,宁可停止其工作也要保证安全。班组成员彼此之间也都应该这样做。

②做好服装和劳保用品的检查。必须保证每个班组成员穿着合适的工作服和有效地佩戴劳保用品。不允许穿过于肥大或破烂的工作服,不许佩戴失效的劳保用品。还要检查确认佩戴方法是否正确。

③进行作业指示和危险预测。在班长宣布当天的工作任务和要求后,全体班组成员应一起讨论一番,以确认当天的作业场所和作

业过程有什么危险，应该怎样做才能防止发生事故。大家各抒己见，推心置腹，集思广益。这样经常坚持，不但能有效地保证每天的安全生产，培养起对危险的敏感意识，增强自我防卫的能力，还能促使班组成员互相关心，互相爱护，每个人都把维护他人的安全看成是自己的责任和义务，培养起集体安全意识，增强班组团结。

④做好共同作业中的配合，联系的安排，保证集体作业中的安全。

⑤讨论，交换意见。

⑥派活。

（2）互保制

即班组成员两两结对，互相监督，互相保护，协调配合，实现安全生产。互保制的内容有：

①互相帮助，互相监督，共同遵守安全生产规章制度；

②互相督促对方按规定穿好工作服和佩戴好劳保用品；

③互相提醒，互相帮助，消除控制危险因素，防止发生伤害事故；

④互相检查设备工具和安全装置是否符合安全要求；

⑤互相帮助，互相督促对方实行标准化作业，实行确认制；

⑥实现安全目标，共同受奖；发生事故，共同承担责任，共同受罚。

互助互保，使两个人积极性拧在一起，整体大于部分之和，可以为实现安全生产发挥更大的作用。

（3）建立健全安全档案

这是班组安全建设的基础工作，对于了解掌握班组安全建设的发展变化情况，总结经验，发扬成绩，吸取教训，克服缺点，为不断推进科学的安全管理积累资料都有重要的意义。安全档案的格式应删繁就简，以符合班组的特点和要求。

6. 开展创建安全合格班组活动

根据班组安全建设的各方面要求，制定安全合格班组的标准并推动实施。要严格考核、验收，并与奖惩挂钩，促使班组安全建设的水平不断得到提高。

(1) 要端正班组长的态度，深刻认识其意义。

在开展创建安全合格班组活动过程中，班组长的信心和工作积极性是重要的因素。班组长、工会组长的言论和行为对职工的热情将产生较大影响。如果班组长、工会组长不感兴趣、不主动热心地开展，势必影响安全合格班组内容的贯彻，创建安全合格班组就难以实现。相反，班组长、工会组长重视这项工作，主动克服困难，积极创造条件，同心协力地带领全体组员投入到创建安全合格班组活动中去，安全合格班组活动就一定能搞好。

开展创建安全合格班组活动是企业安全管理发展的必然。创建安全合格班组活动在整个企业管理活动中，虽然只是一个很小的局部，但如果这项工作搞得不好，事故不断，不仅直接影响班组的安全生产，还会影响到企业安全生产的良好形势，使企业安全目标管理的实现得不到保证。因此，班组开展安全合格班组活动，不是个人愿不愿意做的小事，而是现代安全管理发展的必然趋势。每个班组长应牢固地树立全局的观点，系统的观点，立足于搞好安全合格班组活动，为企业全面完成生产任务提供可靠保证。

只要我们的班组长认识到开展这项活动的必要性，端正了态度，积极主动地按照规定的要求，一项一项去落实，就一定能搞好这项工作。

(2) 要善于调动班组全体成员的积极性。首先，要调动班组中骨干力量的积极性。在班组这个群体中，除了班组长、工会组长之外，还有生产上、技术上、思想政治工作中的骨干。如何充分发挥他们安全生产的积极性是能否开展好安全合格班组的中心环节。在创建安全合格班组活动中应该首先发挥党、团员的模范作用，使他们成为班组长的得力助手,同时,从班组实际情况出发,注意发挥老工人骨干、技术骨干、青工骨干的作用。如果几种人的安全生产积极性调动起来了,开展这项活动就有了较好的群众基础,班组长在工作中也会得心应手,建立安全合格班组的目标就会实现。

其次,要认真做好与安全合格班组发生矛盾的转化工作。在日常工作中,经常会发生一些意想不到的情况和一些意外事件。如由于人为因素而发生的工伤事故,直接影响班组职工和班组长的积极性和信心。这时,应协助班组长帮助职工进一步端正态度,把压力变为动力,促使意外事故向好的方向转化,使创建安全合格班组活动不断深入发展。

(3) 要持之以恒,坚持高标准严要求。创建安全合格班组活动不是一阵子、短时间的事情,而是要年年搞,长期坚持不懈的大事。不是应付上级检查,通过了安全合格班组以为万事大吉的表面工作,而是要坚持高标准、严要求的一项长期工作。这就要求班组要从实际出发,把争创安全合格班组看作是企业安全管理升级的一项十分重要的基础工作,积极慎重地引导全组职工一步一步上台阶。首先要达到第一个台阶,建成合格班组,在此基础上制定目标规划,努力争取上第二个台阶,争创市级班组建设先进小组,最后还要不断努力花上几年时间向省、全国级别的安全生产先进小组迈进。使班组永远不感到满足,即使成了省级以上的先进小组也还要高标准、严要求,把班组安全建设提高到一个新的水平。

第二节 班组长的安全素质和条件

一、班组长的安全素质要求

班组是企业安全工作的窗口,而班组安全工作的好坏,起关键作用的是班组长。他们的安全素质如何,直接决定着班组安全管理的成败和安全生产的好坏。因此，要抓好班组安全管理，必须从班组长抓起，从提高班组长的素质抓起。

人员的安全素质实质是指人员的安全文化素质，其内涵主要包括安全意识，法制观念，安全技能知识，文化知识结构，心理应变，承受适应能力和道德行为规范约束能力等。班组长除了应具备以上一般人员应具有的基本安全素质外，还应具备以下素质。

1. 政治素质

班组长应认真执行国家、行业和企业的安全生产法律法规、规章制度和操作规程，严格履行安全检查、督促管理职责，具有保护国家和人民生命财产安全的思想品质。同时班组长要在工作中树立威信，增强职业责任心，严格遵守职业纪律，不弄虚作假，应求真务实，保持积极向上的态度，把工作做好。

2. 文化素质

班组长应具备一定的文化程度，如高中以上文化程度，能够带领全班人员开展安全培训教育和安全活动。

3. 业务素质

班组长不仅要熟练掌握本工种专业技术技能，还要懂得一定的安全法律法规制度，并严格带头执行各种规章制度，以身作则，及时发现隐患和危险苗头，并指导消除隐患。同时要具备一定的组织协调管理能力，尤其要敢于管理，善于管理，只有管到点子上，员工才能心服口服。

4. 身体素质

班组长作为全班的表率，带领员工战斗在生产第一线，首先自己要有强健的体魄，旺盛的工作精力和体力，否则，工作起来力不从心，就不可能把班组工作搞得有声有色。

班组长在抓班组安全工作中除切实加强班组建设，提高班员安全素质外，还要有三种意识。

(1) 超前意识

所谓超前意识是指班组长对班组安全工作要有预见性、敏感性、超前性。如果班组长没有这种超前意识，就抓不住安全工作的要害。班组长一要吃透上头，弄清上级对安全工作的要求，把握安全工作方向；二要吃透下头，要掌握班组的安全状况，分析班组成员的思想动态，注意情绪变化，对容易发生事故的岗位、工种心中有数。

(2) 监督意识

一要加强对周围环境和设备状况的监督，一旦发现隐患要及时处理，把事故消灭在萌芽状态。二要加强对本班人员上岗前安全防护准备工作的监督，发现忽视安全的现象及时制止。三要加强班组成员在生产过程中执行安全规章制度的监督，看每个职工是否按安全规程操作。四要加强对重点人员、重点岗位的监督。

(3) 事后总结意识

班组长抓好安全工作，一要总结成功的经验，找出成功的秘诀；二要总结失败的教训，找准失败的原因，使二者上升为理论，以指导今后的安全工作。

二、班组长应该具备的条件

一个好的班组长应该具备：

(1) 有一定的文化和技术基础，有过硬的实际操作本领。

(2) 有强烈的安全意识。对"安全第一，预防为主"的方针有较深的理解。在实际工作能正确处理安全与生产的辩证关系。

(3) 模范遵守各项安全生产规章制度，不违章指挥，不冒险蛮干。

(4) 有一定的安全管理知识。对管理原理、事故致因理论、安全法规等能有初步的了解。能初步掌握系统安全分析、危险源评价的方法。能应用这些知识分析事故原因，识别评价危险因素，并正确采取措施加以消除和控制。

(5) 有一定的组织、领导能力和良好的思想和工作作风。善于关心、体察班组成员，能及时掌握他们的生理、心理变化。

(6) 在班组有较高的威信。班组安全员是班组长搞好安全生产的参谋和助手。一个好的安全员应该热心安全工作，有较高的技术水平，密切联系群众，勇于坚持原则，并具备一定的安全技术、劳动卫生和安全管理知识。应能善于发现各种事故隐患并协助班组长及时采取防止发生事故的对策措施。

总的来说，对班组长的选拔和培养，要挑选那些政治坚定、有强烈的事业心和责任感，热爱本职工作，有一定生产经验的职工担任班组长。班组长应熟悉安全工作规程、现场技术规程，熟悉本企业和车间（工场、工区、队）制定的事故、障碍、异常调查规定及其他有关安全生产的规章制度，熟悉本班组分工管辖的设备结构原理以及系统的图纸、技术资料、工作的技术要求和质量标准，及时掌握本班组管辖范围内设备系统存在的威胁、安全生产的隐患和薄弱环节，掌握本班组分工管辖的设备系统、工作的安全特点和特殊安全要求，掌握本班组的安全生产目标、安全工作指导思想、安全工作要点和安全技术、反事故技术措施，掌握班组内人员的思想动态、技术业务能力和特点、安全意识水平和对安全生产的态度，掌握班组安全管理上存在的问题和薄弱环节，掌握本班组外来人员（包括临时工、外协工、民工、实习生等）的情况及其安全管理要求等。

三、班组长安全生产工作方法

(1) 以身作则，制定个人安全行动计划，做好表率职工共同搞好班组安全工作。要求别人做到的事，自己首先做到；要求别人不能干的事，自己首先不干。在抓安全生产时，做到嘴勤、耳勤、眼勤、手勤、腿勤，热心为本组工人的安全健康服务。

(2) 要贯彻依靠群众的原则。安全生产工作是群众性的工作，要相信群众，依靠群众，发动群众，实行群防、群治、群管、群控，做到全员、全面、全过程、全方位的管理。

(3) 要贯彻法治的原则。要制止"三违"（违章指挥、违章作业、违反劳动纪律），杜绝事故的发生，光有一般号召不行，而应健全安全制度、安全规范，把控制人的行为和改善物、环境的本质安全，纳入规范化、程序化、标准化的管理轨道上来。

(4) 班组安全管理要"严"字当头。"严是爱，松是害，出了事故害几代"。班组要有严格的制度、严明的纪律、严肃的工作态度。

(5) 要奖惩兑现。奖励和处罚都是一种引导的办法。奖励是正面引导，处罚是告诫人们自觉地反对和制止不安全行为。班组长要敢于坚持原则，该奖的就奖，该罚的就罚，不要只罚不奖。正确的做法应该是处罚面小，教育面大，抓住典型，罚一儆百。

(6) 实行民主管理。民主管理的实质是走群众路线，班组长要发动职工参加安全管理工作，行使当家做主的权利。对班组的安全工作要集思广益，广泛征求群众意见。如：班组安全生产目标和安全措施要交群众讨论；制定班组的安全生产制度、标准要交群众审议；安全评比考核等工作都要走群众路线，充分发扬民主，听取群众意见，调动全组职工安全生产工作的积极性。

(7) 开展各种形式的安全竞赛。竞赛是一种鼓励争先创优的有力措施，是开展比学赶帮的良好形式。把竞赛形式运用到班组的安全管理工作，就可以造成一个人人重视安全、个个关心安全的大好局面。因此，班组要根据自己的特点，开展各种形式的安全竞赛，如百日无事故竞赛，师徒安全对手赛，安全知识竞赛等。

(8) 要号召党团员起模范带头作用。"火车跑得快，全靠车头带"，班组的党团员就是组里的火车头。因此，要求党团员不仅在生产上是模范，在安全生产上也要起表率作用，带头学习安全技术知识；带头遵守安全技术操作规程；带头搞好本岗位的安全文明生产；带头执行班组安全生产"互保"制；带头穿戴好个人劳动防护用品、用具。努力做到党团员身边无事故。

（9）要搞好与组员的团结。安全生产工作从某种意义上说，是关心人的工作。在生产过程中要做到互相关心、互相帮助，才能避免事故发生，对那些性格内向或孤僻的人，也应主动接近他、关心他、帮助他，以情感人，增强团结。

总之，班组长一定要全局考虑，作好包括上岗人员的体力、精神状态、作业环境及事故隐患整改情况的确认，这是保证安全生产的前提条件。同时要对危险因素预知预防。班组长对班组中可能发生或导致危害安全的因素要有前瞻性和预见性。如进入作业环境复杂现场等情况，要对职工做出明确的提醒并布置防范措施。要利用安全活动时间及工前较短时间进行群众性的危险预测预防活动。此类活动是控制人为失误，提高职工安全意识和技术素质，落实安全操作规程和岗位责任制，进行岗位安全教育，真正实现三不伤害的重要手段。

班组长只要抓好以上各项工作的落实，班组安全管理工作就能更上一层楼，就会有效控制这类事故的发生。

第三节　从业人员的权利与义务

一、从业人员的人身保障权利

各类生产经营单位的所有制形式、规模、行业、作业条件和管理方式多种多样。《安全生产法》规定了各类从业人员必须享有的、有关安全生产和人身安全的最重要、最基本的权利。这些基本安全生产权利，可以概括为5项。

1. 获得安全保障、工伤保险和民事赔偿的权利

《安全生产法》明确赋予了从业人员享有和获得伤亡赔偿的权利，同时规定了生产经营单位的相关义务。

《安全生产法》第四十九条规定："生产经营单位与从业人员订立的劳动合同，应当载明有关保障从业人员劳动安全、防止职业危害的事项，以及依法为从业人员办理工伤保险的事项。生产经营单位不得以任何形式与从业人员订立协议，免除或者减轻其对从业人员因生产安全事故伤亡依法应当承担的责任。"

第五十三条规定："因生产安全事故受到损害的从业人员，除依法享有获得工伤保险外，依照有关民事法律尚有获得赔偿的权利的，有权向本单位提出赔偿要求。"

第四十八条规定："生产经营单位必须依法参加工伤保险，为从业人员缴纳保险费。"

《安全生产法》的有关规定，明确了以下四个问题：

第一，从业人员依法享有工伤保险和伤亡赔偿的权利。法律规定这项权利以劳动合同必要条款的书面形式加以确认。没有依法载明或者免除或者减轻生产经营单位对从业人员因生产安全事故伤亡依法应承担的责任的，是一种非法行为，应当承担相应的法律责任。

第二，依法为从业人员缴纳工伤保险费和给予民事赔偿，是生产经营单位的法律义务。生产经营单位不得以任何形式免除该项义务，不得变相以抵押金、担保金等名义强制从业人员缴纳工伤保险费。

第三，发生生产安全事故后，从业人员首先依照劳动合同和工伤保险合同的约定，享有相应的赔偿金。如果工伤保险金不足以补偿受害者的人身损害及经济损失的，依照有关民事法律应当给予赔偿的，从业人员或其亲属有要求生产经营单位给予赔偿的权利，生产经营单位必须履行相应的赔偿义务。否则，受害者或其亲属有向

人民法院起诉和申请强制执行的权利。

第四，从业人员获得工伤保险赔付和民事赔偿的金额标准、领取和支付程序，必须符合法律、法规和国家的有关规定。从业人员和生产经营单位均不得自行确定标准，不得非法提高或者降低标准。

《安全生产法》的上述规定主要是针对大量存在的"生死合同"，赋予了从业人员必要的法定权利，具有操作性和不可侵犯性。所谓的"生死合同"，实际就是私营企业老板利用法律不够健全和从业人员的无知和无奈，逃避因事故造成的从业人员伤亡的经济赔偿责任。这是侵犯从业人员人身权利、剥夺从业人员应有的经济权利的严重违法行为，必须依法规范。《安全生产法》从法律上确定了"生死合同"的非法性，并规定了相应的法律责任，这就为从业人员的合法权利提供了法律保障，为监督管理和行政执法提供了明确的法律依据。

2. 得知危险因素、防范措施和事故应急措施的权利

生产经营单位特别是从事矿山、建筑、危险物品的生产经营单位，往往存在着一些对从业人员生命和健康带有危险、危害的因素，直接接触这些危险因素的从业人员往往是生产安全事故的直接受害者。许多生产安全事故从业人员伤亡严重的教训之一，就是法律没有赋予从业人员获知危险因素以及发生事故时应当采取的应急措施的权利。所以，《安全生产法》规定，生产经营单位从业人员有权了解其作业场所和工作岗位存在的危险因素及事故应急措施。要保证从业人员这项权利的行使，生产经营单位就有义务事前告知有关危险因素和事故应急措施。否则，生产经营单位就侵犯了从业人员的权利，并对由此产生的后果承担相应的法律责任。

3. 对本单位安全生产的批评、检举和控告的权利

从业人员是生产经营单位的主人，他们对安全生产情况尤其是安全管理中的问题和事故隐患最了解、最熟悉，具有他人不能替代

的作用。只有依靠他们并且赋予必要的安全生产监督权和自我保护权,才能做到预防为主,防患于未然,才能保障他们的人身安全和健康。关注安全,就是关爱生命,关心企业。一些生产经营单位的主要负责人不重视安全生产,对安全问题熟视无睹,不听取从业人员的正确意见和建议,使本来可以发现、及时处理的事故隐患不断扩大,导致事故和人员伤亡;有的竟然对批评、检举、控告生产经营单位安全生产问题的从业人员进行打击报复。《安全生产法》针对某些生产经营单位存在的不重视甚至剥夺从业人员对安全管理监督权利的问题,规定从业人员有权对本单位的安全生产工作提出建议;有权对本单位安全生产工作中存在的问题提出批评、检举、控告。

4. 拒绝违章指挥和强令冒险作业的权利

在生产经营单位经常出现企业负责人或者管理人员违章指挥和强令从业人员冒险作业的现象,由此导致事故,造成大量人员伤亡。因此,法律赋予从业人员拒绝违章指挥和强令冒险作业的权利,不仅是为了保护从业人员的人身安全,也是为了警示生产经营单位负责人和管理人员必须照章指挥,保证安全,并不得因从业人员拒绝违章指挥和强令冒险作业而对其进行打击报复。《安全生产法》第五十一条规定:"生产经营单位不得因从业人员对本单位安全生产工作提出批评、检举、控告或者拒绝违章指挥、强令冒险作业而降低其工资、福利等待遇或者解除与其订立的劳动合同。"

5. 紧急情况下的停止作业和紧急撤离的权利

由于生产经营场所存在不可避免的自然和人为的危险因素,这些因素将会或者可能会对从业人员造成人身伤害。比如从事矿山、建筑、危险物品生产作业的从业人员,一旦发现将要发生透水、瓦斯爆炸、煤与瓦斯突出、冒顶、片帮、坠落、倒塌、危险物品泄漏、燃烧、爆炸等紧急情况并且无法避免时,最大限度地保护现场作业人员的生命安全是第一位的,法律赋予他们享有停止作业和紧急撤离的权利。《安全生产法》第五十二条规定:"从业人员发现直接危及人身安全的紧急情况时,有权停止作业或者在采取可能的应急措施后撤离作业场所。生产经营单位不得因从业人员在前款紧急情况下停止作业或者采取紧急撤离措施而降低其工资、福利等待遇或者解除与其订立的劳动合同。"从业人员在行使这项权利的时候,必须明确四点:一是危及从业人员人身安全的紧急情况必须有确实可靠的直接根据,凭借个人猜测或者误判而实际并不属于危及人身安全的紧急情况除外,该项权利也不能滥用。二是紧急情况必须直接危及人身安全,间接或者可能危及人身安全的情况不应撤离,而应采取有效的处理措施。三是出现危及人身安全的紧急情况时,首先是停止作业,然后要采取可能的应急措施;采取应急措施无效时,再撤离作业场所。四是该项权利不适用于某些从事特殊职业的从业人员,比如飞行人员、船舶驾驶人员、车辆驾驶人员等,根据有关法律、国际公约和职业惯例,在发生危及人身安全的紧急情况下,他们不能或者不能先行撤离从业场所或者岗位。

二、从业人员的安全生产义务

《安全生产法》不但赋予了从业人员安全生产权利,也设定了相应的法定义务。作为法律关系内容的权利与义务是对等的。没有无权利的义务,也没有无义务的权利。从业人员依法享有权利,同时必须承担相应的法律义务和法律责任。

1. 遵章守纪、服从管理的义务

《安全生产法》第五十四条规定,从业人员在从业过程中,应当严格遵守本单位的安全生产规章制度和操作规程,服从管理。根据《安全生产法》和其他有关法律、法规和规章的规定,生产经营单位必须制定本单位安全生产的规章制度和操作规程。从业人员必须严格依照这些规章制度和操作规程进行生产经营作业。安全生产规章制度和操作规程是从业人员从事生产经营,确保安全的具体规范和依据。从这个意义上说,遵守规章制度和操作规程,实际上就是依法进行安全生产。事实表明,从业人员违反规章制度和操作规程,是导致生产安全事故的主要原因。生产经营单位的负责人和管理人员有权依照规章制度和操作规程进行安全管理,监督检查从业人员遵章守规的情况。对这些安全生产管理措施,从业人员必须接受并服从管理。依照法律规定,生产经营单位的从业人员不服从管理,违反安全生产规章制度和操作规程的,由生产经营单位给予批评教育,依照有关规章制度给予处分;造成重大事故,构成犯罪的,依照刑法有关规定追究刑事责任。

2. 正确佩戴和使用劳保用品的义务

按照法律、法规的规定,为保障人身安全,生产经营单位必须为从业人员提供必要的、安全的劳动防护用品,以避免或者减轻作业和事故中的人身伤害。但实践中由于一些从业人员缺乏安全知识,认为佩戴和使用劳动防护用品没有必要,往往不按规定佩戴或者不能正确佩戴和使用劳动防护用品,由此引发人身伤害时有发生,造成不必要的伤亡。比如煤矿矿工下井作业时必须佩戴矿灯用于照明,从事高空作业的工人必须佩戴安全带以防坠落等。另外有的从业人员虽然佩戴和使用劳动防护用品,但由于不会或者没有正确使用而发生人身伤害的案例也很多。因此,正确佩戴和使用劳动防护用品是从业人员必须履行的法定义务,这是保障从业人员人身安全和生产经营单位安全生产的需要。从业人员不履行该项义务而造成人身伤害的,生产经营单位不承担法律责任。

3. 接受安全培训,掌握安全生产技能的义务

不同行业、不同生产经营单位、不同工作岗位和不同的生产经营设施、设备具有不同的安全技术特性和要求。随着生产经营领域的不断扩大和高新安全技术装备的大量使用,生产经营单位对从业人员的安全素质要求越来越高。从业人员的安全生产意识和安全技能的高低,直接关系到生产经营活动的安全可靠性。特别是从事矿

山、建筑、危险物品生产作业和使用高科技安全技术装备的从业人员，更需要具有系统的安全知识，熟练的安全生产技能，以及对不安全因素和事故隐患、突发事故的预防、处理能力和经验。要适应生产经营活动对安全生产技术知识和能力的需要，必须对新招聘、转岗的从业人员进行专门的安全生产教育和业务培训。许多国有和大型企业一般比较重视安全培训工作，从业人员的安全素质比较高。但是许多非国有和中小企业不重视、不搞安全培训，企业的从业人员没有经过专门的安全生产培训，其中部分从业人员不具备应有的安全素质，因此违章违规操作，酿成事故的事例比比皆是。为了明确从业人员接受培训、提高安全素质的法定义务，《安全生产法》第五十五条规定："从业人员应当接受安全生产教育和培训，掌握本职工作所需的安全生产知识，提高安全生产技能，增强事故预防和应急处理能力。"这对提高生产经营单位从业人员的安全意识，安全技能，预防、减少事故和人员伤亡，具有积极意义。

4. 发现事故隐患或者其他不安全因素及时报告的义务

从业人员直接进行生产经营作业，他们是事故隐患和不安全因素的第一当事人。许多生产安全事故是由于从业人员在作业现场发现事故隐患和不安全因素后没有及时报告，以至延误了采取措施进行紧急处理的时机而导致。如果从业人员尽职尽责，及时发现并报告事故隐患和不安全因素，并及时有效地处理，完全可以避免事故的发生和降低事故的损失。发现事故隐患并及时报告是贯彻预防为主的方针，加强事前防范的重要措施。为此，《安全生产法》第五十六条规定："从业人员发现事故隐患或者其他不安全因素，应当立即向现场安全生产管理人员或者本单位负责人报告；接到报告的人员应当及时予以处理。"这就要求从业人员必须具有高度的责任心，防微杜渐，防患于未然，及时发现事故隐患和不安全因素，预防事故发生。

第四节　特殊从业人员的安全管理

所谓特殊从业人员，是指女性从业人员、未成年工，或从事有害作业（可诱发职业病）的从业人员等。对这些作业人员除了正常的管理外，还须采取特殊保护的管理措施，以保护他们的健康与安全。

一、女职工和未成年工

女职工是指各行各业的女性劳动者。即在企业、事业、机关、学校和团体中从事体力和脑力劳动的女性工作者。从针对职业安全卫生管理的范畴讲，一般女职工仅指相对于领导干部以外的普通劳动者，而其中占多数的是企业中以工资收入为主要生活来源的女性体力劳动者和脑力劳动者。

未成年工，是指已被录用的、在法定最低就业年龄以上的未成年人。根据《劳动法》第五十八条规定，我国的未成年工是指年龄已满16周岁、未满18周岁的劳动者。未成年工与童工都是未成年人，但是童工的年龄更小。在劳动法上两者的区别是未成年工是允许录用的工人，但要给予特殊保护；而童工一般是法律所禁止录用的（特殊情况经政府批准的例外）。

女职工和未成年工本身的生理特点决定了应当给予女职工和未成年工特殊的劳动保护。女职工由于其生理特点，往往在劳动和工作中遇到一些特殊的困难；同时她们还承担着生育和抚育婴幼儿的天职。如果在劳动中对于女职工的这些特点不予注意，不加以保护，不仅会影响职工本身的安全和健康，而且会影响到下一代的安全和健康。未成年工正处在成长发育时期，过重和过度紧张的劳动、高温等不良的工作环境，不合适的劳动工具等因素，都可能影响未成年工在劳动过程中的安全和健康。对女职工和未成年工的特殊保护是对生产力的保护。

二、女职工特殊劳动保护管理

《劳动法》和国务院颁布的《女职工劳动保护规定》，对女职工规定实行的特殊劳动保护，最主要的内容是规定了女职工禁忌从事的劳动。所谓女职工禁忌从事的劳动是指生产过程中存在着可能对女职工生理机能产生不利影响的职业性有害因素。这些有害因素有的直接损伤女职工生殖系统或生殖机能，有的间接造成生殖损伤。国家法律、法规明确规定不允许安排女职工在某些职业性有害因素存在的条件下生产或工作。《劳动法》及其他相关法律法规还明确规定了女职工在月经期、孕期、哺乳期禁忌从事的劳动等。

三、有害作业禁忌人员的管理

为了防止患有有害作业禁忌人员进入有害作业岗位，以保护作业者的健康与安全，必须对有害作业点范围内从事操作的人员进行体检。检查诊断单位必须是职业病防治院、防疫站以及卫生部门认可的允许进行职业病体检的从业人员医院。对高温作业人员和急性职业中毒，允许在有条件的生产经营单位医疗单位体检和诊断。有害作业人员体检必须是特异性检查，如接尘工人必须拍胸片，噪声源操作者必须经电测听力等检查。禁忌范围主要有：粉尘职业禁忌、苯锰职业禁忌、氟职业禁忌、铅职业禁忌（如明显贫血、神经系统器质性疾病等）、高温作业禁忌（如高血压、心脏病等）、噪声职业禁忌等。

四、特种作业人员的管理

由于特种作业危险性大，对相关人员要求较高，因此，特种作业人员管理的特殊性也就表现出来，要求教育培训和身体素质很高。用人单位特种作业人员的管理，要按《安全生产法》和《特种作业人员安全技术培训考核管理规定》（国家安全生产监督管理总局令第 30 号）的规定执行。

（一）特种作业范围

特种作业是指容易发生人员伤亡事故，对操作者本人、他人及周围设施的安全可能造成重大危害的作业。直接从事特种作业的人员称为特种作业人员。特种作业及人员范围包括以下几方面：

(1) 电工作业；
(2) 焊接与热切割作业；
(3) 高处作业；
(4) 制冷与空调作业；
(5) 煤矿安全作业；
(6) 金属非金属矿山安全作业；
(7) 石油天然气安全作业；
(8) 冶金（有色）生产安全作业；
(9) 危险化学品安全作业；
(10) 烟花爆竹安全作业；
(11) 安全监管总局认定的其他作业。

（二）特种作业人员的管理

特种作业人员必须经专门的安全技术培训并考核合格，取得《特种作业操作证》后，方可上岗作业。

特种作业人员的安全技术培训、考核、发证、复审工作实行统一监管、分级实施、教考分离的原则。

国家安全生产监督管理总局（以下简称安全监管总局）指导、监督全国特种作业人员的安全技术培训、考核、发证、复审工作；省、自治区、直辖市人民政府安全生产监督管理部门负责本行政区域特种作业人员的安全技术培训、考核、发证、复审工作。

国家煤矿安全监察局（以下简称煤矿安监局）指导、监督全国煤矿特种作业人员（含煤矿矿井使用的特种设备作业人员）的安全技术培训、考核、发证、复审工作；省、自治区、直辖市人民政府负责煤矿特种作业人员考核发证工作的部门或者指定的机构负责本行政区域煤矿特种作业人员的安全技术培训、考核、发证、复审工作。

省、自治区、直辖市人民政府安全生产监督管理部门和负责煤矿特种作业人员考核发证工作的部门或者指定的机构（以下统称考核发证机关）可以委托设区的市人民政府安全生产监督管理部门和负责煤矿特种作业人员考核发证工作的部门或者指定的机构实施特种作业人员的安全技术培训、考核、发证、复审工作。

对特种作业人员安全技术培训、考核、发证、复审工作中的违法行为，任何单位和个人均有权向安全监管总局、煤矿安监局和省、自治区、直辖市及设区的市人民政府安全生产监督管理部门、负责煤矿特种作业人员考核发证工作的部门或者指定的机构举报。

第五节　基层班组安全活动

一、岗位安全评价活动

岗位安全是整个项目（工程）施工安全的基础，只有每个岗位的岗位人员真正做到"我的岗位是安全的，我的行为是安全的"，那么整个项目（工程）的施工安全才有保障。岗位安全评价就是针对岗位安全生产而实施的一种有效的安全基础管理方法。

（一）概述

1. 基本概念

（1）安全岗位

岗位是指从事的生产场所、工作对象和业务范围（生产、经营、管理）。安全岗位是指所在岗位和所从事的工作全过程、全天候中无隐患、无违章、无伤害、无事故。

（2）安全操作规程

安全操作规程是指在生产过程中的人的行为规范和操作秩序，是必须遵循的、科学的和约成的方式。其可以避免生产过程中可能产生的物的不安全或错误的运动方式，制止、约束人的不安全行为，从而避免发生伤害事故。

（3）岗位安全标准

岗位的安全条件如何，是否存在不安全的隐患和行为，对这些容易造成事故的行为和缺陷采取相应的对策和防范、整改、根治措施，并约成必须遵守的条款，这就是岗位安全标准。

2. 岗位安全评价活动的意义

通过岗位安全评价，一是可以评价系统的危险性，二是可以用来评价安全工作和安全管理状况。岗位安全评价的主要作用是找出差距、根治隐患、杜绝事故。

3. 评价单元

按照每一个劳动者实际存在的岗位划分评价单元。岗位是根据同一班（机）组内的不同工作性质来确定的，不管是一人一岗，还是多人共一岗，只要是在同一班（机）组做着工作性质一样的工作，则按一个独立岗位评价。

例如，某班有各类推土机，每一台推土机是一个独立存在的机械，每一台推土机可能配有2~3人，不管每台推土机配操作手多少，则按某某推土机操作岗为评价单位进行评价，统计时只按一个岗统计。

多人共一岗的评价，鉴于多人在同一个环境下工作，且操作同一台机械（或干同一性质的工作），对于这类情况，考核时"三大要素"中有关"人"的因素必须将同一岗上的岗位人分别考核，最后取平均值，其他要素不变。

4. 岗位安全评价的特征

(1) 强调人的因素。人—机—环境中，中心因素是人。设备危险因素要由人来检测（除人力不可抗拒的因素以外），抓住"人"这个中心因素。

(2) 无论如何庞大的系统，如何复杂的因素，都是由相关岗位构成的，从大系统的观点来看，岗位是相对独立的基本子系统。

(3) 只有每一个岗位安全，才能保证由这些岗位构成的单位或项目的安全。

5. 岗位安全评价工作要做到"三落实"

(1) 组织工作落实

成立以班组为基础的评价班子。公司（厂）的安全部门要专人负责，进行指导、督促、检查、服务。

(2) 工作措施落实

广泛宣传，发动全体职工积极参与，学习岗位安全标准，对照标准认真查找本岗位的差距，要求人人知道，个个明白，在宣传学习、教育、贯彻的基础上，定方案、定措施、定目标、定期限、定人员、定责任。

(3) 技术措施落实

通过检查，找出问题，制定对策，进行整改。

检查要求：①找出危险源，并进行分级。②找出人的习惯性违章表现。

对策要求：①提高业务素质，加大安全生产责任感。②制定防范的技术措施。

整改要求：①治理隐患。②根治危险源。

(二) 评价步骤

1. 成立岗位安全评价机构

在分公司（厂）建立岗位安全评价指导组，在队（车间）成立岗位安全考评组的基础上，班（机）组成立岗位安全性评价工作组,由班(机)长负责,组织"五大员"进行逐岗检查、评议。

2.岗位安全评价实施步骤

(1)先由岗位人按照各自的岗位安全标准查找本岗位上存在的差距和危险因素,有效地整改或采取相应的预防措施,在此基础上对照"岗位安全等级评价标准"自评安全等级,然后由班(机)长组织互查互评,进行初步评价。

(2)各队(车间)岗位安全考评组参考班(机)组互查互评结果,进行逐岗考核评定,并整理评价档案,报上一级主管部门验收。

(3)分公司(厂)岗位安全评价工作组在各队车间评价的基础上进行抽查、审核认可。

3.评价周期

(1)班组每周一次自查自评。

(2)车间(队)每月检查、考核一次。

(3)分公司(厂)每季度对所属单位各岗位考核、评定一次。分级评价,分阶段评价,定期与不定期相结合。

(三)岗位安全等级评价标准

根据各个岗位安全的实际情况,对照"岗位安全等级评价标准"评定其安全等级。岗位安全等级划分为四个方面。

(1)达标岗位(安全岗位):90分以上且无严重问题。

(2)基本达标岗位(基本安全岗位):70分以上且无严重问题。

(3)不安全岗位:有一个或一个以上的严重问题。

(4)危险岗位:有一个或一个以上的特别严重的问题。

"人、机、环"三大要素中诸多因素检查分析可依据表3-1推荐项目进行。

表 3-1 "人—机—环境"三大要素中的诸多因素举例分析

人 40 分	基本要素	劳保着装、持证问题（机械操作证、特种作业证）、年龄、身体状况、有无不适应症
	基本素质	安全意识（专业知识、应知应会、职责、操作规程的熟悉程度）； 劳动纪律、工作情况（合理调度、紧张有序、按章指挥）； 操作技能（技术等级、水平、方式、有无侥幸心理、冒险蛮干）
	安全记录	事故记录、违章违纪记录，操作记录（运行、保养、检查等）
机 30 分	安全附件	保险装置（刹车、灯光、限位、方向、触电保护）； 防护装置（接地保护、隔离保护）
	机械 基本情况	完好率符合要求、检测检验情况（有效报告）； 安全检查记录（隐患整改的要求，落实情况）
	保养情况	维护（专业维修，大、中型维修）； 保养（日常保养工作和一般维修工作）
	手动工具	绝缘符合要求，漏电保护满足使用的基本要求
环 境 30 分	基本情况	场地平整、车间明亮，采光、遮雨条件到位等； 风、水、电满足规范和设计要求，布置合理、方便； 安全氛围（安全标志、操作规程、岗位安全标准）
	文明生产	物资器材的堆放是否符合要求（有序稳固）、通道、爬梯、孔洞、临空面等符合要求，无冒险蛮干、"三违现象"、工完场清，尘毒、噪声的治理
	防护设施	安全网、安全带、交叉作业防护、消防设施

（四）岗位安全等级评价规则

1. 班（机）组长岗位评价规则

班（机）组长岗位是最基层的领导岗位，其评价规则是：

A（达标岗位）：班（机）组长本岗考核成绩（100 分制）大于 95 分，且其管辖区域各操作层岗位没有不达标岗位和危险岗位，达标岗位大于 80%。

B（基本达标岗位）：其本岗考核成绩大于 75 分小于或等于 95 分，且其管辖区域各操作岗位没有不达标岗位和危险岗位，达标岗位小于 80%。

C（不安全岗位）：基本岗考核成绩大于 60 分而小于或等于 75 分，且其管辖区域各操作层岗位没有危险岗位，不安全岗位小于 10%。

D（危险岗位）：其本岗考核成绩小于 60 分。

2. 操作人员岗位评价规则

A（达标岗位）：考核成绩达 95 分以上，一般问题不超过 2 个。

B（基本达标岗位）：考核成绩达 75 分以上，一般问题不超过 3 个，无严重以上问题。

C（不安全岗位）：考核成绩达 60 分以上，存在严重问题或存在 3 个以上一般问题。

D（危险岗位）：考核成绩 60 分以下，存在 2 个以上严重问题或特别严重问题。

二、班组"三工"活动

"三工"活动是以班组为单位，以教育和提醒为手段，以杜绝事故为目的，利用每班工前、工中、工后几分钟时间，交代本班生产及安全注意事项，检查安全防护和措施落实情况，总结班组安全生产情况的一种安全活动。

（一）活动的主要内容

"三工"活动主要内容是"三交"和"三查"，"三交"即交代施工生产任务、交代安全注意事项、交代施工技术措施；"三查"即查劳保着装、查"三宝"佩戴情况、查作业者的精神状态。必要时要求工作人员重复工作的目的、内容、方法、安全注意事项及工具、材料等的携带、使用、存放安全等。

(二)活动的具体做法

1. 工前安全会

(1) 签到。所有当班作业人员逐一签到,并根据班组人数分一排或多排面向班组长、队长或带班人员站列整齐,整理好队形。一般一组10人左右为宜。

(2) 健康和心理认证。发现健康状况不良、疲倦或带着烦恼和心事来上班,要给予教育、帮助,或临时调换工作,必要时宁可停止其工作也要保证安全。班组成员彼此间相互检查。

(3) 检查。检查安全防护用品是否正确使用,上岗证(操作证)是否佩戴齐全,先由班组成员自查和互相检查,然后当班班长或兼职安全员认真检查每个操作人员防护用品配备、使用情况,如检查作业者是否穿过于肥大或破烂的工作服,是否佩戴失效的劳保用品等。经检查符合要求,才可上岗作业。

(4) 进行作业指示和危险预测。班组长或队长根据当天施工任务,简洁、明了地向作业人员交代工作内容和施工中人、机、环境的不安全因素。班组成员可以各抒己见,发表议论,以确认当天的作业场所和作业过程可能有什么危险,应该怎样做才能防止事故发生。

(5) 鼓气。全体成员共同大声呼喊安全口号,振作精神。

2. 工中"二查一纠"

即由班组长和安全员巡回检查岗位安全执行情况,查安全技术措施落实情况,纠"三违"。确认危险作业有安全措施,有监护人;确认达到"三不伤害"(不伤害自己、不伤害他人、不被他人伤害)。为保证"三工"活动效果,要求现场的每个班组包括分包协作单位和民工班组都必须开展此项活动,每个班组成员必须亲自在活动记录本上签字。专职安全管理人员指导"三工"活动,安全管理部门进行不定期抽查。

3. 工后安全小结

由班组长召集全班人员进行班组安全工作总结，讲评本班安全生产情况，提醒今后注意事项，向下班介绍当班情况。

为保证"三工"活动效果，要求现场的每个班组包括分包协作单位和民工班组都必须开展此项活动，每个班组成员必须亲自在活动记录本上签字。专职安全管理人员轮流参加、指导"三工"活动，安全管理部门进行不定期抽查。

三、安全日活动

班组必须坚持每周一次两小时左右的安全日活动制度。班组安全日活动要内容充实、联系实际、形式多样、讲求实效，要做好记录，切忌流于形式。每次活动均应有所侧重、有所针对、有所收获。班组安全日活动主要是对本班组每周的安全工作情况进行讲评，找出存在的问题，总结经验教训，以便改进工作，同时布置下周安全工作。

活动的内容是多方面的，如结合生产实际，有针对性地组织班组成员学习上级有关安全生产的规章制度、文件和会议精神，事故通报及安全生产知识；交流班组成员之间、成员与领导之间、班组之间的安全工作情况；交流对班组安全生产的看法，"三不伤害"和反违章活动的经验与体会，搞好班组安全生产的经验等；评议本班组安全生产中的好人好事，习惯性违章在本班组中的各种表现，本班组和其他班组发生的不安全情况；分析班组安全管理上存在的问题，分析设备和系统存在的隐患和薄弱环节，研究改进措施；检查班组安全管理上存在的问题，重点检查设备和系统存在的隐患和消缺情况，"二票三制"执行情况，安全器具完好情况，现场安全设施和工作现场安全措施完善情况，有无违章情况；表扬安全生产中的好人好事，对违章人员提出批评教育和处罚；发动班组成员为安全工作献计献策，收集他们提出的合理化建议等。

四、安全月活动

班组应根据本单位的部署,结合班组实际,认真组织本班组的安全月活动。通过安全月活动对班组人员进行一次集中深入的安全思想和安全知识宣传教育,对班组安全生产工作进行一次全面系统的回顾、检查和总结,找出问题,提出并落实改进措施,进一步搞好班组安全工作。安全月活动应有书面计划,活动结束后半个月之内应写出书面总结。安全月活动的内容主要包括对班组制订的安全规章制度进行一次全面的清理和检查,修订不合适部分;对班组管辖的设备进行一次全面的检查,找出隐患和薄弱环节,提出对策;对班组发生的不安全情况进行一次全面的回顾,从中吸取教训;对本班组发生的违章情况进行一次全面的评议,补充本班组的《班组常见的习惯性违章事例》;对本班组安全生产目标完成情况进行一次全面的检查和评价,进一步落实保证措施。

五、"三无"目标管理

"三无"即个人无违章、岗位无隐患、班组无事故。这是班组安全建设的核心,也是整个企业安全生产的基础。如果一个企业的全体员工、所有岗位、一切班组都能达到"三无",那么,这个企业就是一个无事故企业,就进入了企业安全生产的理想境界。

班组开展"三无"目标管理,要实施的操作方法和步骤很多,每个班组要根据自己的生产任务、作业环境、工作性质来制定适合自己班组特点的"三无"目标管理,一般来说抓住以下三点进行。

(1) 班组骨干以身作则。班组是企业的细胞,是安全生产的基础和落脚点,班组"三无"目标管理是一个细胞工程。"个人无违章,岗位无隐患,班组无事故"是落实"安全第一,预防为主"方针的实际步骤,也是班组安全建设的核心问题。班组长是企业最基层的管理者和生产作业的直接操作者,班组长在安全生产中必须以身作则,副班组长兼安全员要一心扑在班组安全建设上,把安全生产作业中的各个环节都按"三无"目标去组织,并把每天的安全生产情况认真记录在台账上,以指导今后的工作。"榜样的力量是无穷的",只要班组骨干动员起来,班组长模范带头执行规章,心想安全事、手干安全活,班组的"三无"安全目标管理就能步入有序的轨道上来。

(2) 建立班组安全生产管理体系。班组为实现"三无"目标管理必须建立安全生产管理体系,发挥集体的力量,集思广益,博采众长,以班组长为核心,副班组长兼安全员、党小组长、工会小组以及其他骨干组成班组安全生产领导小组,发动员工对安全生产中存在的问题提出合理化建议,做到"查一个隐患,提一条建议,采取一项措施,增加一份安全"。

(3) 夯实班组安全基础工作。在建立班组安全生产责任制的基础上,进一步加强班组安全生产基础工作,按照"谁主管谁负责","谁在岗谁负责"的原则,责任到人,做到"在岗一分钟,负责六十秒"。要从本班生产工艺流程、岗位工种来划分安全生产责任区,指定专人负责安全生产工作,责成负责人对安全生产实施监督检查,检查各种安全装置,确保齐全有效;坚持每班班前安全讲话,结合生产任务提出安全注意要点和安全操作要求;坚持每周一次安全生产活动日活动;坚持每月一考评、每季一总结、半年一评比。夯实班组安全生产基础工作,班组安全工作就能变成每个人的自觉行动,变"要我安全"为"我要安全",进而形成"我管安全"、"我会安全"的局面。

六、运行班组的事故预想和反事故演习

事故预想和反事故演习是运行班组人员进行安全技能培训的有效方法,对提高处理突发性事故的能力帮助很大。运行班组都应针对电力生产过程中可能发生的事故,做好事故预想,组织反事故演

习。事故预想每人每月至少做一次，反事故演习由企业统一组织。反事故演习预先要制订方案，演习过程中必须保证人身和运行设备的安全，演习结束应对事故预想和反事故演习进行评议和评价，并写出书面总结。

七、交接班管理

交接班管理是安全管理中一种传统实用的基层安全管理方法，它具有简单、易行、实用的特点，长久坚持，形成习惯，对施工生产的平稳和安全进行具有重要意义。

交接班的主要内容是：

（1）交班人向下班交代介绍清楚当班的简要情况及下一班应该注意的问题。

（2）交班人交代清楚现场环境的安全情况。

（3）交班人交代本班设备及其他需特别注意的问题。

（4）交班人要确认接班人清楚明白每一交代情况，且无遗漏事项后，做好当班记录和交接班记录。

（5）班组开好工后安全小结会，评讲本班安全生产情况。

（6）接班人认真检查环境、设备情况和上班运行记录。确认正常情况下方可开始作业。

（7）接班人作业前，对设备进行试运行，以确认安全。

交接班对班组搞好安全管理至关重要，要作为建筑施工班组必须坚持的基础安全工作。在现实工作中有许多由于交接班工作不到位，而引发的安全事故。

例如某建筑工地钻孔灌浆作业，钻工王某在检查钻机时，用"U"形卡卡在钻杆上，刚检查完，就有人喊下班的班车就要走了，王某立即收拾好工具包，和来接班的李某打个招呼就赶紧离开了现场。李某接班后，在没有交接班的情况下，也没有认真检查现场情况，盲目合上钻机的闸刀，结果"U"形卡飞出，砸在李某的左腿上，造成李某左小腿骨折。

对于班组来说，交接班是正常工作的一个不可缺少的环节。

第六节　班组安全生产教育

安全生产教育是班组安全管理工作的一项重要内容，也是保证生产安全的重要措施。它能提高班组员工搞好安全生产工作的责任感和自觉性，为贯彻党的安全生产方针奠定正确的思想基础，它能使广大员工掌握安全生产的科学知识，提高安全操作技术水平。

一、班组安全生产教育的种类

（1）新进人员和变换工种人员教育。新调入班组的职工（包括学徒工、临时工、合同工、代培工、实习生）和变换工种的职工，要经厂、车间、班组三级安全教育。班组安全教育由班组长或班组安全员进行。教育后应进行登记。

（2）全员安全教育。为使全体职工牢固树立"安全第一"的思想，不断提高安全意识和操作技能，除企业每年应进行一次全员安全教育和考试外，班组每年应至少进行两次，并进行登记。

（3）复工教育。凡工伤假、病假、产假、学习、借调到外单位工作，离开生产岗位三个月以上的职工，上岗前均应结合班组情况进行安全生产思想教育，并进行登记。

（4）"四新"教育。试制新产品、采用新工艺、新设备、新材料等或当生产条件发生变更时，必须制定新的安全技术操作规程，并对操作工人进行安全技术教育后方能生产。

（5）特种作业人员教育。特种作业人员除按国家有关规定进行安全技术培训、复训外，班组还应加强对他们的日常教育，并对他们的培训和复训情况进行登记。

二、班组安全生产教育的内容

安全生产教育的内容有劳动保护方针政策教育、安全技术知识教育、劳动保护及自我防护教育及事故案例教育等。

1. 劳动保护方针政策教育

劳动保护方针政策教育，是对广大职工进行党和政府有关安全生产的方针、政策、法令、法规、制度的宣传教育，通过教育提高政策水平和法制观念。同时提高广大员工对安全生产重要意义的认识，正确处理安全和生产的关系，自觉搞好安全生产。另外，还应针对青工的特点，学习青年人心理知识，研究这一代青工的心理特点，有的放矢地做好青工的安全教育工作。

2. 安全技术知识教育

安全技术知识教育包括安全生产技术、安全管理制度、操作规程等教育，其可分为一般安全技术知识和专业安全技术知识的教育。

生产过程、作业方式，还有与生产过程和作业方式相适应的各种机器设备的使用知识，工人在生产中积累的操作技能和经验，以及产品的构造、性能规格和质量要求等，都属于安全技术知识教育范畴。

一般安全技术知识教育，这是企业所有员工都必须接受的基本安全技术知识教育，主要包括以下内容：

（1）企业内危险设备和场所及其安全防护的基本知识。

（2）有关电气设备（动力、照明）的基本安全知识。

（3）起重机械和厂内运输的有关的安全知识。

（4）生产中使用的有毒有害物料或可能散发的有毒有害物质的安全防护基本知识。

（5）企业中一般消防制度和规则，个人防护用品的正确使用，以及伤亡事故报告办法等。

专业安全技术知识教育,这是对操作人员按具体工种所进行的专业安全技术知识教育。包括工业卫生技术知识和专业的安全技术操作规程、制度。例如锅炉、受压容器、起重机械、电气、焊接、防爆、防尘、防毒、噪声控制等。

3. 劳动保护及自我防护教育

这是安全意识教育的另一个方面。国家的安全生产方针和劳动保护政策,是我们制订各项安全生产规章制度的依据,而这些规章制度既是大事故教训的总结,又是安全生产工作总结经验的结晶。因此,班组必须采取各种措施和形式,大力宣传和认真贯彻,以便提高各级领导和广大群众的安全防护意识和自我保护能力。同时要通过培训演练等形式让员工懂得、会做与本岗位相关的劳动保护知识和自我防护、自救技能。

4. 典型经验和事故教育

在安全教育中结合事故教训进行教育,可以使员工从事故中吸取教训、总结经验、改进工作,从而做到自觉地实现安全生产和文明生产。坚持事故处理"四不放过"的很重要的一条,就是要从事故中吸取严重教训,防止今后发生重复事故。因此,结合本企业、外企业的事故教训对员工进行教育,也是安全教育的一项重要内容。

三、班组安全教育的方法

1. 组织学习安全技术操作规程

结合事故案例,讲解违反安全操作规程会造成什么样的危害,启发大家进行讨论,采取什么措施才能做到安全。要防止说教式的照本宣科、枯燥无味的就事论事,使学习流于形式。这种学习可由班组长、班组安全员、工会小组劳动保护检查员组织,也可由班组成员轮流组织。

2. 结合安全生产检查进行安全技术教育

根据日常安全检查中发现的问题,针对工人的生产岗位,讲解不安全因素的产生和发展,怎样做才能避免事故的形成和伤害。

3. 结合技术练兵,组织岗位安全操作的技能训练

安全教育一定要坚持教育与操作实践相结合。例如,岗位练兵、消防演习等。这样,用理论指导实践,实践反过来又推动理论的提高。

4. 结合职工思想动态进行安全教育

职工安全思想教育方法要讲究科学性,要抓住职工思想容易波动、情绪不稳定的时候,对症下药,深入细致地做好思想教育工作。在抓安全思想教育时,应着重抓好以下十个环节:

(1) 新进人员上岗,病假人员、伤愈人员复工和调换工种人员;

(2) 职工精神状态、体力或情绪出现异常;

(3) 抢时间,赶任务和职工下班前夕;

(4) 领导忙于抓生产或处理事故;

(5) 职工受表扬、奖励、批评或处分;

(6) 工资晋级、奖金浮动、工作变动;

(7) 职工受到天灾人祸;

(8) 节假日前后(包括节假日加班);

(9) 重点岗位、重点操作人员;

(10) 发生事故后。

5. 订立师徒合同,包教包学

让有经验的老工人带徒弟,言传身教,这是传授安全技术的有效方法。关键是要选择思想好、技术好、安全素质高、责任心强、作风正派、经验丰富的师傅担任。

6. 开展安全竞赛和安全奖惩

在班组中开展安全竞赛、创无事故记录活动等,并给予适当奖

惩,是促使职工实现安全生产的一种有效手段,也是安全教育的一种基本方法。

7. 采取多样化的教育

正确的认识往往需要多次反复,不可能一次完成。要树立"安全第一"的思想,绝不是一日之功,需要进行长期的、重复的教育才能见成效。但在重复教育中,要力求形式新颖,晓之以理,动之以情,寓教于乐。经常采取一种形式的教育,工人从心理上就易产生反感和"抵制性"而没有"激励性"。为了使教育达到良好的效果,教育方式必须多样化。一般可采取学习班讲课、安全演讲会、研讨会、安全技术讲座、安全知识竞赛、班前班后会、事故分析会、安全活动日以及安全展览、黑板报、广播、电视、电影、文艺演出等形式进行宣传教育。

第七节 班组安全管理的常用规范

一、在岗人员十个必须遵守

(1) 必须树立"安全第一"的思想;
(2) 必须佩戴好劳动保护用具;
(3) 必须严格按照规程操作;
(4) 必须服从领导听指挥;
(5) 在岗位时必须勤瞭望、勤联系;
(6) 工具必须对号入座,放在指定位置;
(7) 必须坚守岗位;
(8) 必须保持岗位文明卫生;
(9) 发现隐患必须及时报告;
(10) 必须严格执行交接班制度,并办好交接手续。

二、操作人员六个严格遵守

(1) 严格进行交接班；
(2) 严格进行巡回检查；
(3) 严格控制工艺指标；
(4) 严格执行操作票；
(5) 严格遵守劳动纪律；
(6) 严格执行有关安全规定。

三、班组生产调度"五不准"

(1) 危险作业未经审批，不准作业；
(2) 设备安全防护装置不全、不灵，不准使用；
(3) 新工人未经三级安全教育，不准上岗；
(4) 特种作业人员未经安全培训、取证，不准独立操作；
(5) 劳动组织、人员调配、作业方式不符合安全要求，不准违章指挥。

四、进入容器、设备八个必须

(1) 必须申请，并得到批准；
(2) 必须进行安全隔离；
(3) 必须进行置换、通风；
(4) 必须按时间要求，进行安全分析；
(5) 必须佩戴规定的防护用具；
(6) 必须在场外有人监护；
(7) 监护人员必须坚守岗位；
(8) 必须有抢救设备和措施。

五、防止违章动火六大禁令

(1) 没有批准动火证,任何情况严格禁止动火;
(2) 不与生产系统隔绝,严格禁止动火;
(3) 不进行清洗、置换合格,严格禁止动火;
(4) 不把周围易燃物清除,严格禁止动火;
(5) 不按时做动火分析,严格禁止动火;
(6) 没有消防措施、无人监护,严格禁止动火。

六、机动车辆八大禁令

(1) 严禁酒后开车;
(2) 严禁无证开车或无令(调度令)开车;
(3) 严禁超速开车;
(4) 严禁空挡滑行;
(5) 严禁设备带病行车;
(6) 严禁人货混载行车;
(7) 严禁超标(超高、超长、超重)装载行车;
(8) 严禁分散精力开车。

七、建筑、安装十大安全措施

(1) 按规定使用安全"三宝"(安全带、安全帽、安全网);
(2) 机械设备的安全防护装置一定要齐全有效;
(3) 塔式吊车等起重设备必须有限位保险位置,不准带病运转,不准超负荷作业,不准在运转中维修保养;
(4) 架设电气线路必须符合当地电业局的规定,电气设备必须全部接零、接地;
(5) 电动机械和手持电动工具要设置漏电保护装置;
(6) 脚手架材料和脚手架搭设必须符合规程要求;

(7) 各种缆风绳及其设置必须符合要求；

(8) 在建工程的楼梯口、预留洞口、通道口必须有防护设施；

(9) 严禁赤脚或穿高跟鞋、拖鞋进入施工现场，高空作业不准穿硬底和带钉易滑鞋靴；

(10) 施工现场的悬崖、陡坡等危险地区应有警戒标志，夜间要设立红灯示警。

八、起重作业十不吊

(1) 指挥信号不明或乱指挥不吊；

(2) 超负荷不吊；

(3) 工件紧固不牢不吊；

(4) 吊物上面有人不吊；

(5) 安全装置不灵不吊；

(6) 工件埋在地下不吊；

(7) 光线阴暗看不清不吊；

(8) 斜拉工件不吊；

(9) 棱角物件没有采取措施不吊；

(10) 钢水包过满不吊。

九、登高作业十不登高

企业职工从事登高作业，要从三个方面加强管理，一是建立登高审批制度，二是建立登高用具管理制度，三是建立登高作业人员安全操作制度。十不登高是指：

(1) 患有登高禁忌者，如患有高血压、心脏病、贫血、癫痫等的工人不登高；

(2) 未按规定办理高处作业审批手续的不登高；

(3) 没有戴安全帽、系安全带，不扎紧裤管和无人监护不登高；

(4) 暴雨、大雾、六级以上大风时，露天不登高；
(5) 脚手架、跳板不牢不登高；
(6) 梯子撑脚无防滑措施不登高，采用起重吊运、攀爬脚手架、攀爬设备等方式不登高；
(7) 穿着易滑鞋和携带笨重物件不登高；
(8) 石棉瓦和玻璃钢瓦片上无牢固跳板不登高；
(9) 高压线旁无遮拦不登高；
(10) 夜间照明不足不登高。

十、焊接作业十不焊

(1) 不是焊工不焊；
(2) 要害部门和重要场所未经批准不焊；
(3) 不了解焊接地点周围情况不焊；
(4) 用可燃材料作保温隔音的部位不焊；
(5) 装过易燃易爆物品的容器不焊；
(6) 不了解焊接物内部情况不焊；
(7) 密闭或有压力的容器管道不焊；
(8) 焊接部位有易燃易爆物品不焊；
(9) 附近有与明火作业相抵触的作业不焊；
(10) 禁火区内未办理动火审批手续不焊。

十一、电气作业十不准

(1) 非持证电工不准装接电气设备；
(2) 任何人不准玩弄电气设备和开关；
(3) 破损的电气设备应及时调换，不准使用绝缘损坏的电气设备；
(4) 不准利用电热和灯泡取暖；
(5) 设备检修切断电源时，任何人不准启动挂有警告牌的电气设备，或合上拔去的熔断器；

（6）不准用水冲洗擦拭电气设备；

（7）熔断丝熔断时，不准调换容量不符的熔丝；

（8）不办任何手续，不准在埋有电缆的地方进行打桩和动土；

（9）发现有人触电，应立即切断电源进行抢救，未脱离电源前不准直接接触触电者；

（10）雷雨天气，不准接近避雷器和避雷针。

十二、下班离岗前十要

（1）电闸要拉下断开；

（2）门窗要关严锁牢；

（3）热源处不堆放易燃易爆物品；

（4）怕日光晒的物品要遮盖好；

（5）液流开关要关闭；

（6）各种用具要清点后收齐放好；

（7）易燃易爆物品要注意通风良好，不得超量存放；

（8）夏季防雷、防雨设施要保证完好，沟渠要保持畅通；

（9）冬季取暖设备的泄水阀要保持正常；

（10）火种要妥善处理好。

第四章 作业现场安全标准化管理

第一节 班组标准化作业

一、标准化作业的功能

所谓作业标准化,就是在对作业系统调查分析的基础上,将现行作业方法的每一操作程序和每一动作进行分解,以科学技术、规章制度和实践经验为依据,以安全、质量效益为目标,对作业过程进行改善,从而形成一种优化作业程序,逐步达到安全、准确、高效、省力的作业效果。作业标准化是预防事故、确保安全的基础。它的主要功能如下。

1. 控制人的不安全行为

生产作业过程中,主要控制对象是人、机、料、法、环五要素。而在这五个要素中,关键是控制自由度极大的人。因为人是客观事物的主体,人的不安全行为是诱发事故的主要原因。作业标准化,能把复杂的管理和程序化的作业融为一体,能有效控制、约束、规范人的行为,把发生事故的可能降低到最低限度。

2. 控制"三违"现象

从事故统计可看出,企业中所发生的事故有90%发生在车间班组,其中有80%的事故是由"三违"现象而引起的。作业标准化就是把企业各项安全要求转化为"管理标准、技术标准、工作标准",并在作业单元上严格规定操作程序、动作要领。把整个作业过程分解为既互相联系,又相互制约的操作程序、动作标准,就可把人的行为限制在动作标准之中,从根本上控制违章作业,特别是习惯性违章作业,保证作业人员上标准岗、干标准活、交标准班,从而制约了侥幸心理、冒险蛮干的不良现象。

二、班组标准化作业内容

班组标准化作业的主要内容包括:作业程序标准化;作业环境标准化;动作、检查、维修等衔接标准化;作业用语、作业手势标准化;安全用语标准化;工具使用摆放标准化;个人防护用品穿戴标准化;安全标志标准化;安全防护设施标准化等。

1. 基本要求

(1) 建立健全班组安全生产管理体制,明确班组安全负责人,并明确分工,按各自职责范围和要求开展工作。

(2) 安全管理目标明确具体,"人人不违章,班组无轻伤",不发生火灾、爆炸、工艺操作、机电设备、污染、交通等事故。

(3) 班组所有人做到"八懂四会",即懂规章制度、懂安全技术知识、懂岗位操作法、懂设备结构和性质、懂工艺流程及原理、懂职业危害和防治、懂防火防爆知识、懂伤亡事故报告和伤亡急救知识,会操作设备保养设备、会预防事故和排除故障、会正确使用防护用品、会使用灭火器材。

2. 管理标准

(1) 建立健全如下台账,并认真记录,严格考核。

①事故、违章、违纪和避免事故考核台账。

②合理化建议和对安全生产有贡献的人员台账。

③安全检查及隐患整改台账。

④安全活动记录。

⑤班前安全讲话记录。

⑥班组安全教育和学习记录。

(2) 认真做好安全教育,认真开展安全活动,做到人员、时间、内容、制度、效果落实。严格执行班前安全讲话、班中安全检查、班后安全讲评制度。工作前开展危险预知,确保安全生产。

(3) 着装标准,并严格按岗位标准作业。

(4) 严格执行以岗位责任制为中心的各项制度,即岗位责任制、安全生产责任追究制度、设备维护保养制度、交接班制度、巡回检查制、质量责任制等。

(5) 严格执行班前班后会的程序。

班前:接班人着装→上岗预检→交班班长介绍当班生产情况→接班班长听取接班人员上岗预检情况→接班安全员讲话→接班班长布置本班工作→上岗。

班后:各岗位汇报当班情况→安全员汇报班组安全生产情况→班长总结、讲评。

3. 作业标准

在操作者的不安全行为中,由于不懂正确的操作方法,图省事忽略了必要的操作步骤,坚持自己错误的操作习惯等原因所占比例很大。按科学的作业标准规范人的行为,有利于控制人的不安全行为,减少人为失误。

(1) 制定作业标准,是实施作业标准化的首要条件。

①采取技术人员、管理人员、操作者三结合的方式,根据操作的具体条件制定作业标准。坚持反复实践、反复修订后加以确定的原则。

②作业标准要明确规定操作程序、步骤。怎样操作、操作质量标准、操作的阶段目的、完成操作后物的状态等,都要做出具体规定。

③尽量使操作简单化、专业化,尽量减少使用工具、夹具次数,以降低操作者熟练技能或注意力的要求。使作业标准尽量减轻操作者的精神负担。

④作业标准必须符合生产和作业环境的实际情况,不能把作业

标准通用化。不同作业条件的作业标准应有所区别。

(2) 作业标准必须考虑到人的身体运动特点和规律，作业场地布置、使用工具设备、操作幅度等，应符合人机学的要求。

①在人的身体运动时，尽量避免不自然的姿势和重心的经常移动，动作要有连贯性、自然节奏强。例如：不出现运动方向的急剧变化；动作不受限制；尽量减少用手和眼的操作次数；肢体动作尽量小。

②作业场地布置必须考虑行进道路、照明、通风的合理分配，机、料具位置固定，作业方便。

a. 人力移动物体，尽量限于水平移动；

b. 把机械的操作部分，安排在正常操作范围之内，防止增加操作者的精神和体力的负担；

c. 尽量利用重力作用移动物体；

d. 操作台、座椅的高度与操作要求、人的身体条件匹配。

③使用工具与设备。

a. 尽可能使用专用工具代替徒手操作；

b. 操纵操作杆或手把时，尽量使人身体不必过大移动，与手的接触面积，以适合手握时的自然状态为宜。

④反复训练，达标报偿。

a. 训练要讲究方法和程序，宜以讲解示范为先，符合重点突出、交代透彻的要求。

b. 边训练边作业，巡检纠正偏向。

c. 先达标、先评价、先报偿，不强求一致。多次纠正偏向，仍不能克服习惯操作、操作不标准的，应得到负报偿。

作业标准包括操作标准和检修作业标准两方面的内容。

(1) 操作标准

①上岗人员必须做到人、岗、证相吻合。

②认真进行巡回检查，做到定时、定点、定线路、定内容、挂

检查标志牌。

③按时记录,字迹清晰,差错率在0.2%以下。

④精心操作,做到勤调节、勤联系、勤检查。

⑤坚守岗位,做到不脱岗、不睡觉、不做与工作无关的事情。

⑥搞好设备维护保养。

⑦交接班必须严格执行规定。

(2) 检修作业标准

①检修必须实行安全检修标准化作业法,严格按照检修施工方案、检修作业安全技术措施、工艺图纸进行。

②严格执行设备检修规程、检修质量标准、设备维护专责制。做到科学检修"三条线",即工具摆放一条线,配件、零件摆放一条线,材料检修一条线。科学检修场地"三净",即停工场地净,检修场地净,开工场地净。

③施工检修作业前必须学习和熟悉方案、措施,开展危险因素预知预想工作,达到了解险情、采取措施、遵守规程、安全检修。

④作业人员必须持合格的、符合安全要求的、与作业相适应的检修证、登高作业证、起重作业证等安全票证。

⑤检修作业时必须严格按照检修程序、检修方案、安全技术措施要求进行,施工作业必须指定专职安全员,两人作业时必须指定一人为安全员,负责安全工作。

4. 现场标准

(1) 操作现场标准

①生产现场达到"三清""五不漏"。"三清"是指设备清洁、操作间清洁、现场清洁。"五不漏"是指不漏料、不漏水、不漏油、不漏气(汽)、不漏电。

②各种安全装置灵敏可靠,安全设施完整牢固。

③各种防护、消防器具完善齐备,放置合理,保持清洁完好。

④做到操作有警令,岗位有警句,重点活门有挂牌,设备有名

称编号，工艺管线有流向，活门开关有方向，安全标志符合国家标准，安全通道明显畅通。

⑤设备清洁完好，做到沟见底、轴见光、设备见本色。

⑥现场通风装置合理使用，并充分利用自然通风，杜绝跑、冒、滴、漏。

⑦定期检测粉尘和有害物质，检测合格率达到规定指标。

⑧设备检修时，按规定进行处理并达到安全要求，严格执行设备交接，并签字验收认可。严格审批安全票证，严格及时交底，严格执行监护制。

（2）检修现场标准

①施工检修现场必须设置明显的警戒标志，与生产系统分割设置警戒牌。

②脚手架、起吊用具、索具、工器具等要专人检查认可，安全可靠。消防器材齐备可靠。夜间照明充足，符合安全要求。

③施工现场物料堆放整齐，做到文明施工。检修施工现场标志明确、专人检查、认真落实，检修后安全设施要恢复原状，做到"工完场清"。

④进入检修施工现场要戴安全帽，高处作业要系安全带，严格执行有关安全检修的规章制度，杜绝违章作业，并有权拒绝违章指挥。

⑤作业时，自觉执行制度，认真落实安全措施，互相提醒，及时制止违章行为，并听从安全监督人员的监督检查和指令。

三、作业标准的制定

标准化作业本身，就是研究、制定操作者在生产活动全过程中的程序和规范，以统一和优化的作业程序与标准，求得最佳操作质量。因此，作业标准的制定，是一个不断摸索和完善的过程，它随着生产工艺的改进、技术要求及管理水平的提高而不断完善。整个标准化的工作过程是：制定标准——执行标准——修改完善标准——执行新标准。每一次循环，各种效益都将进一步提高，并更符合客观实际的要求。

推行标准化作业要根据生产实际进行，不能千篇一律。不同生产工序、不同工种不尽相同，制定标准时应坚持三个基本原则：一是先重点后一般，对生产一线的工种要作为重点来考虑；二是动员全体职工参加，从岗位抓起，依靠有丰富实践经验的老职工为骨干，制定出各个岗位、各个工种的作业标准；三是上下结合，不断完善。系统地编制出操作者的岗位安全规程、操作规程的作业顺序及动作标准，要使每个职工达到工作有顺序、动作要标准、执行（标准）有考核，从而使人的不安全行为、物的不安全状态、环境的有害因素等得到控制。具体来说，应遵循如下原则。

（1）根据岗位作业的内容，全面系统地考虑技术、设备、环境等作业条件，科学合理地编排作业顺序，即对每一项工作都要具体规定出先干什么、后干什么。

（2）根据作业内容和技术、设备、环境条件，规定操作动作及应达到的标准，这些标准包括：作业准备标准，作业动作标准，工、器具位置和使用标准，作业用语和手势标准，作业衔接和协调标准，作业现场管理、整理、整顿标准，创造安全环境标准；并要制定出怎么干、干到什么程度的工作要求标准。

（3）规章制度、规程是制定标准化作业的基础。编制标准化作业要比制定规章制度的技术性高，它是在规程简化、优化的基础上，具体规定出应该干什么、可以干什么、不准干什么的标准。

（4）要在确保安全生产的前提下，贯彻统一、协调、精炼、优化的原则，使操作者记得住、学得会、用得上、愿意做。

四、推行标准化作业要点

1. 提高职工的认识

标准化作业要求全体职工共同贯彻执行，所以制定作业标准难度较大，推行起来涉及面较广。这就要求搞好职工的培训教育工作，向职工宣传、讲解推行标准化作业的意义，让职工充分认识到，标准化作业是从根本上保障劳动者安全与健康的重要措施；职工则要认真学习、领会标准化的实质，并通过培训，熟悉、掌握标准化作业的程序和要求。要使标准化作业的制定过程和执行过程成为一个发动职工群众和操作人员接受安全教育和培训的过程。当每一个职工真正了解了标准化的内容，知道如何进行标准化操作时，标准化作业的作用才能真正发挥出来，使"我要安全"真正变为"我会安全"。

2. 提高操作者的操作技能

在提高职工对标准化作业认识的基础上，还要对职工进行安全技术知识的教育和安全操作技能的培训，使职工具备一定的安全作业技术，改变以往作业中不正确或不规范的做法，养成安全作业的习惯，如操作旋转机床进行加工时，决不会再戴着手套操作。在推行标准化作业过程中，由于传统思想、习惯做法的影响，一些职工对新的标准化作业制度可能会产生抵触，不愿或不肯自觉执行。因此，在说服教育的基础上，还要采取有力的措施来保证作业标准的实施。

3. 严格考核

实现标准化作业，从一定意义上讲就是要改变以往的习惯性作业及不良做法，这就需要"严"字当头，制定严格的制度，严格要求，严格管理，严格考核，奖惩分明。实行按岗位定职责，按职责定标准，按标准进行考核，按考核结果计分，按分数计奖。做到一级考核一级，实行日考核，月总结，年进档，考核与奖金、工资、晋升密切挂钩。

第二节　人员作业的安全管理

大部分工伤事故都是在现场作业过程中发生的，现场作业是人、物、环境的直接交叉点，也是能量流动和物质流动的交汇处。在作业过程中人起着主导的作用，要减少现场作业中的工伤事故，就必须加强人员作业的安全管理，时刻牢记 HSE 保命规则。

一、合理劳动组织的制定

劳动组织即对劳动要素的组织。它涉及人、物、环境、时间、作业性质、作业过程等多方面的因素，是一个十分复杂的问题。设计劳动组织应遵循高效、经济、安全的原则，从保证劳动者安全与健康角度来看，一个合理的劳动组织除了能保证生产任务的完成外，还应使组织中的人处于安全、舒适的状态。如果不满足这个要求，从安全角度来说就可认为是不合理的劳动组织。制定合理的劳动组织应达到以下要求。

1. 作业人员组织的合理化

劳动组织构成要素中，人是最关键的因素。在作业过程中，组织中的每一个人都与其他人发生联系，共同协作完成任务。因此，如果作业人员组织不合理，不仅影响任务的完成，而且可能会因团队缺乏应有的协作与联系而诱发事故（如发现险情没有互相提醒，来不及逃离而出现伤害事故）。

根据梅奥理论，员工是"社会人"，影响人们生产积极性的因素，除了物质方面的以外，还有社会和心理方面的，如他们追求人与人之间的友情、安全感、归属感、受人尊敬等。因此，在进行人员配置时应充分考虑人的精神需要。

在一个劳动组织中，除了"正式组织"外，还存在"非正式组织"。正式组织是为了实现生产目标所规定的作业人员之间职责范围的一种结构。它以效率逻辑为其行动标准,为提高效率,作业人员之间保持着形式上的协作。非正式组织是人们在共同工作中,相互发生关系,形成共同的感情而形成的。它以感情逻辑为其行动的标准,并在某种程度上左右着其成员的行为。非正式组织对作业来说有利有弊。从安全来说,它既可强迫组织内部采取一致的安全行动,也可能集体抵制安全规章制度的执行。因此,安全管理中应充分认识到非正式组织的作用,注意在正式组织的效率逻辑与非正式组织的感情逻辑之间搞好平衡,以便使管理人员之间、工人与工人之间、管理人员与工人之间搞好协作,充分发挥每个人的作用,搞好安全生产,提高劳动生产率。一个合理的作业人员组织应具备以下3个基本条件。

(1) 有明确的目标

一个组织必须有明确的目标,否则协作无从发生。作业组织不仅应有明确的生产目标,而且还应有明确的安全目标。目标必须为组织的成员所理解和接受,倘若组织的目标不能被组织成员所理解和接受,就无法统一行动和决策。因此在进行作业组织人员配置的同时,还应向组织成员灌输应达到的生产与安全目标,统一对组织目标的理解。

(2) 有协作的意愿

协作意愿是指组织成员对组织目标做出贡献的意愿。某人有协作意愿,意味着实行自我克制,交出个人行为的控制权,让组织进行控制。若无协作意愿,组织目标将无法达成。

(3) 有良好的沟通

良好的沟通是组织存在和发展的第三个因素。组织的共同目标和个人的协作意愿只有通过意见交流将两者联系和统一起来才具有意义和效果。有组织目标而无良好沟通,将无法统一和协调组织成员为实现组织目标所采取的合理行动。因此良好的沟通是组织内一切活动的基础。

2. 要素配置的合理化

劳动组织要素包括人、物、环境、时间、作业性质、作业过程等，它们之间的配置是否合理，是否优化，是影响生产和安全目标任务完成的重要因素。例如，一项只有专业化施工队伍才能完成的工程项目，如果配置一个非专业化的队伍去施工，由于人员、技术、设备等条件不配套，不仅任务难以完成，而且容易发生生产事故和人身伤亡事故。

3. 时间安排的合理化

工作时间是指法律、法规规定的劳动者应当从事生产或工作的时间，包括每日工作的时数和每周工作时数、正常工作时间、延长和不得延长工作时间。

工作时间是消耗劳动的时间，它是劳动的自然尺度。同时，工作时间又是人类社会物质财富和精神财富的重要源泉，社会和个人的发展都取决于对工作时间的利用和利用工作时间的成果。工作时间安排得是否合理与科学，不仅是完成生产任务的重要保证，而且是保护劳动者身体健康，防止事故发生的重要保障，也是劳动者享受休息权利的保障。

（1）工作时间不得违反法律规定

我国劳动法对工作时间作了明确规定，是合理安排作业人员工作时间必须遵守的前提条件。我国法定实行日工作时间 8 小时，周工作时间 5 天，共 40 小时的工作制，而且劳动者享有国家规定的节、假日休息的权利。必须严格限制加班加点，只有在下列情况，并经过一定的审批手续，才可以加班加点：

①处理自然灾害，或者人们的安全健康和国家财产遇到严重威胁，必须及时抢救时；

②交通线路、公用设施临时发生故障，必须紧急抢修时；

③生产设备突然发生故障、严重影响生产，必须及时修复时；

④平时不能停工，只能在节假日进行设备检修时；

⑤节假日工作不容间断,必须连续生产时;
⑥遇有不能预计的特殊紧急任务时。
(2) 合理安排工作时间

合理安排工作时间是指在不违反法定工作时间的前提下,结合企业作业特点,科学、合理地调配工作时间。主要有以下方法。

①采用缩短工作日制

缩短工作日,是指劳动者每个工作日的时间少于标准工作日长度的工作日制度,《劳动法》规定每日不超过 8 小时,意味着在 8 小时以内用人单位可以自行缩短工作时间,这里有两种情况,一种是用人单位可以根据生产实际,确定工作时间;二是对一些特殊条件下从事劳动和有特殊情况的职工的工作时间实行缩短工作日制度。主要有四种情况:一是夜班工作;二是矿山井下、高处、严重有毒有害、特别繁重和特别紧张的作业;三是哺乳未满一周岁婴儿的女职工;四是未成年工。

②采用无定时工作日制

无定时工作日制是指对于职责范围不能受固定工作时数限制的劳动者实行的工作日制度。对于实行无定时工作时间的职工,经国务院或劳动、人事部门批准,可以实行不定时工作时间制度。

③安排工作间歇休息

工作间歇休息是指职工在工作日内享有的休息时间和用膳时间。研究表明,工人在工作 1~2 小时以后,工作能力得到最大的发挥,然而,随之疲劳也开始出现。这时如不休息而继续工作,则疲劳会迅速增加,容易引发事故,工作能力也大大降低,甚至会出现非有意识的消极怠工现象,如果在工间适当安排一定的休息,则能大大缓解疲劳,使工作效率也得到大的提高。

④组织工间操

进行工间操也是减轻疲劳,改善劳动条件的良好手段,是一种积极的休息,应该受到足够的重视。工间操的时间以安排在下午为好。工间操的动作节奏和体力负担都应适当,要依作业的性质而定,还要考虑工人的年龄和性别。对于浑身肌肉在劳动中都在活动的工人,则不需要再做工间操。实行工间操制度,其休息时间一般不可少于 15 分钟。

4. 岗位工作设计的合理化

劳动组织的设计,最终都落实到作业者定位在一定的岗位上,完成特定的任务。岗位工作设计的原则是使作业者的特点与工作的性质、岗位的特点相适宜。满足适宜的标准是实现人机系统运行的最大效率化和最安全化。在实际设计中,常因设计不合理而出现效率低且不安全的情况。主要表现在以下两个方面。

(1) 作业过程单调

单调的工作使人感到枯燥乏味,容易产生心理疲劳,使生理疲劳提前来到。这些都会导致工作效率的降低。

单调重复的工作在熟练以后,可以大大减少对意识控制的要求,大脑出现保护性钝化,这就容易导致工人在工作时精神涣散,漫不经心。如果所从事的是危险性较大的作业,就有可能发生工伤事故。冲压作业事故多,与它具有这些特点是有密切关系的。岗位工作设计时,可采取以下措施改善单调性作业。

①充实操作内容。简单地重复一两个动作是枯燥的,然而轮流进行不少于 5~6 个动作就能大大提高工作的兴趣。按照这一原则,在进行操作设计时,应该力求把一些简单的操作适当合并,使每个工人都能从事多种多样的工作,如把装配、校正、检查分别由三人做合并为仅由一个人来做。

②建立中间目标。无目标的单调工作格外使人感到疲劳和沮丧,然而如果把工作分解成许多阶段,而每个阶段都设置一个工作目标,就能大大改善这种状况。如改用工作定额为小时定额,使工人随时看到自己的劳动成果,每周下达一项任务,并实行周考核制等。

③定期轮换工作，创造新鲜感。
④实行色彩和音乐的调节。
(2) 工作节奏不恰当

工作节奏即工作频率，其实质是工作的速度问题。工作节奏过快会增加劳动的强度，并使工人感到紧张，导致疲劳加剧并诱发操作失误，造成工伤事故。工作节奏过慢会使工人因等待而烦躁不安，注意力分散，反应速度降低，以致降低劳动生产率，对安全也是不利的。

确定适当的工作节奏应该兼顾提高工作效率和减轻工人劳动强度两方面的要求。要反对片面追求产值产量，而不断增加劳动定额或加速机器运转（流水生产线）的倾向。适当的工作节奏应该既保证一定的工作效率，又使工人在工作过程中的每个循环（每次重复性操作）都有少量的休息、间隙时间。这需要通过对作业过程的科学分析，进行反复的实践并征求工人的意见后才能确定。适当的工作节奏应该是工人能够接受，并感到满意的。

二、合理作业方法的设计

所谓作业，就是为实现某种既定的生产目的而按照一定顺序连续进行的一系列活动。所谓作业方法，就是为从事作业所采取的程序、姿势和全部动作。不良的作业方法会使作业者容易疲劳，发生差错，进而导致事故和伤害；也会降低作业效率和影响作业质量。为了实现安全、舒适、高效的目标，就必须不断地改善作业方法。

要改善作业方法，首先必须对作业方法进行研究。其实质就是在既定的条件下，运用系统分析的方法，研究作业过程，把作业中不合理、浪费、混乱的因素排除，寻求最经济、最合理、最有效、最安全的工作程序和操作方法。在企业生产管理中称之为工作研究，目的都是一样，都是为了寻求最佳作业方法。

将企业生产管理中的工作研究方法应用于安全管理，通过对安全作业分析，寻求最佳的安全作业方法，对促进企业安全生产具有重要意义。

(一) 作业分析

为了使操作者了解如何操作机器设备才能最安全、最节省时间，就需对工作流程的现状予以调查记录，并利用分析技术，对作业程序、作业动作进行科学分析，以可行的途径，求得一种最合理的工作方法。作业分析通常包括操作动作分析、工作程序简化、操作方法改进三个方面，其研究目的在于减少不必要的工作步骤，或使必要的操作以最迅速、最安全、最舒适的方法完成。

1. 动作分析的五个原则

(1) 关于人体运动的原则

使用双手从事生产性工作；双手同时开始及完成各种对称工作；手和手臂的移动呈连续曲线的运动；工作应有节奏，使工作自动而顺畅；操作范围内，尽量使移动距离最短，并采用最简单的动作；应尽量利用物体自身重量。

(2) 关于工作场所的原则

手和手臂的运动途径应在正常工作区域内；必须用眼睛注意的工作，应保证有正常的视野；工具和材料应置于固定位置；工作场所的高度应设计成能供站立或坐着使用；工作区域的设计与布置应以减少操作人员移动为原则。

(3) 关于工具和设备的原则

工具和设备应预置于随手即可拿到或抓取之处；以足踏板和固定工具代替手的动作，使手能执行更有用的工作；设计、使用将成品移去的自动弹出装置；在方便操作的情况下，应将机器控制装置排列得更为合理；尽量利用特制工具和复合工具（多种用途的工具）；考虑如何使用机器设备代替人的操作。

(4) 关于材料搬运的原则

为方便物料拿取，应对其放置、搬运进行良好设计；利用重力输送的漏斗、分离器、堆放和输送带，将材料送至使用地点；预置和分类标明下一步操作所需的材料和零件；采用落地输送法将产品挪开；搬运较重物品时应使用搬运机械。

(5) 关于节省时间的原则

改善人工和机械动作的迟缓或暂时停止的问题；应考虑到，动作形式需要较少步骤时，所用的时间最短；当机器运转时，工作应在进行中，而工作进行时，机器也应在运转中；为提高工作效率，应同时加工两个或两个以上零件。

2. 操作记录填写方式

操作步骤需按照工作流程详细记录；操作方法应在操作步骤手册中给予详细记录，并尽量以浅显文字叙述，使操作者易于了解；操作方法若叙述得不完整，需用图示辅助说明；能绘图的尽量用图示，操作者易于理解。

(二) 作业分析的内容与程序

1. 作业分析的内容

作业方法分析研究的内容有两部分，一是作业过程分析，二是动作分析。作业过程分析主要是作业程序分析，包括作业工序及操作。通常首先把作业过程按照先后次序分解为若干相互关联的作业程序，每个程序均包含若干个动作要素，规定动作要素为实现作业的特定要求；然后分析研究作业程序的先后次序是否得当，是否存在多余的或缺少必需的作业程序，每一作业程序中存在什么潜在的危险因素。动作分析是把对人的基本操作单元，即动素进行细致研究的过程。它是程序分析的继续，是更微观的分析，也是安全作业分析的关键程序。动作分析一般按动素分析法进行。动作分析和程序分析关系密切，因此要联系起来，反复交叉地进行。从安全的角度来说，动作分析应包括操作姿势分析，可按人机学的原则分析作业姿势，发现其不当、不良之处。

通过作业方法分析研究，可以改进作业过程的组织及工序划分，改善劳动组织配置，设计合理的岗位工作及作业操作方法，合理使用机器设备和工具，节约作业时间，简化操作的动作，减轻工人的疲劳程度，建立良好的工作环境，实现安全生产。

2. 安全作业方法分析的程序

（1）确定待分析的作业项目

即选择拟研究的对象，可以是一个工艺过程，也可以是具体的作业工序或操作。应根据研究目的、经济因素、技术因素、人的因素、安全要求等综合分析确定。就安全而言，应该重点研究改善作业方法的作业有：

①曾经发生过事故的作业，特别是事故多发的作业；

②危险作业；

③危险设备作业；

④使用新设备的作业；

⑤应用新材料、新工艺、新技术的作业；

⑥环境恶劣，操作复杂困难的作业；

⑦过分紧张的作业。

（2）进行作业调查

选定研究项目之后，应首先对项目进行初步的调查，以了解作业方法的前后变化。了解作业过程、作业内容、有关的规程和制度、工艺、设备和环境情况。调查作业曾经发生过的事故，分析事故的原因。这个过程也叫作二次资料收集分析。

（3）进行作业观察

通过调查，对项目情况已有了初步的了解。接下来就要对该项目现行方法的全过程进行正确地和详尽地观察和记录。即目视作业的全过程，并记录所有的动作要素和动作时间，或者用录像机录下动作的全过程，再通过放像仔细观察和进行记录。整个作业方法能否成功，将取决于所记录的事实的精确性，因此，这一步极其重要。在观察和记录中为了方便记录，可采用一些符号和图表来记录，如工序分析图表、工艺流程分析图表、人—机联合分析图表等。这样更加直观形象，一目了然。

（4）进行分析研究

现行方法的全过程记录下来以后，就要对作业程序、动作、姿势逐项严格考查与分析研究，寻找改善的新方法。这是作业方法研究的关键步骤。通常采用"六何提问法"。

六何提问法是一种考查、分析研究方法。它是对所研究的每项活动，都要从原因、对象、地点、时间、人员、方法六个方面依次进行系统地提问，来进行考查。详见表4-1。

表4-1 作业方法研究"六何"分析表

"六何"	问题和结论			
	第一次提问	第二次提问	第三次提问	结论
现状	为什么	能否改善	新的方案	
原因	干的必要性	理由是否充分	有无新的理由	新的理由
对象	干什么	为何要干它	能否干别的	应该干什么
地点	在什么地方干	为何在此干	能否在别处干	应该在哪儿干
时间	在什么时间干	为何在此时干	能否在别的时间干	应该在何时干
人员	由何人干	为何由他干	能否由别人干	应该由谁干
方法	怎样干	为何这样干	能否用别的方法干	应该如何干

（5）提出改善作业方法的意见

经过上述分析研究后，就应着手构建新的作业方法。包括作业程序的增、删和改变；作业姿势的改善，去除不必要不安全的动作；使必需的动作更安全，更舒适，更有效；重新安排、组合动作等等。在构建新的作业方法时，可运用"取消、合并、改变、简化"四种技巧。

①取消：对所研究的作业，首先应考虑取消的可能性。如不必要的操作程序、不必要的动作等，都应取消。如果不能全部取消，

就考虑部分取消。

②合并：当作业过程被划分为许多程序后，由于程序之间作业不平衡而引起不必要或不安全的操作，就需要对操作程序进行调整合并。

③改变（或叫重组）：通过改变操作程序，使作业的先后顺序重新组合，作业程序条理化，以达到改善作业、提高效率、确保安全的目的。例如，手的动作改换为脚的动作，机器位置的调整等。

④简化：在经过取消、合并、改变之后，再对每一项作业深入地分析研究，使方法和动作尽量简化，使新的作业方法更有效。

（6）对作业人员进行为适应改进后的作业方法所需要的培训。

（7）实施安全作业方法，评价实施效果。

改善作业方法往往可能有多种方案。应本着安全、高效的原则，综合评价，择优选定。

三、开展班组创建达标活动

1. 创建"三标"班组活动

在生产现场或班组开展标准化班组、标准化现场、标准化岗位等活动，使班组做到安全管理、安全活动标准化，作业环境标准化，岗位操作动作规范化，以预防和减少事故的发生。通过创建"三标"活动，不仅可以使队伍保持和发扬争先创优的优良作风，保证在生产过程中每台设备完好，每项工程质优，事事做到规范化，人人出手过得硬，处处勤俭节约，而且还能较好地解决了安全生产中人、机、环境三大要素的协调关系。

"三标"班组应达到标准化班组、标准化岗位和标准化现场的各项要求。

标准化班组要求：班组设岗明确，定员科学，不能缺员，缺员不缺岗；岗位责任制、交接班制、巡回检查制等要落实；安全活动规范化，内容要具体、有重点，按标准配备消防器、个人防护用品等,并能控制事故苗头;把班组安全指标纳入承包指标中考核,并与经济挂钩。

标准化岗位要求:严格履行岗位责任制,工作有标准;严格按岗位技术标准、操作规程工作,作业程序标准化;严格岗位劳动纪律,做到不脱岗、不乱岗、不睡岗;熟悉事故的应急、故障排除措施,会用安全设施进行自救;熟悉岗位的工艺技术标准,保证质量。

标准化现场要求:作业设备装置性能良好,安装合格;按标准配备性能良好的安全设施,装置清楚的安全标志、标牌;工具材料摆放整齐、标准化;作业环境卫生标准化;现场指挥实现规范化,文明生产。

2. 积极推行科学的安全管理方法和制度

(1) 开好班前会

开好班前会是做好班组安全管理的重要手段。为了开好班前会,必须明确班前会中应包含的内容:

①健康和心理状况认证。理论和实践都表明,许多事故都是在有关人员身体疲劳、患病,或心神不宁的情况下发生的,因此,班组长和安全员应该十分关注每个班组成员的身心健康,必须保证每个人都以充沛的体力和振作的精神投入工作。发现健康状况不良、疲倦,或带着烦恼和心事来上班的人,要给予教育、帮助,或临时调换工作。必要时,宁可停止其工作也得保证安全。班组成员彼此之间也都应该这样做。

②做好服装和劳保用品的检查。必须保证每个班组成员穿着合适的工作服和有效地佩戴劳保用品。不允许穿过于肥大或破烂的工作服,不允许佩戴失效的劳保用品。还要检查确认佩戴方法是否正确。

③进行作业指示和危险预测。在班长说明当天的工作任务和要求后,全体班组成员应一起议论一番,以确认当天的作业场所和作

业过程有什么危险，应该怎样做才能防止发生事故。大家各抒己见，推心置腹，集思广益。不仅能有效保证每天的安全生产，培养起对危险的敏感意识，增强自我防卫的能力，还能促使班组成员互相关心，互相爱护，每个人都把维护他人的安全看成是自己的责任和义务，培养起集体安全意识，增强班组团结。

④做好共同作业中的配合与联系的安排，保证集体作业中的安全。

⑤讨论，交换意见。

⑥派活。

(2) 互保制

即班组成员两两结对，互相监督，互相保护，协调配合，实现安全生产。互保制的内容有：

①互相帮助，互相监督，共同遵守安全生产规章制度。

②互相督促对方按规定穿好工作服和佩戴好劳保用品。

③互相提醒，互相帮助，消除控制危险因素，防止发生伤害事故。

④互相检查设备工具和安全装置是否符合安全要求。

⑤互相帮助，互相督促对方实行标准化作业，实行确认制。

⑥实现安全目标，共同受奖，发生事故，共同承担责任，共同受罚。

⑦做到"三无"和"三不"，"三无"是指个人无违章、岗位无隐患、班组无事故；"三不"是指我不伤害别人，我不伤害自己，我不被别人伤害。通过教育培训提高人们的安全操作技能，促进"三无"安全意识的增强，最终达到"三不"目标的实现。

互助互保，使两个积极性拧在一起，整体大于部分之和，可以为实现安全生产发挥更大的作用。

(3) 建立健全安全档案

这是班组安全建设的基础工作，对于了解掌握班组安全建设的发展变化情况，总结经验，发扬成绩，吸取教训，克服缺点，为不断推进科学的安全管理积累资料都有重要的意义。主要的安全档案有：安全教育、隐患整改、班组安全活动记录、交接班记录、危险品安全档案以及事故档案等。安全档案的格式应简单明了，以符合班组的特点和要求。

第三节　现场设备的安全管理

一、设备的使用管理

各种设备或零部件都有其客观存在的使用寿命。只有在正确的使用下和加以精心的维护保养，才能使设备达到应有的使用寿命，发挥其最大的生产力，达到最大的经济效益。所以对设备的正确使用、合理操作和精心维护是一项根本性的工作。

要根据设备的结构、性能和技术特性正确地规定设备能力。不同的机器设备是根据不同的技术原理设计制造的，所以它的性能指标和技术参数也是有规定的。车间在安排生产任务时，要根据设备的生产能力来安排生产计划。对压力容器不能超压使用；对受热设备不能超温使用；尤其是动力设备，如工业锅炉、变压器等更要严禁超负荷运行。这样既保证了生产的安全、设备的正确使用，又能充分发挥设备的效能。

操作工人要严格遵守操作规程。操作工人对设备的正确使用负有责任，必须熟悉和严格按照操作程序进行操作。注意控制各项操作指标，如：温度、压力、真空度、转速、流量、电流、电压等。操作中如发现不正常现象，要立即查明原因，排除故障，保证设备的正常运转。

要建立岗位责任制度。从车间主任、机械员、班组长、生产工人等，都要明确其职责，以保证设备的正确使用。

二、设备的维护保养

设备的维护保养,是设备本身运动的客观要求。设备的维护保养同样是设备管理工作中的重要环节。只有精心维护保养设备,才能有效地延长设备的使用寿命,提高设备的效率,保证生产的正常进行。根据工艺特点的不同,各类设备都在使用中不断地产生性能劣化。按其性质来分,可分为使用劣化、自然劣化和灾害劣化三大类,设备的劣化原因及技术对策如表4-2所示。

表4-2 设备的劣化原因及技术对策

劣化种类	劣化内容		技术对策
使用劣化	运转条件 运转环境	温度、压力、破损、变形、裂纹、失去弹性、材料(本体)或零部件腐蚀、疲劳磨损、冲击、应力、脆化、介质附着、加工物粉屑附着、尘埃等	耐热、耐压、耐震、防止过负荷、改换材质、防止过热、防锈、防蚀、润滑、换件、清扫、防尘、改进连锁操作、自控等
	操作方法	操作失误	
自然劣化	放置造成的锈蚀、变形、材质老化		
灾害劣化	暴风、水浸、地震、雷击、火灾、爆炸等造成的破坏		加固、耐水、排水、防震、避雷、防火、防爆等

在设备使用过程中,最常见的是磨损、蚀损、污损和老损。磨损通常是因传动设备中的相对摩擦而造成;蚀损则由化学介质与材料相互作用而发生腐蚀等造成;污损是由尘埃及油污粉尘等造成;老损则是材质老化、脆化和变质等造成。

设备的劣化,并不单纯指发生故障而使设备停止工作。即使设备仍在工作,然而产量、质量和效率下降,或者效率过低、消耗增大等,从严格要求来衡量都应当看成是设备的劣化。即使设备没有停止工作,这样的劣化也属于故障之列。由于这些内外因素的影响，就在逐渐地减少设备的使用寿命。设备维护的任务就在于采取各种措施，以减少上述诸因素对设备使用中的影响。

现场设备一般的维护和保养方法有以下三个方面。

1. 设备投产前必须做好维护保养的准备工作

（1）编制设备的维护保养规程。

（2）编制填写设备的润滑卡片，重点设备要绘制润滑图表。

（3）对工人进行技术培训，指导工人学习设备的结构、性能、使用方法、维护保养，安全操作等方面的知识。并进行理论和操作的技术考核，合格者方可操作该设备。

（4）准备必需的维护保养工、器具和符合要求的润滑油、脂。

（5）对设备的安装、精度、性能、安全装置、控制和报警装置等进行全面检查，对所有附件进行清点核对，一切就绪后，操作者方能使用设备。

2. 在设备使用中，必须严格执行岗位责任制

认真执行巡回检查并填写规定的记录表格，使所有的突发故障苗头及不正常状态能及早发现并处理，尽快使其恢复正常功能与安全运行。操作工的一般日常维护保养的内容举例如下。

（1）检查轴承及有关部位的温度与润滑情况。

（2）检查有关部位的压力、振动和杂音。

（3）检查传动皮带、钢丝绳和链条的紧固情况和平稳度。

（4）检查控制计量仪调节器的工作情况。

（5）检查冷却系统的情况。

（6）检查安全制动器及事故报警装置是否良好。

（7）检查螺丝、安全保护罩及栏杆是否良好。

（8）检查各密封点有无泄漏等。

（9）认真搞好设备润滑，执行设备润滑规程，严格按要求对设备进行润滑。

（10）要贯彻以维护为主，检修为辅的原则，严格执行设备维

护保养制度。操作工要做到"四懂"(懂结构、懂原理、懂性能、懂用途)、"三会"(会使用、会维护保养、会排除故障)。

3. 设备维护保养的基本做法和各类人员的责任

(1) 按生产的特点和要求,实行专机专责制和机、电、化、仪四位一体包机制,做到每台设备、每条管线、每个阀门、每块仪表都有专人负责。

(2) 严格按照操作规程正确合理地使用设备;按维护保养规程精心维护保养设备,使设备达到应有的使用寿命,发挥其最大的综合效率。

(3) 开展完好设备、红旗设备、完好岗位、无泄漏区(车间)活动,提高职工的劳动热情和主人翁责任感。

(4) 开展群众性的设备检查、评比、竞赛活动,提高设备完好率、降低泄漏率,保证设备有高的利用率。

为了保证维护保养的各项任务能得到认真贯彻落实,车间应制定各类人员的维修保养责任制,如表4-3所示。

表4-3 各类人员在设备维护保养中的任务和要求

人员	任务	基本要求
操作工人	1. 巡回检查、填写设备运行记录 2. 及时添加、更换润滑油、脂 3. 负责设备、管路密封的调整工作 4. 负责设备、岗位的清洁、清扫工作 5. 定期对传动设备进行盘车和切换	1. 严格执行操作规程和有关制度 2. 严格执行交接班制度 3. 发现设备运转不正常应及时检查并向上级报告 4. 保持设备、岗位整洁,做到沟见底,轴见光,设备见本色

续表

人员	任务	基本要求
维修工人	1. 定期上岗位检查设备运转情况 2. 负责完成设备零星维修任务 3. 消除设备缺陷 4. 负责备用设备的防尘、防潮、防腐工作	1. 主动向操作工人了解设备运转情况 2. 保证维修质量符合检修质量标准 3. 不能及时消除的设备缺陷要做好记录并向上级报告 4. 定期检查备用设备，保持设备完好
设备管理员	1. 组织设备评级和泄漏状况的检查 2. 组织设备缺陷的消除和改善设备技术的工作 3. 监督设备维修责任制的贯彻执行	1. 统计计算设备完好率和静密封点泄漏率并进行分析 2. 汇总设备事故次数、损失和维修费用并进行分析 3. 考查设备管理制度执行情况，并用数据进行评价

三、设备的检查

设备性能检查的实施方法有以操作工为主的巡回检查和设备的定期检查。

1. 以操作工为主的巡回检查

巡回检查是操作工按照编制的巡回检查路线对设备进行定时（一般是 1~2 小时）、定点（规定的检查点）、定项（规定的检查项目）的周期性检查。

巡回检查一般采用主观检查法。即用听（听设备运转过程中是否有异常声音）、摸（摸轴承部位及其他部位的温度是否有异常）、查（查一查设备及管路有无跑、冒、滴、漏和其他缺陷隐患）、看（看设备运行参数是否符合规定要求）、闻（闻设备运行部位是否有异常气味）的五字操作法，或者用简单仪器测量和观察在线仪表连续测量的数据变化。

巡回检查一般包括的内容有：

（1）检查轴承及有关部位的温度、润滑及振动情况；

（2）听设备运行的声音，有无异常撞击和摩擦的声音；

（3）看温度、压力、流量、液面等控制计量仪表及自动调节装置的工作情况；

（4）检查传动皮带、钢丝绳和链条的紧固情况和平稳度；

（5）检查冷却水、蒸汽、物料系统的工作情况；

（6）检查安全装置、制动装置、事故报警装置、停车装置是否良好；

（7）检查安全防护罩、防护栏杆、设备管路的保温、保冷是否完好；

（8）检查设备安装基础、地脚螺栓及其他连接螺栓有否松动或因连接松动而产生的振动；

（9）检查设备、工艺管路的静、动密封点的泄漏情况。

检查过程中发现不正常的情况，应立即查清原因，及时调整处理。如发现特殊声响、振动、严重泄漏、火花等紧急危险情况时，应做紧急处理后，向车间设备员或设备主任报告，采取措施进行妥善处理。并将检查情况和处理结果详细记录在操作记录和设备巡回检查记录表上。

2. 设备的定期检查

设备定期检查是指一般由维修工人和专业检查工人，按照设备性能要求编制的设备检查标准书，对设备规定部位进行的检查。设备定期检查一般分为日常检查、定期停机检查和专项检查。

日常检查是维修工人根据设备检查标准书的要求，每天对主要设备进行定期检查。检查手段主要以人的感官为主。设备的日常检查程序、检查标准书、检查记录表举例如下，图4-1为设备日常检查程序图；表4-4为设备日常检查记录表。

第四章 作业现场安全标准化管理

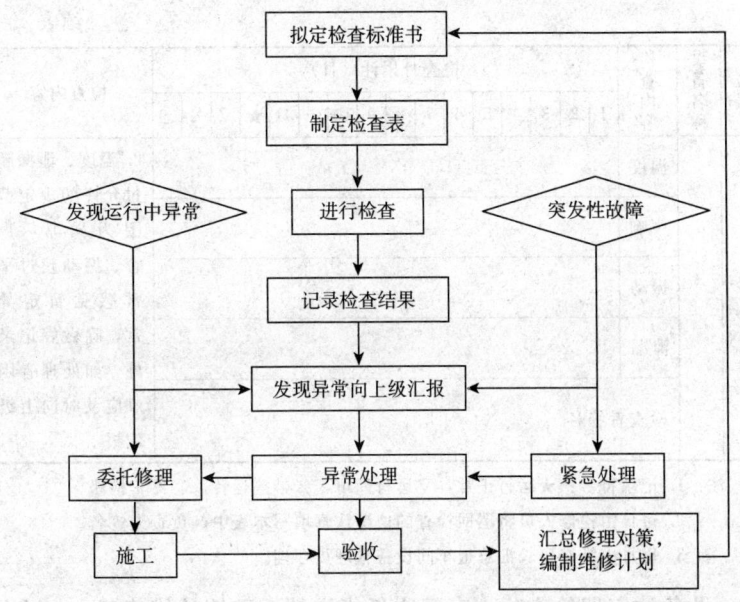

图 4-1 设备日常检查程序图

表 4-4 设备日常检查记录表

年　　月　　日

位号	设备名称	检查内容	检查月累计（日）															检查内容
			1	2	3	4	5	6	7	8	9	10	…	31	★	▽	×	○	
		温度																	1. 检查传动设备，检查轴承、油箱温度高低、油面位置、油封填料、机械密封泄漏情况。声响、振动是否正常
		声响																	
		振动																	
		泄漏																	

续表

位号	设备名称	检查内容	检查月累计（日）															检查内容
			1	2	3	4	5	6	7	8	9	10	…	31	★	▽	×	○	
		温度																	2.温度、泄漏超过允许的规定范围为异常，声音、振动超过平常感觉暂定异常，除做好记录外，如处理有困难应及时向上级汇报
		声响																	
		振动																	
		泄漏																	
		检查者签名																	

注：1. 记录符号：★运行正常，▽运行尚可，×带病运转，○停车检修。
2. 每日由检修人员将巡回检查的情况认真填写本表中，负责人签名。
3. 每月由维修班长汇总报车间设备管理员存档。

设备的定期检查，由车间主任指定技术熟练的维修工人（或受过专门技术培训的检测工人）担任。检查的内容和方法，按检查标准书规定。检查完毕后要填写检查记录。发现设备有缺陷隐患报告有关领导，并进行及时处理；处理不了的问题要填写设备修理卡片，请求安排计划检修。设备的定期检查内容和方法如表 4-5 所示。

表 4-5 设备定期检查内容和方法

序号	检查方法	是否停机	检查部位	检查人员的技术水平	说明
1	目视	停机	限于外表面	主要靠经验不需要特殊技术	广泛用于发动机的定期轮回检查
2	温度（通用技术）	不停机	外表面或内部	技术要求较低	从直读的温度计到红外扫描

续表

序号	检查方法	是否停机	检查部位	检查人员的技术水平	说明
3	润滑液监测（通用技术）	不停机	润滑系统和任意元件	为区别损伤性微粒和正常磨损微粒，需要一定技术	光谱和铁谱分析装置可用来测定内含什么元素成分
4	泄漏检查	停或不停	任意承压零件	专用仪表极易掌握	
5	裂纹检查				
	(1)染色法	停或不停	在清洁表面上	要求一定的技术	只能查出表面断开的裂纹
	(2)磁力线法	停或不停	靠近清洁光滑的表面	要求一定的技术防止漏查	限于磁性材料，对裂纹取向敏感
	(3)电阻法	停或不停	在清洁光滑表面上	要求一定的技术	对裂纹取向敏感，可估计裂纹深度
	(4)涡流法	停或不停	靠近表面，探极和表面的接近程度对结果有影响	需掌握基本技术	可查出很多种形式的材料不连续性、如裂纹、杂质、硬度变化等
	(5)超声法	停或不停	如有清洁光滑的表面，在任何零部件的任意位置都行	要求基本的技术防止漏查	对方向性敏感，寻找时间长，通常用作其他诊断技术的后备方法
	(6)射线检查	停机	必要时可从两边同时进行	进行检查和解释结果都需相当技术	可同时进行大片面积检查，有放射性危险，应注意安全

续表

序号	检查方法	是否停机	检查部位	检查人员的技术水平	说明
6	振动监测（通用技术），总信号监测通常进行频率分析、峰值信号监测等	停或不停	任意运动零部件、任意包括有运动零部件的物体，传感器应放在振动的传播路径上，如轴承座	需要一定技术	方法从简单到复杂都有,定期的常规测量花时间很短,不影响设备运行
7	(1)腐蚀监测	不停机	管内及容器内	要求一定技术	
	(2)腐蚀检查仪（电器元件）	不停机			
	(3)极化电阻及腐蚀电位	不停机			
	(4)氢探极	不停机			
	(5)探极指示孔	不停机			
	(6)试样失重	停机			
	(7)超声	停机			

定期检查可以停机进行；也可以利用生产间隙停机、备用停机进行；也可以不停机进行。必要时，有的项目也可以占用少量生产时间或利用设备停机检修时进行。

定期检查周期，一般由设备管理人员根据制造厂提供的设计和使用说明书，结合生产实践综合确定。有些危及安全的重要设备的检查周期应根据国家有关规定执行。

为了保证定期检查能按规定如期完成，设备维修管理人员应编制设备定期检查计划。这个计划一般应包括检查时间、检查内容、质量要求、检查方法、检查工具及检查工时和费用预算等。

四、设备润滑管理

对每台设备都必须制定润滑图表、明确润滑方法，设备润滑"五定"是润滑管理工作的重要内容，即定点、定质、定量、定人、定时，"五定"指示如表4-6所示，对设备进行润滑时要严格按"五定"要求执行。

表 4-6 设备润滑"五定"指示表

序号	设备名称及规格型号	润滑点编号	润滑方式	规定用油名称代号	规定代用油名称代号	加油标准	加油		换油		润滑负责人
							时间	数量	周期	数量	

1. 定点

按规定的润滑部位注油。在机械设备中均有规定的润滑部位、润滑装置，如油孔、油杯等。操作工人、维修工人对各自负责的设备润滑部位要清楚，并按规定部位注油，不得遗漏。对自动注油的润滑点检查油位、油压、油泵注油量，发现不正常，应及时处理。

2. 定质

按规定的润滑剂品种和牌号注油。具体要求如下：

（1）注油工具（油桶、油壶、油枪）要清洁，不同牌号的油品要分别存放，严禁混杂，特别是废油桶和新油桶要严格区分，不得串用。

（2）设备的润滑装置，均应保持完整干净，防止铁屑、尘土侵入摩擦表面或槽内。

（3）油品在加入前要进行三级过滤，对不合格的油品不准添加。

（4）检修工人和操作工人应熟悉和掌握所用润滑油（脂）的名称、牌号、性能和用途。

3. 定量

按规定的油量注油。设备润滑油量按规定执行。

4. 定人

每台设备的润滑都应有固定的加油负责人。如果车间没有专职的加油工，可按下述分工进行。

（1）凡每班加一次油的润滑点，如油孔、油嘴、油杯、油槽、手动油泵、给油阀和所有滑动导轨面、丝杆、活动接头等处，可由操作工人负责注油。

（2）车间内所有的公用设备，如砂轮机、手油压力机等由操作工人和维修工人负责清扫、加油和换油。

（3）各种储油箱，如齿轮箱、液压箱及油泵箱等由操作工人定期加油或换油。

（4）凡是需拆卸后才能加油或换油的部位，由检修工人定期清洗换油。

（5）油箱的定期清洗换油，由操作工人负责，检修工人配合。

（6）所有电气设备、电动机、整流器等，由电气检修工人负责加油、清洗和换油。

5. 定时

定时是指定时加油、定期添油、定期换油。

操作工人、检修工人按照设备润滑"五定"指示表中规定的时间，对润滑部位加油及对供油系统、油箱进行添油或换油。

五、设备防腐

1. 防腐制度管理

防腐蚀工作是关系到设备使用寿命、保证正常生产、减少污染、改善操作环境的重要工作。车间主任应当抓好本车间的防腐工作。

车间应当建立必要的防腐管理制度、确定防腐蚀施工质量和防腐蚀机械设备的使用寿命。许多行之有效的防腐措施,往往由于施工质量不好,而起不到防腐的作用,影响设备的使用寿命。任何一种材料都有一定的使用范围和使用方法,常常由于使用不当,造成防腐结构的破坏。因此应建立各类防腐措施的施工操作规程、质量检查和验收制度,以及防腐蚀设备使用规程和责任制。

建立防腐蚀设备档案。记录设备名称、型号、规格、操作温度、压力、物料性能以及采用的防腐措施、施工日期、施工工艺、使用情况和每次检查和检修的情况等。受大气腐蚀的设备按台或按区域进行记录。

2. 防腐施工安全注意事项

车间防腐施工过程中,所用原材料大多是易燃、易爆和有毒有害物质。这就给防腐施工人员带来了许多不安全因素。因此在防腐施工过程中,注意安全是非常必要的。各类防腐项目都必须制定全面的施工规程、安全规程和防护措施,并经常对操作者进行安全教育,使之了解和掌握所用原材料,特别是易燃、易爆和有毒、有害物质的性质以及必要的安全知识。建立安全考核制度,施工人员经考核合格后才能操作。

对防腐施工中使用的易燃、易爆和有毒的溶剂等,应严格执行有关防火、防爆和防毒的规定。施工现场严禁烟火,所用电器设备应采用防爆型。在室内或容器内施工时应加强通风,使空气中易燃、易爆和有毒物质的含量符合国家标准。进入设备内部施工时,要有完备的防火、防爆、防中毒措施，经安全部门检查合格后，方能进入设备施工。

使用或接触有毒、有害、有刺激性的物质和粉尘时，要穿防护服、戴防毒面具、防尘口罩、防护眼镜和防护鞋、帽、手套等。使用电器设备要防止触电。高空作业要系安全带，并搭设符合要求的操作台。

第四节 现场物料标准化管理

一、物料标准化定置管理

定置管理是全面质量管理中的一种方法，它强调生产现场中人、物的有机结合，各种原料、材料、工具、器具实行分类管理、定置摆放，做到人定岗、物定位，以利于提高工效、提高产品质量。把定置管理移植到企业安全生产管理上，能进一步深化安全生产工作，这种做法在一些企业已取得成功，因此是可行的、有效的。

1. 现场中人与物的相互关系

（1）人与物处于立即结合状态，即需要时随手可以拿到的状态；

（2）人与物处于欲结合状态，即找一找能拿到的状态；

（3）人与物处于无关状态，即现场的某些物品在生产中和人是无关系的或是多余的。

班组定置管理最重要的一条是制定人与物无关状态的物品，并把它从生产现场清除出去，同时对人与物欲结合状态进行改善，使其达到人与物处于立即结合状态，并保持下去，形成标准化作业程序。

2. 定置管理的实施步骤

定置管理的实施应分为两步：第一步是整理现场。即对现场放置的全部物品进行清点整理，把不需要的物品予以清除或送到指定地点，把需要的物品全部进行擦洗，按人与物的结合状态划分区域和物品定置位置。整理后的现场应清洁、整齐、合理、有序。第二步是"五定"。即物品定置，人员定岗，控制点定标志，危险品定储量，A、B、C、D定状态。

3. "五定"具体内容

（1）物品定置。就是根据定置管理的要求，按照"要用的东西随手可得，不用的东西随手可丢"的原则，把不同类型和不同用途的物品放在指定的位置或区域，使操作人员能够做到忙而不乱、紧张有序。

（2）人员定岗。就是人与操作岗位的有机结合。岗位既定，操作人员就不得随意串岗或脱岗。对于某些危险品生产区，要有严格的定员定量规定，保证危险工序必需的操作人员，发生燃烧爆炸事故时尽可能把伤亡和损失减到最小，降到最低。

（3）控制点定标志。就是对一、二、三级危险点的控制设置明显标志牌，上面写有简明的安全要求、危险等级和安全负责人，以利于随时提醒操作人员安全作业、形成条件反射，避免操作失误，也有利于安全管理部门对重点危险部位进行监督和控制。

（4）危险物品定储量。就是对易燃易爆或有毒物品规定其存放数量，并定在醒目的标志牌上，经常警告人们注意安全，而且也便于安全管理部门监督检查。

（5）A、B、C、D定状态。就是按照定置管理要求和人与物的联系紧密程度，把作业现场经过定置后的物品划分成A、B、C、D四种状态，以便于区分和寻找。A、B、C、D四个字母是状态信息标志，使操作人员、检验人员、管理人员在工作中能够做到保持优良的A状态（在加工）、迅速寻到B状态（待加工）、及时处理C

状态（已加工）、不断清理 D 状态（报废或返修），从而进一步提高工作效率，保持作业场所的整洁文明。

4. 实施定置管理的作用

实施以"五定"为主要内容的定置管理，是把安全管理和质量管理有机地结合起来，使操作者在一个良好的、有安全保障的环境中进行操作，起到了如下六个方面的良好效果。

(1) 使生产现场的人、机、料、法、环始终处于一个科学的、合理的紧密结合状态，为实现安全文明生产奠定了良好的基础。

(2) 彻底改变了某些企业原来的脏、乱、差面貌，使人流、物流、人员岗位、物品位置都清清楚楚，井井有条，一目了然，一切都按一定的程序进行和发展。

(3) 使企业的安全、质量、工艺、设备、物资等项管理融合在一起，同时进行、互为促进，形成了全方位的安全管理。

(4) 整洁有序的物品摆放和规范化的现场管理给操作者创造了良好的心理环境，操作者普遍感到"看起来顺眼，说起来顺口，干起来顺心，拿起来顺手"，大大减少人机事故。

(5) 使职工养成良好的清洁文明习惯，不仅在生产现场做到了定置，办公室的用品和家庭的个人用品也能定置定位，提高了人员素质。

(6) 增强了职工维护和保持作业场所文明生产的责任感，提高了职工为集体增光的荣誉感。

二、危险材料储存、销毁管理

在生产过程中，往往使用的原材料，生产的中间产品或最终产品为有毒有害、易燃易爆的危险化学品，这些化学品都是危险材料，如果处理不当，会对员工的生命、财产安全构成威胁，必须引起高度重视。

危险材料必须注意以下事项：

(1) 危险材料必须贴上标签，注明材料的名称、性质、危害、注意事项等。

(2) 危险材料必须分类按要求和规范存放，注意存放地点的温度、湿度、通风情况等，堆放高度应满足规范要求。

(3) 必须有所有材料的安全数据清单。

(4) 领取、生产、使用危险材料必须有详细的记录。

(5) 应有发生紧急材料危害时的应急预案。

(6) 存放地点应配置紧急情况下的应急工具，如灭火器等。

(7) 对过期变质不能够使用的危险材料，必须及时处理，处理前必须先进行上报，经过批准同意后，方可按照要求处理。危险有害物销毁申请表见表4-7。

表4-7 危险有害物销毁申请表

编号：		品名：		车间：
类别：		形态：		保存地点：
初次领用时间：			最高储备量：	
销毁原因：				
销毁数量、时间、地点：				
销毁方法：				
安全注意事项：				
申报车间意见：				
安全部门意见：				

三、危险物料操作安全

危险物料在操作使用时必须特别注意安全，防止发生意外。

(1) 操作前，必须保证所有作业人员都经过培训，熟悉工作程序，材料的危害，安全防护措施，并知晓在紧急情况下如何处理。

（2）作业时，所有的安全措施必须到位，作业人员发现任何异常情况，应立即向车间领导和安全人员提出。

（3）操作过程中，所有的作业人员必须做好个体防护，根据材料的性质佩戴好相应的劳动保护用品。

（4）对于材料加热处理。温度是车间生产中最常见的控制的条件之一。加热是控制温度的重要手段，其操作的关键是按规定严格控制温度的范围和升温速度，防止发生危险材料燃烧、爆炸和泄漏。

（5）对于材料冷却处理。在车间生产中，冷却操作时冷却介质不能中断，否则会造成积热，系统温度、压力骤增，引起爆炸。开车时，应先通冷却介质；停车时，应先停物料，后停冷却系统。有些凝固点较高的物料，遇冷易变得黏稠或凝固，在冷却时要注意控制温度。

（6）对于材料加压和负压操作。加压操作所使用的设备要符合压力容器的要求，加压系统不得泄漏，否则，在压力下物料以高速喷出，产生静电，极易发生火灾爆炸。所用的各种仪表及安全设施（如爆破泄压片、紧急排放管等）都必须齐全完好。

负压操作的设备也和压力设备一样，必须符合强度要求，以防在负压下把设备抽瘪。负压系统必须有良好的密封，否则，一旦空气进入设备内部，和危险材料形成爆炸混合物，易引起爆炸。当需要恢复常压时，应待温度降低后，缓缓放进空气，以防自燃或爆炸。

（7）对于材料输送。车间在生产过程中，经常需要将各种原料、中间体、产品以及副产品和废弃物从一个地方输送到另一个地方。由于所输送物料的形态不同（块状、粉状、液体、气体），所采用的输送方式器械也各异，但不论采取何种形式的输送，保证它们的安全运行都是十分重要的。

用胶带输送机、螺旋输送器、刮板输送机、链斗输送机、斗式提升机以及气流输送等方式运输时，除要加强对机械设备的常规维护外，还应对齿轮、皮带进行检查，防止系统的堵塞和由静电引起的爆炸。

粉料气流输送系统应保持良好的严密性。其管道材料应选择导电性材料并有良好的接地。如采用绝缘材料管道，则管外应采取接地措施。输送速度不应超过该物料允许的流速。用各种泵类输送可燃液体时，其管内流速不应超过安全速度。

用压缩空气为动力来输送一些酸碱等有腐蚀性液体的。这些设备要有足够的强度。在输送有爆炸性或燃烧性物料时，要采用氮、二氧化碳等惰性气体代替空气，以防造成燃烧或爆炸。

（8）熔融作业。在生产中常常需将某些固体物料（如苛性钠、苛性钾、萘、磺酸等）熔融之后进行化学反应。碱熔过程中的碱屑或碱液飞溅到皮肤上或眼睛里会造成灼伤。碱融物和磺酸盐中若含有无机盐等杂质，应尽量去除，否则，这些无机盐因不熔融会造成局部过热、烧焦，致使熔融物喷出，容易造成烧伤。

（9）物料干燥。干燥过程中要严格控制温度，防止局部过热，以免造成物料分解爆炸。在过程中散发出来的易燃、易爆气体或粉尘，不应与明火和高温表面接触，防止燃爆。在气流干燥中应有防静电措施，在滚筒干燥中应适当调整刮刀与筒壁的间隙，以防止火花。

第五节 作业条件与环境改善

一、作业条件的内容

生产现场作业条件安全管理的内容较多，涉及的面较广，归纳起来，有以下 12 个方面的工作。

（1）车间和生产岗位安全标志、安全色、安全标语、安全警句、安全漫画、风向计等设置及其管理，交通线路、路标、信号、标志、警铃、警标、鸣笛标、音响装置和色灯信号机等设置及其管理。

（2）劳动保护用品使用和员工上岗着装标准的管理。

（3）设备、管道着色标准的管理。

（4）安全生产标准化建设、车间和班组安全台账、安全作业证的管理。

（5）现场采光、照明、温度、湿度、噪声、通风换气标准的管理。

（6）安全检修管理、安全票证使用管理。

（7）安全装置与安全设施监督检查以及消除缺陷管理。

（8）现场尘毒管理及要害岗位管理。

（9）工艺安全操作和安全生产规章制度管理。

（10）气体防护管理。

（11）消防器材管理。

（12）现场日常安全监督检查。

二、安全色与安全标志

（一）安全色

1. 安全色与对比色的定义

（1）安全色。它是表达安全色与对比色的，是定义安全信息含义的颜色。用以表示禁止、警告、指令、指示等。其作用在于使人们能够迅速发现或分辨安全标志和提醒人们注意，以防发生事故。但它不包括灯光、荧光颜色和航空、航海、内河航运以及为其他目的所使用的颜色。

（2）对比色。它是使安全色更加醒目的反衬色。

2. 安全色与对比色的用途

安全色规定为红、蓝、黄、绿四种颜色。其用途和含义如表4-8所示：

表 4-8　安全色的用途和含义

颜色	含义	用途举例
红色	禁止	禁止标志
	停止	停止信号：机器、车辆上的紧急停止手柄或按钮，以及禁止人们触动的部位 红色也表示防火
蓝色	指令 （必须遵守的规定）	指令标志：如必须佩戴个人防护用具 道路指引车辆和行人行驶方向的指令
黄色	警告	警告标志 警戒标志：如危险作业场所和坑、沟周边的警戒线
	注意	行车道中线 机械上齿轮箱的内部 安全帽
绿色	提示 安全状态 通行	提示标志 车间内的安全通道 行人和车辆通行标志 消防设备和其他安全防护标志的位置

注：(1) 蓝色只有与几何图形同时使用时，才表示指令。
　　(2) 为了不与道路两旁绿色树木相混淆，道路上的提示标志用蓝色。

对比色规定为黑白两种颜色，如安全色需要使用对比色，应按表4-9规定：

表 4-9　安全色与对比色的共同应用

安全色	对比色
红色	白色
蓝色	白色
黄色	黑色
绿色	白色

在运用对比色时，黑色用于安全标志的文字，图形符号和警告标志的几何图形。白色既可以用作红、蓝、绿色的背景色，也可以用作安全标志的文字和图形符号。

另外，红色和白色、黄色和黑色的间隔条纹是两种间隔条纹而且是两种较醒目的标示，其用途如表 4-10 所示：

表 4-10　间隔条纹表示的含义和用途

颜色	含义	用途举例
红白相间	禁止超过	道路上用的防护栏杆
黄黑相间	警告	工矿企业内部的防护栏杆 吊车吊钩的滑轮架
	危险	铁路和道路的交叉道口上的防护栏杆

（二）安全标志

安全标志是由安全色、几何图形和图形符号所构成，用以表达特定的安全信息。此外，还有补充标志，它是安全标志的文字说明，必须与安全标志同时使用。参照《安全标志及使用导则》（GB 2894—2008）。

安全标志的作用，主要在于引起人们对不安全因素的注意、预防发生事故。但不能代替安全操作规程和防护措施。

安全标志分为禁止标志、警告标志、指令标志和提示标志等四类。具体如下：

1. 禁止标志

禁止标志的含义是不准或制止人们的某种行动。其图形和含义如图 4-2 所示（注：图形为黑色，禁止符号、文字底色为红色，文字为白色）。

图 4-2　禁止标志

2. 警告标志

警告标志含义是使人们注意可能发生的危险。其图形和含义如图 4-3 所示（注：图形、警告符号及文字为黑色，图形底色为黄色）。

图 4-3　警告标志

3. 指令标志

指令标志的含义是告诉人们必须遵守的意思。图形和含义如图 4-4 所示（注：图形为白色，指令标志底色均为蓝色，文字为白色）。

图 4-4 指令标志

4. 提示标志

提示标志的含义是向人们提示目标的方向。其图形和含义如图 4-5 所示（注：提示标志的底色为绿色，文字为白色）。

图 4-5 提示标志

(三）其他与安全有关的色标

除去上述规定的安全色和安全标志外，在工厂里还有一些色标与安全有关。这些色标，经常见到的主要是气瓶、气体管道和电气供电汇流条等方面的漆色。这些漆色代表着一定的含义。

1. 气瓶颜色标志

《气瓶颜色标志》（GB/T 7144—2016）规定了气瓶表面的涂敷颜色、字样、字色、色环、色带盒检验色标等要求，是识别所充装气体和定期检验年限的主要标志之一。但本标准不适用非重复充装气瓶、灭火用气瓶和机器设备上附设的瓶式压力容器。常用气体气瓶标志如表 4-11 所示。

表 4-11 常用气体气瓶标志

充装气体		化学式（或符号）	外表颜色	字样	字色	色环
空气		Air	黑	空气	白	
氩		Ar	银灰	氩	深绿	$P=20$，白色单环
氧		O_2	淡（酞）蓝	氧	黑	$P \geqslant 30$，白色双环
氮		N_2	黑	氮	白	
氢		H_2	淡绿	氢	大红	$P=20$，大红单环 $P \geqslant 30$，大红双环
二氧化碳		CO_2	铝白	液化二氧化碳	黑	$P=20$，黑色单环
氯		Cl_2	深绿	液氯	白	
氨		NH_3	淡黄	液氨	黑	
液化石油气	工业用		棕	液化石油气	白	
	民用		银灰	液化石油气	大红	
乙炔		C_2H_2	白	乙炔不可近火	大红	

2. 管道的色标

《工业管道的基本识别色、识别符号和安全标识》（GB 7231—2003）中，将管道内的物质按一般性能，共分为 8 个种类，并规定了 8 种基本识别色和相应的颜色标准编号及色样，详见表 4-12 所示。

表 4-12　八种基本识别色和色样及颜色标准编号

物质种类	基本识别色	颜色标准编号
水	艳绿	G03
水蒸气	大红	R03
空气	淡灰	B03
气体	中黄	Y07
酸或碱	紫	P02
可燃液体	棕	YR05
其他液体	黑	
氧	淡蓝	PB05

3. 供电汇流条的色标

在工厂内，变电所的母线汇流条，以及车间的配电箱的汇流条等都漆有色标。主要是：A 相母线黄色，B 相母线绿色，C 相母线红色，地线黑色。

三、现场作业条件管理的各项工作标准

1. 安全警句

安全警句是安全生产实践经验的总结，反映了安全生产的客观规律。通过简短而精练的语句，说明一个或两个实现安全生产的道理。由于字少、醒目，具有提示性强、通俗好记的特点，因此教育效果明显。安全警句是在进行关键性或容易出差错的操作前以命令式指令提示，引起重视，使操作者正确动作，故可避免操作上的失误。

2. 设备着色标准

生产中使用的各种设备、管道、阀门、仪表、电气设备等实行

统一着色，不仅可以方便操作，而且对于文明生产、美化作业环境、进行事故处理都有重要的作用。以化工企业为例，其着色标准如下。

（1）化工设备的着色标准见表 4-13。

表 4-13　化工设备的着色标准

设备名称		色标
静止设备		灰色或银白色
机泵	蒸汽往复泵	银白色
	其他机泵	灰色或浅绿色

（2）仪表设备着色标准见表 4-14。

表 4-14　仪表设备着色标准

仪表名称		色标
各种表		黑灰色
压力表	氨用	黄色
	氧用	天蓝色
	氢用	深绿色
	氯用	褐色
	乙炔用	白色
	燃料气用	红色
	钢阀体	灰色
	铁阀体	黑色
	执行机构（鼓膜阀体）	红色
仪表盘		浅灰色或浅绿色
槽架及支架		深灰色
气动引线及供风管		天蓝色
仪表箱		深绿色或灰色
差压及压力引线		深绿色
补偿导线及电源线套管		黑色

(3) 电气设备着色标准见表 4-15。

表 4-15 电气设备着色标准

电气设备		色标
变压器		中灰色或黑色
配电盘		中灰色或浅绿色
开关柜		中灰色或浅绿色
油开关		中灰色或浅绿色
电力母线	A	黄色
	B	绿色
	C	红色
	D	黑色
电线管		黑色

3. 要害部位作业条件标准

要害部位主要指生产区域各种储有易燃气体、可燃气体、助燃气体、易燃液体、液化石油气等有毒有害物料的区域。

要害部位要设警告牌。警告牌用钢板制成，尺寸为 200 mm× 100 mm，底着白色，牌面书写黑字。名称、储存物品类别、最大储存量、安全须知等采用粗体字，其他的字一律选用仿宋体或隶书体。

安全须知填写内容：

(1) 介绍区域内储放物质的具体名称与简要物化性质；
(2) 未经允许不得进入区域的规定与管理方法；
(3) 用火规定及不准穿带铁钉的鞋进入规定；
(4) 灭火设施，如设有消火栓或设有泡沫发生器等；
(5) 电气要求与临时电源的管理要求；
(6) 对运输工具和装车的安全要求；
(7) 值班人员的职责；
(8) 跑料、漏料等异常情况下的安全规定，如切断物料来源、切断一切电源、对明火进行管制、断绝车辆来往、立即准备报告等；

（9）事故电话及火警电话号码；

（10）违反规定的惩罚办法等内容。

4. 现场安全设施作业条件

生产现场的安全设施，主要有防护罩、防护套、防护围栏、屏蔽、盖板、平台、走梯、安全梯、安全门、避雷针、静电消除装置、漏油保护装置、通排风装置、安全网、安全连锁以及警告牌和声光信号、指示灯等。

生产使用的各种转动、传动设备的靠背轮，突出机体外的轴、皮带轮等，都应装设牢固的安全罩、安全套、防护围栏。

生产现场的各种地沟、阴井、池、孔、洞、坑、地下工程等，都应铺盖牢固的盖板或加设围栏。

各种吊装孔、走梯、平台等，都必须按规定安装栏杆，其高度不小于 1.2 m，并安设高度不小于 100 mm 的挡脚板。上管架的爬梯应加设防护围栏。

电气设备的周围，按规定距离装设防护围栏、障碍和警告牌。

生产厂房，视生产性质应设有两个以上的安全门和安全梯。厂房和高大设备应按规定安设避雷针，每年要检查一次，对地电阻不大于 10 Ω。

盛装易燃易爆介质的设备和管道，按规定装设静电接地装置，对地电阻不大于 100 Ω。设备、管道的法兰连接处、容器与顶盖之间、法兰之间、装卸可燃液体的管道与槽车及管道法兰之间都应加装跨接导体。

酸碱岗位以及有强腐蚀介质的操作岗位应设有事故处理水源、冲洗眼睛的洗涤器、急救药品，其他生产岗位也应备有急救药品。

有危险的地段、设备、建（构）筑物、地下设施和要害部位，容易忽视或易发生误操作的阀门、开关、控制点，临时安装的电气设备等,均应采取防范措施,加设围栏、挂醒目的警告牌。

操作人员经常改变动作,并与开停车频繁的转动设备接触,极易发生伤害事故,此种设备应安装安全连锁,当作业人员动作错误,可能危害人身安全时,设备应停止运动或立即停车。

生产岗位应设有存放各种防毒面具的应急柜和足够数量的消防器材。

车间的自然通风要合理、效果好。有可燃易爆气体和有毒有害气体逸出的生产岗位应装有完善的通风排风装置。此外,还应装设事故排风装置,开关设置地点要安全方便。

5. 生产现场照明条件

生产现场进行的各种生产活动主要是通过视觉对现场的各种情况做出判断而行动的。如果现场的采光和照明条件不好,操作人员就不能进行清晰准确的观察,从而不能做出准确的判断,故容易造成错觉、接受错误的信息、产生不安全的行为,导致事故的发生。因此,生产环境有良好的采光和照明,对于减少事故、保证人机系统的安全是非常重要的。

适宜照度的确定,是根据工作性质、工作环境及视觉条件来选定照度标准。

生产现场应避免眩光产生。所谓眩光,即视野中的发光体(或反射体)表面亮度很大时所引起的不舒服的耀眼感觉。眩光的强烈程度因其与眼睛的角度不同而异。如果存在眩光,就会产生耀目效应,使视觉的暗适应遭到破坏,产生视觉后像,使工作区的视觉效率降低,产生视觉不舒适感,分散注意力,从而增加事故发生的概率。

照明的方式是根据工作的具体要求而确定的。按工作面上的照明类型分类,有以下五种:直接照明、半直接照明、漫射照明、半间接照明、间接照明。按工作面上的照度分布分类,有一般照明、局部照明、混合照明三种。

6. 生产现场温度、湿度条件

生产环境中的温度、湿度的变化,对人机系统中的人有很大影响。当环境温度升高、湿度增加并逐渐趋于饱和时,会使皮肤表面汗液蒸发减少,引起人的不舒适感,甚至疲惫、头晕。对操作人员来说,增加了生理上的疲劳、倦怠程度,使其反应迟钝,操作应变能力降低,故容易产生差错,致使事故发生的可能性增加。一般温度、湿度高的月份,事故发生率也高。

作业环境的适宜温度为 17～23℃,此时的事故发生率低。低于此温度或高于此温度,事故发生率则增加,具体见图 4-6。

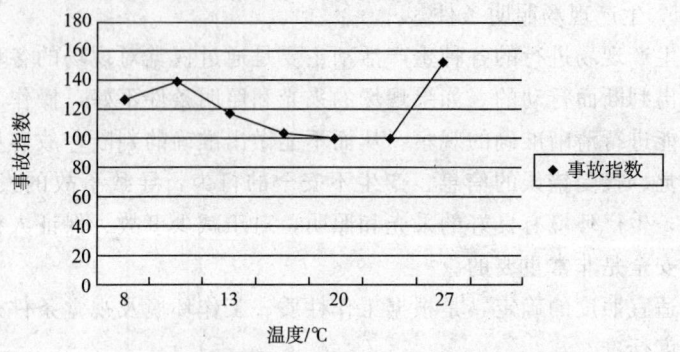

图 4-6　作业环境的温度与事故发生率的关系

此外,在寒冷的条件下,由于防寒服装沉重,会增加人体热量消耗,同时也影响手脚的灵活性而难于完成工作,但衣服单薄又会使人畏缩,甚至无法工作。以上情况说明了生产现场环境温度的高或低对安全生产都有很大影响。因此,要保证安全生产和良好的工作效率,一定要保持适宜的环境温度和湿度。

四、用电安全作业条件

(1) 电气设备,不要随便乱动。自己使用的设备、工具,如果电气部分出了故障,不得私自修理,也不能带故障运行,应立即请电工检修。

（2）自己经常接触和使用的配电箱、配电板、闸刀开关、按钮开关、插座、插销以及导线等，必须保持完好、安全，不得有破损或将带电部分裸露出来。

（3）在操作闸刀开关、磁力开关时，必须将盖盖好，防止万一短路时发生电弧或熔丝熔断飞溅伤人。

（4）按有关安全规程，电气设备的外壳必须进行防护性接地或接零。对于接地或接零的设施要经常进行检查，一定要保证连接牢固，接地或接零的导线不得有任何断开的地方。

（5）某些非固定安装的电气设备需要移动时，如电风扇、照明灯、电焊机等，必须先切断电源再移动。同时要收拾好导线，不得在地面上拖来拖去，以免磨损。导线被物体压住时，不要硬拉，防止将导线拉断。

（6）手电钻、电砂轮等手用电动工具使用时需要直接用手把握，同时又到处移动，极不安全，很容易造成触电事故。为此，操作人员必须注意如下事项：

①必须设漏电保护器，工具的金属外壳应进行防护性接地或接零。

②单相的手持电动工具，其导线、插销、插座必须符合单相三眼的要求；三相的手持电动工具，其导线、插销、插座必须符合单相四眼的要求，其中有一相用于防护接零。同时严禁将导线直接插入插座内使用。

③操作时应戴好绝缘手套并站在绝缘板上。

④不得将工件等重物压在导线上，防止轧断导线发生触电。

（7）工作台、机床上使用的局部照明灯，其电压不得超过36 V。

（8）使用的行灯要有良好的绝缘手柄和金属护罩，灯泡的金属灯口不得外露，引线要采用有护套的双芯软线，并装有T形插头，防止插入高电压的插座上。在一般场所，行灯的电压不得超过 36 V；在特别危险的场所，如锅炉、金属容器内和潮湿的地沟处等，其电压不得超过 12 V。

（9）在一般情况下，禁止使用临时线。如必须使用时，必须经过机动部门和安全技术部门批准。同时，临时线应按有关安全规定安装，不得随便乱拉乱拽，并按规定时间拆除。

（10）在进行容易产生静电引发火灾、爆炸事故的操作时（如使用汽油洗涤零件、擦拭金属板材等），必须有良好的接地装置，以便及时导除聚集的静电。

（11）在雷雨天，不要走近高压电杆、铁塔、避雷针的接地导线周围 20 m 之内，以免在雷击时发生雷电流入地下产生跨步电压触电。

（12）在遇到高压电线断落到地面时，导线断落点周围 10 m 以内，禁止人员进入，以防跨步电压触电。如果此时已有人在 10 m 之内，为了防止跨步电压触电，不要跨步奔走，应用单足或并足跳离危险区。

（13）发生电气火灾时，应立即切断电源，用黄沙、二氧化碳、四氯化碳等灭火器材灭火，切不可用水或泡沫灭火器灭火，因为用水或泡沫灭火器灭火有导电的危险。救火时应注意，身体的任何部分及灭火器具不得与电线、电气设备接触，以防发生触电。

（14）在打扫卫生、擦拭设备时，严禁用水去冲洗电气设施，或用湿抹布去擦拭电气设施，以防发生短路和触电事故。

五、部分作业现场安全要求

1. 机械加工车间安全要求

（1）机械设备之间的间距：小型设备不小于 0.7 m；中型设备不小于 1 m；大型设备不小于 2 m。主要通道应有白线标志或警告指示标志。

(2) 工件、毛坯、工具应存放整齐、平稳停靠、分类堆放，做到定置管理。堆放高度不超过 1.2 m。

(3) 车间地面应平整、整洁，作业场所内的垃圾、废油、废水及废物应及时清理干净，车间安全通道应畅通。

(4) 生产场地要有良好的采光。采光分为自然采光和人工采光，当白天自然采光达不到照度时，应采用人工局部照明。

(5) 生产场地不宜长期存放汽油、煤油等易燃易爆物品。应配置必要的消防用具。作业现场提倡禁烟或指定地点（吸烟室）吸烟。

(6) 正确穿戴防护用品进入操作岗位，夏季不允许赤膊和穿背心、短裤、裙子、高跟鞋、凉鞋等。

2. 金属热加工车间安全要求

金属热加工车间的生产特点是生产工序多，起重运输量大，在生产过程中伴随着高温，散发出各种有毒有害气体和粉尘、烟雾及噪声，其作业环境恶劣，体力劳动繁重，因此容易发生伤亡事故。所以，金属热加工车间必须采取一些有效的安全措施，主要有以下几点。

(1) 精选炉料，防止混入爆炸物，投入的物料必须充分干燥，添加的合金要进行预热。

(2) 金属熔液出炉时，应采用电动、气动或液压式堵眼机构及自动回转式前炉。所使用的工具和钢水包必须充分预热。

(3) 地坑要采取严格措施，严防地下水及地表水渗入。车间地面应干燥，不得积水。

(4) 熔融金属的容器，必须符合制造质量标准；浇包内金属液不能过满。

(5) 锻锤应采用操作机械或机械手操纵，防止热锻件或氧化皮等飞溅伤人；操作人员与汽锤司机座前应设置隔离防护罩，所用工具如錾刀等必须充分预热。

(6) 工具与工件在放进热处理熔炉前,必须预热,淬火油池和水池周围应设置栏杆或防护罩。

(7) 车间应有安全通道,地面要平坦而不滑,并保证畅通。

(8) 车间应有足够的采光照明,厂房设计要符合采暖通风和安全的要求。

(9) 在不影响生产与运输的前提下,各工序各岗位尽可能做到相互隔离。

(10) 金属热加工车间的作业人员必须配备必要的防护用品,如工作服、安全帽、防护鞋等。

六、环境改善

由于生产过程是动态的,不断输入原材料,又不断生产出成品、半成品,同时还形成许多废料、边角料,这将使作业场所无序化,从而可能导致事故的发生。在许多生产现场,或多或少都存在有以下不良现象:

(1) 工作人员仪容不整。这有损企业车间形象,影响塑造良好的工作气氛,不易塑造团队精神,看起来懒散,影响整体士气,容易产生危险因素,并且这种危险因素还不容易被识别和管理。

(2) 机器设备放置位置不合理。这容易导致如半成品数量增大,增加搬运距离,无效作业增多等问题。

(3) 机器设备保养不当。不干净整洁的机器,影响工作情绪;机器设备保养不讲究,对产品的品质也会有不良影响;机器设备保养不当,易生故障,影响使用寿命及机器精度,进而影响设备使用效率,使品质无法提高,故障多,增加修理成本。

(4) 原材料、半成品、成品、待修品、不合格品等随意摆放。容易导致混料,"寻找"花费时间,难于管理,易造成堆积、呆料,增加人员走动的时间。

(5) 工夹具、量具等杂乱放置。增加寻找时间,增加人员走动,工作场所秩序紊乱,工具易损坏、丢失。

(6) 通道不明确或被占。导致作业不流畅,增加搬运时间,且容易产生危险。

(7) 工作场所脏污。影响企业形象,影响士气,影响品质,易生危险。

以上种种不良现象会产生许多不利影响,如造成资金、人员浪费,影响安全生产,降低工作效率等。因此,必须经常对作业场所进行维护清理与整顿,以保持场所的整洁、有序。它是实现文明生产,保证作业高效安全的重要条件。

(一) 文明生产(施工)

文明施工主要指工程建设实施阶段,有序、规范、标准、整洁、科学的建设施工生产活动。施工现场是生产活动的场所,也是企业对外的"窗口",直接关系到企业的文明和形象。施工现场应当实施科学管理,安全生产,确保施工人员的安全和健康,达到安全生产;应当实施封闭施工,材料堆放标准化,生产设施整洁化,员工行为文明化,做到施工不扰民,现场不扬尘,运输垃圾不溃散,营造良好的作业环境。

1. 文明生产(施工)一般规定

工程建设项目安全文明生产领导机构,应根据总体目标,积极组织开展创建"安全文明工区"活动,制定相应的管理制度、措施和考核细则,并定期开展检查、考核、评比。并对安全文明生产作如下基本要求。

(1) 施工人员应严格执行操作规程,严格遵守安全文明生产纪律,进入施工现场,按劳保规定着装和使用安全防护用品,禁止违章作业;

(2) 施工用房和生活用房要严格按规划建造,严禁乱搭乱建;

(3) 施工道路平整、畅通,安全标志、设施齐全;

(4) 风、水、电管线、通信设施、施工照明等布置合理,标识

清晰;

(5) 施工机械设备定点停放、材料工具摆放有序, 工完场清, 车容机貌整洁, 消防器材齐备、通道畅通;

(6) 施工用各类脚手架、吊篮、通道、爬梯、护栏、安全网等安全防护设施完善、可靠, 安全标志醒目;

(7) 在建筑物的楼梯口、电梯口、预留洞口、通道口等处必须有防护设施;

(8) 施工现场的悬崖、陡坎等危险区应有警戒标志, 夜间要设红灯示警;

(9) 积极开展尘、毒、噪音治理, 合理排放废渣、污水;

(10) 生活区清洁卫生, 环境美化。

文明施工的有关管理规定要求各施工现场应设置施工标牌, 标牌的内容为:

(1) 工程项目名称、工地范围和面积, 工程概况、开竣工日期;

(2) 建设单位、设计单位和施工单位名称及工程项目负责人姓名;

(3) 工地总平面图;

(4) 安全纪律牌。

现场其他临时设施也要符合文明施工的要求, 区域分布要清楚, 施工区域与非施工区域严格分隔, 场容场貌整洁、有序、文明; 施工区域或危险区域有醒目的警示标志, 并采取保护措施。有条件的工地应有反映企业精神, 时代风貌的醒目宣传标语。工地内设置宣传栏、黑板报或读报栏等宣传阵地, 及时反映工地内外动态, 文字须规范。

2. 安全文明责任区

为了安全文明生产落到实处, 把安全文明生产工作按班组所辖区域范围分成若干安全文明生产责任区, 实行分片、切块、包干的办法,将安全文明生产责任落实到人头,使班组的每一片、每一块、每一台设备、每一个角落始终处于安全控制之内、始终处于有序运作之中,这就叫安全文明责任区。实践证明,实施安全文明责任区是落实基层安全文明生产的有效途径。

(1) 班组长安全责任区。班组长处于"兵头将尾"的特殊地位,在班组安全生产中可用 8 个字来概括:权力不大,责任不小。这便注定了班组长必备的优秀品格,班组长必定是本班组生产技术精、业务强、安全意识高的带头人。

班组长安全生产责任区,一般要选择本班组工作难度大、技术要求严、安全责任重的区域,这样班组长带头把危险留给自己,把方便让给别人,并力求本责任区安全无事故,那么班组的安全生产就打下了坚实的基础。

(2) 党员安全责任区。党员不同于普通职工,党员要自觉地执行"三个代表",让"三个代表"下基层、到岗位,显出党员就是先锋队成员,一个党员就是一面旗,搞好本区域的安全文明生产是党员义不容辞的职责。

(3) 设备安全包机制。在班组安全生产中,如何保证生产的物质基础,设备始终处于完好的状态,实行设备安全包机制不失为一种好方法。选用那些操作设备、维护设备、检修设备的行家里手分头包机,确保其性能良好、运转自如,就能为班组安全生产提供精良的物质保障。

(二) 5S 环境改善活动

为了治疗前述不良现象,许多企业引用了 5S 管理。5S 就是整理(SEIRI)、整顿(SEITON)、清扫(SEISO)、清洁(SEIKETSU)、素养(SHITSUKE)五个内容,因其日语的罗马拼音均以"S"开头,简称为 5S。5S 活动的目标就是要为员工创造一个干净、整洁、舒适、合理的工作场所和空间环境。

5S 的主要作用:一是能提升企业形象,提升员工归属感,干净整洁的工作环境，会使顾客产生信赖感，有信心欢迎客户、合作伙伴、官员、社会团体来观摩，会成为学习的板样。人人变成有素养的员工，员工有成就感、满足感，易产生改善的意愿。二是能够减少浪费，保障安全，提升效率，可以减少资金、形象、人员、士气、场所、效率、品质、成本等方面的浪费，各种区域清晰明了，通道明确、畅通，不会到处随意摆放物品，一目了然的工作场所，好的工作气氛，有素养的工作伙伴，物品摆放有序，能够为安全生产提供良好保障。

1. 整理

整理就是对生产场所的物品按需要和不需要区分开，并清除不需要的物品。区分的原则是，凡生产活动所必需的物品和生产过程中的产品均为需要物品。如机器设备、工具、各种原材料、辅助材料以及成品、半成品。这些以外的物品都是不需要的物品，如生产过程中产生的垃圾和边角料等。对垃圾和边角料等所有不需要的物品都应及时清除。对垃圾应在车间之外确定存放地点，封闭遮盖并及时清运。对边角料则应确定适当存放地点并设置容器，不同的边角料应分别存放，以便回收利用。

整理的目的在于腾出空间，防止误用、误送，创造清爽的工作环境。

生产过程中经常有一些残余物料、待修品、待返品、报废品等滞留在现场，既占据空间又妨碍生产，还有一些已无法使用的工夹具、量具、机器设备，如果不及时清除，会使现场变得凌乱。生产现场摆放不要的物品是一种浪费，即使宽敞的工作场所，将愈变窄小；棚架、橱柜等被杂物占据而减少使用价值；增加了寻找工具、零件等物品的困难，浪费时间；物品杂乱无章的摆放，增加盘点的困难。

实施要领如下：

（1）对车间工作场所进行全面检查，包括看得见和看不见的地方（如设备内部、踏板底下等），并且做到每日检查。

(2) 制定"要"和"不要"的判别基准。

(3) 按判别基准清除不要的物品。

(4) 重要的是物品的"现使用价值",而不是"原购买价值",不要因为有的无用物品较贵而不愿清理出去。

(5) 制订"不要"物处理方法,按处理方法处理"不要"物品。

应特别注意清除以下不要的物品:

(1) 棚架、工具箱、抽屉、橱柜中的杂物、书报杂志、空罐、废手套、抹布、已损坏的各种器具。

(2) 长时间不用或已经不能用的设备、台车、原材料、待返品或一些不明状态的物品。

(3) 仓库、墙角落、窗台下、货架后面、货架顶上摆放的生锈、变质的物品,一些多年不动的材料、零件等物品。

(4) 办公场所、桌台凳下面、黑板后面、资料柜顶上摆放的废纸箱、实验品、样品等杂物。

2. 整顿

整顿就是把需要的物品以适当的方式放在合适的位置,以方便使用。如:把工夹具、计测用具、物料、半成品等物品的位置固定下来,明确放置方法并予以标示,以便在需要的时候能够立即找到。

(1) 整顿的目的

是为了消除"寻找"造成的时间浪费,使工作场所清楚明了,工作环境整整齐齐,消除过多的积压物品。观察一下周围的情况,我们会发现在多数工厂里,有太多的时间是浪费在凌乱的棚架上寻找急需的东西。整顿的第一目的,就是设法排除"寻找"造成的时间浪费。

(2) 实施要领

整顿在实施时应明确"三要素"原则,即明确物品的放置场所、放置方法和做好标示。同时应明确"三定"原则,即物品要做到定点、定容、定量放置。

应根据作业方法、物品性质、特点和使用频率等情况,按下列原则确定存放位置：

①使用频率高，即经常使用的工具、物品放在附近。

②不常用的东西应整齐地放入箱、柜内，或物品架上。

③很少用的东西应放进公用箱、柜内，由专人妥善保管。

④本着安全、方便的原则确定材料和成品的放置地点。

⑤化学危险物品（易燃、易爆物质，压缩气体、毒品、腐蚀品等）要有专门的场所存放、保管。

⑥对于推车等简易搬运工具也应明确规定放置地点（包括工作中物品暂放的地点）。

⑦安全通道上在任何时候都绝不允许存放物品。

按下列原则确定物品的放置方式：

①物料堆放整齐，重物在下，轻物在上，易损物品要固定，易倒物品要挤压住；长物要放倒。

②立体堆放的材料和物品要限制堆放高度，最高不得超过底边长度的 3 倍。

③化学危险物品的放置、保管要符合国家《化学危险物品安全管理规定》的要求。

④对安全通道和堆放物品的场所要划出明显的界限或架设围栏；堆放物品的场所应悬挂标牌，写明放置物品的名称和要求。

⑤在放置物品时要头脑清醒地加以确认是否保证了安全。

(3) 进行整顿时应注意的问题

①如果工作场所没有划分摆放区域、制定摆放要求，多品种多批量生产时可能带来许多头疼的现场管理问题。

观察一天中厂内工具、夹具、量具等传送情况，我们会发现，来来回回地传送只是因为这些物品摆放位置不合理造成的。将常用的物品放置在较近的位置，既可减少许多无效的劳动，同时也能提高效率，减少不耐烦情绪。

②将"整理"之后所腾出的棚架、橱柜、场所等空间进行重新

规划使用。将最常用的东西放在离身边最近的地方，不常用的东西可另换位置放置。各种物品放置可参照表 4-16。

表 4-16　保管场所确定表

	使用频率	处理方法	建议场所
不用	全年一次也未用	废弃特别处理	待处理区
少用	平均 2 个月到 1 年用 1 次	分类管理	集中场所（工具室、仓库）
普通	1～2 个月使用 1 次或以上	置于车间内	各摆放区
常用	1 周使用数次 1 日使用数次 每小时都使用	工作区内 随手可得	机台旁 流水线旁 个人工具箱

③根据物品的用途、功能、形态、形状、大小、重量、使用频度等因素决定放置的方法，同时要注意便于取用和放置。

④依情况清楚地标示区域、分类、品名、数量、用途、责任者等信息，做到一目了然。整顿的宗旨就是要以最少的时间和精力，达到最高的效率、最高的工作质量和最具安全的工作环境。其中物品名称和存放场所一定要明确地标示清楚，才能让每个人都随时知道要用的东西在哪里。如果所取的工具物品他人正在使用，应该清楚标明使用者及使用场所，以便紧急需要时，能及时找到。在不影响生产的前提下，应尽量减少摆放的数量。

此外，借助"形迹管理"将物品的投影形状在保管的板或墙上描画出来。任何人都能一目了然地知道什么地方该有什么物品，什么物品未归还。

采用统一规定的颜色进行区分、标示、划线是很重要的，否则，也会造成混乱。

⑤要明确在每一存放处有多少数量是合适的。原则上，在能满足"需求"及考虑"经济成本"的前提下，数量越少越好。如有些工厂机械加工采用所谓"一个流"的生产方式，即两个工序间只允

许有一个半成品,这样,管理简单,场所占用非常少。

(4) 常见几种物品整顿的具体方法和要求

①工夹具等频繁使用的物品。应重视并遵守:要用能"立即取到",用后能"立即放回"的原则,这对提高效率是极其重要的。

a. 应考虑能否尽量减少作业工具的种类和数量,尽量使用标准件,将螺钉通用化,以便可能使用同一工具。

b. 考虑能否将工具放在作业场所最接近的地方,以避免使用和归还时过多的步行和弯腰。

c. 通常情况是"取用"容易,"归还"较难。因此,在"取用"和"归还"之间,应特别重视"归还",需要不断地取用、归还的工具,最好用吊挂式,或放置在双手展开的最大极限范围之内。

d. 要使工具准确地归还原位,最好以形迹管理、颜色、特别的记号、嵌入凹型模等方法进行定位。

②切削工具类。这类工具在重复使用或搬动时容易发生损伤损坏,整顿时应特别注意。

a. 频繁使用的宜由个人保存,不常用的则尽量控制数量,以通用化为宜。先确定必需的最少数量,将多余的收起来集中管理。特殊用途的刃具更应标准化以减少数量。

b. 容易碰伤的工具,存放时要方向一致,以前后方向直放为宜,最好能采用分格保管或波浪板保管,且避免堆压损坏。

c. 注意防锈。抽屉或容器底层,铺上浸润油类的绒布。

③计测用具。计测用具通常属于精密仪器,操作与保管务必格外小心。

a. 明确摆放位置。把计测用具摆放在机器或平台上时,为防止滑落,必须铺上橡皮垫。

b. 细长的试验板、规尺等为防翘曲,应垂直吊挂为宜。

c. 计测用具必须注意防尘、防污、防锈,不用时涂上防锈油或用浸油的绒布覆盖。

④半成品的整顿。在生产现场,除了设备和材料,半成品是占据生产用地最多的物品,因此,也是生产现场管理的主要对象。"整顿"半成品,应考虑以下问题:

a. 严格规定半成品的存放数量和存放位置。确定工程交接点、线与线之间所能允许的半成品标准存放量和极限存放量。指定这些标准存放量的放置方法、高度限制、台车数、棚架面积等,并有清楚的标示使大家一目了然。

b. 半成品整齐摆放,保证"先入先出"。在现场摆放半成品,包括各类载具、搬运车、地台板等,要求始终保持摆正叠齐,边线互相平行或垂直于主通道为宜,既现场整齐美观,又便于随时清点。且要确保半成品的摆放易于"先入先出"。

c. 半成品存放和移动中,要慎防碰坏刮痕,必要时应有缓冲材料将其间隔。摆放时间稍长的要加盖防尘。

另外,不良品放置场地应用红色示明,将不良品随意摆放,极易致差错。要求员工养成习惯:一旦判明属不良品,立即将其放置在指定的"不良品放置区"。为引起全体人员注意,便于处理,不良品摆放场地通常放在通道边为宜。

3. 清扫

清扫就是清除工作场所内的脏污,并防止脏污的发生,保持工作场所干净亮丽。

(1) 清扫的目的是为了保持令人心情愉快、干净亮丽的环境,减少脏污对品质的影响,减少工业伤害事故。清扫看起来似家常事,并不需要专门的设备和技巧,但事实上,并不容易做到,因为任何污垢和废物都可能减低生产效率,带来不合格品,甚至引起意外,所以以要下功夫彻底打扫干净。

无论是一眼看得见的,还是通常不去打开的盖板里面,扫一扫,洗一洗,擦一擦,借着与设备的接触,可能会发现许多平时未曾察觉的缺陷,找出许多脏污问题的发生源。细心的检查,例常的清理以及恰当的预防措施,都是使车间保持最佳状态的重要条件。

(2) 没有清扫或清扫不充分,将会引起如表 4-17 所示的一系列问题。

表 4-17 清扫不充分可能引起的障碍

故障原因	回转部、空压、油压系、电气控制系、传感等处脏污或混入异物,产生摩擦、阻抗、通电不良等,导致设备精度低下或误动作。
品质不良的原因	制品内混入异物或设备误动作,导致品质不良。
设备劣化的原因	因异物、脏污产生松弛、龟裂、摩擦、漏油,导致设备劣化。
速度低下的原因	因脏污引起松弛、摩擦、颤动增加,导致设备能力低下或空转。

(3) 清扫实施要领

①建立清扫责任区(室内、室外)。

②执行例行扫除,清理脏污。

③调查污染源,登记在册,采取措施予以杜绝或隔离,如表 4-18 为某车间污染发生源登记表。

④建立各部位清扫标准,作为作业规范,要求清扫时按标准执行。

表 4-18 某车间污染发生源登记表

污染	处所	发生源	描述
漏油	板框	4 号油罐	使用 4 号油罐漏油
	减速机	油封	减速机油封漏油严重
	板框	油封	油封损坏,滴油
	沸腾干燥	进出口阀门	阀门质量不好造成漏油
	减速机	油封	油封易损坏漏油,焊缝渗油
	油管道	焊缝	焊缝渗油
漏气	板框	酸煮罐	加酸时酸气严重,腐蚀设备
其他	变压器	变压器	变压器周围低洼,造成积水
	沸腾干燥	保温层	应更换保温

(4) 寻找污染源，实施改善

在清洁的地面上，划出通道区分线，明确标出台车、棚车、半成品及原材料等物品的摆放位置，标出垃圾桶、废物箱等的放置区域，同时画出禁止堆放区的"斑马线"标示线。

容易产生粉尘、喷雾、飞屑的部位，应装上挡板、盖子等的改善装置，将污染源局部化，以策安全和便于废料收集，减少污染。有黏性的废物如胶带、贴纸、胶泥、树脂、发泡原液等，更应装上收集装置以免重新弄脏地面。来自水泥地板的灰尘，宜用涂蜡或涂料防治。

设备器材的清理是一项较艰巨的工作。把机器洗擦干净以后应细心地检查注油口、油槽、油泵、阀门、调节器等部位，观察油槽周围有无容易渗入尘埃污物的缝隙或缺口。空压系统的排气装置、过滤网、开关等是否有油垢和磨损、泄漏现象。

检查电器控制系统开关、紧固螺钉、指示灯、转轴等部位是否完好。

清扫工作的艰巨，不在于搞多少次"大扫除"，而在于如何将此项工作日常化。

4. 清洁

清洁就是将前面的3个S（整理、整顿、清扫）实施的做法制度化、规范化，并贯彻执行及维持。

(1) 清洁的目的在于维持前面3个S的成果。

(2) 清洁实施要领：

①落实前面3个S的工作。

②制订评比方法，制订奖惩制度，加强执行。

③主管经常带头巡查，带动全员重视。

应对每个岗位制定岗位5S日常确认表，明确应负责的范围、对象、方法、周期、要求，定期检查实施及记录状况。车间内所有的区域、设备都应有十分明确的5S责任人。

5. 素养

素养是指人人养成好习惯，依规定行事，培养积极进取的精神。

(1) 提高素养的目的在于培养具有良好习惯、遵守规则的员工，营造团体精神。许多人在推行5S活动一段时间后，就逐渐懒散下来。为了使5S活动能长期坚持下去，开展多种层次和多种形式的活动是必要的，同时还要建立一套完善和严格的评比、奖惩制度。必要时可考虑与工作绩效挂钩。

(2) 素养推行要领：

①制订服装、肩章、工作帽等识别标准。

②制订共同遵守的有关规则、规定，制订礼仪守则。

③教育训练，推动各种精神提升活动等。

5S是一个有机的整体，员工的素养是基础，积极的整理、整顿、清扫是保持清洁的关键，5个S之间的关系如图4-7所示。开展5S活动容易，但长时间的维持必须靠良好的素养。靠一年一度或不定期的厂房大扫除，不管当时打扫得有多干净、多"彻底"，也无济于事。很快就又会脏乱依旧，并且还可能养成了更多坏习

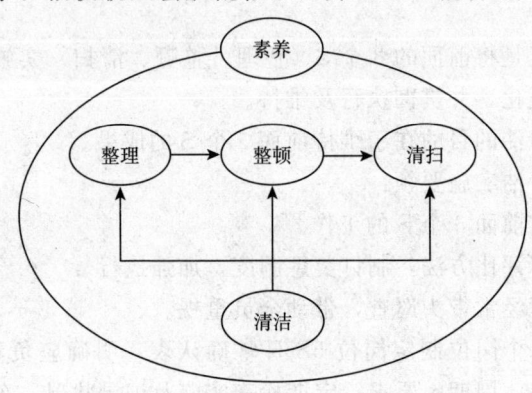

图4-7　5个S之间的关系

惯。要使现场有较为彻底的改善，务必认真扎实，按5S活动计划循序渐进地推进。可能在5S活动开始实施时，进展缓慢，问题很多，但不可灰心，坚持下去就会看到成效，即使变化并不明显而且常有反复，也是值得的。可能在车间内部常有人持怀疑甚至嘲讽的态度，也不要动摇，总有一天人们会惊奇地发现，推行5S活动，竟是这么合情合理，效果卓著。只要持续深入地推进整理、整顿、清扫、清洁活动，员工就会逐渐养成良好的5S习惯。

5S是现场管理之基础，基础不扎实的建筑物经不住狂风暴雨的袭击。就像对人来说，华丽的衣裳有钱就能买到，而强壮的体质靠的是日积月累的锻炼。对企业来说，也是如此，钱只能买来华丽的外表，只有从最基础的5S开始，造就一群有修养、讲效率、懂管理的人才队伍，才能从根本上解决车间存在的安全问题、效率问题、成本问题等，这对车间的每个人都很重要。

6. 员工在5S活动中的责任

员工在5S活动中扮演着重要角色，主要责任如下：

（1）自己的工作环境须不断地整理、整顿，物品、材料及资料不可乱放。

（2）不用的东西要立即处理，不可使其占用作业空间。

（3）通道必须经常维持清洁和畅通。

（4）物品、工具及文件等要放置于规定场所。

（5）灭火器、配电盘、开关箱、电动机、冷气机等周围要时刻保持清洁。

（6）物品、设备要仔细地放，正确地放，安全地放，较大较重的物品、设备放在下层。

（7）保管的工具、设备及所负责的责任区要整理。

（8）纸屑、布屑、材料屑等要集中于规定场所。

（9）不断清扫，保持清洁。

（10）注意上级的指示，并加以配合。

7. 现场 5S 检查表

现场 5S 检查表主要包括以下内容：

(1) 现场摆放物品（如原物料、成品、半成品、余料、垃圾等定时清理，区分要用与不要用的）；
(2) 物料架、模具架、工具架等的正确使用与清理；
(3) 桌面及抽屉定时清理；
(4) 材料或废料、余料等置放清楚；
(5) 模具、夹具、计测器具、工具等的正确使用，摆放整齐；
(6) 机器上不摆放不必要的物品、工具或物品未摆放牢靠；
(7) 非立即需要或过期（如三天以上）资料、物品入柜管理或废弃；
(8) 茶杯、私人用品及衣物等定位置摆放；
(9) 资料、保养卡、点检表定期记录，定位放置；
(10) 手推车、小拖车、置料车、架模车等定位放置；
(11) 塑料篮、铁箱、纸箱等搬运箱桶的摆放与定位；
(12) 润滑油、切削油、清洁剂等用品的定位、标示；
(13) 作业场所予以划分，并加注场所名称；
(14) 消耗品（如抹布、手套、扫帚等）定位摆放，定量管理；
(15) 加工中材料、待检材料、成品、半成品等堆放整齐；
(16) 通道、走道保持畅通，通道内不得摆放或压线摆放任何物品（如电线、手推车）；
(17) 所有生产用工具、夹具、零件等定位摆设；
(18) 划定位置摆放不合格品、破损品及使用频度低的东西；
(19) 如沾有油之抹布等易燃物品，定位摆放，尽可能隔离；
(20) 目前或短期生产不用之物品，收拾定位；
(21) 个人离开工作岗位，物品整齐放置；
(22) 动力供给系统加设防护物和警告牌；
(23) 下班前确实打扫、收拾；

(24) 扫除垃圾、纸屑、烟蒂、塑胶袋、破布；
(25) 清理擦拭机器设备、工作台、门、窗；
(26) 废料、余料等随时清理；
(27) 清除地上、作业区的油污；
(28) 垃圾箱、桶内外清扫干净；
(29) 蜘蛛网的打扫；
(30) 工作环境随时保持整洁干净；
(31) 长期不用（如一月以上）物品、材料、设备等加盖防尘；
(32) 地上、门窗、墙壁的清洁；
(33) 墙壁油漆剥落或地上划线油漆剥落的修补；
(34) 遵守作息时间（不迟到、早退、无故缺席）；
(35) 工作态度是否良好（有无谈天、说笑、离开工作岗位、呆坐、看小说、打瞌睡、吃东西的行为）；
(36) 服装穿戴整齐，不穿拖鞋；
(37) 干部能确实督导部属，部属能自觉工作；
(38) 使用公物时，能确实归位，并保持清洁（如厕所等使用）；
(39) 停工前确实打扫和整理；
(40) 遵照工厂的规定做事，不违背厂规。

8. "5S"活动实践

5S活动是现场管理之基石，是日常生产中应做好的一项基本工作，在生产过程中，如果有一个干净、美观、整齐、规范的现场环境，员工在工作中就会有较好的精神面貌，更易精神饱满地投入工作。在这种现场环境下，生产安全和产品质量就有较好的保证。因此，开展5S活动先从改善生产现场环境开始，从整理、整顿开始，通过对生产现场深入地进行整理、整顿，并且有目标、有针对性地组织员工进行思想素养与组织纪律的培训，创造一个较好的工作环境。

要做到上述要求，就必须在生产现场中切实有效地推行5S活动，使5S活动一步一个脚印地在生产线中深入地开展，因此，我们在5S活动的实践中应先抓住以下几点，引导员工开展5S活动。

(1) 从上到下，大力宣传

做好5S活动的宣传教育工作，做到层层动员，组织好各种形式的5S学习班、动员会等，并结合生产现场环境情况分析存在的问题（如现场的脏、乱、差情况，5S活动的要求等），使得大家都明确开展5S活动的必要性、紧迫性。对现场各级管理人员和员工制定出5S活动的工作目标和工作计划，使他们都能围绕自己的目标展开工作。特别是要使员工意识到开展5S活动确确实实是有利于改善自己的工作条件和环境，有利于提高自己的素养，只有这样5S活动才能有一个较好的群众基础。

(2) 抓住基本，循序渐进

首先确定好5S活动的初始目标，从最基本的工作规范做起，争取能在较短的时间内使5S活动初见成效。

(3) 样板先行，总结经验

①制作样板

要搞好5S活动，组织好样板的试点工作是5S活动全面开展的第一步。选好样板，先落实好样板的5S各项工作，在样板区中不断深入、不断强化。给样板区域营造一个较好及合理的工作环境、工作气氛和良好的感观印象。

②总结经验

在初步取得成效后，在样板上应大力宣传，表扬样板5S活动中的先进人物及改善的优秀事例。此外，特别需要做好的事情是必须制订5S活动方面的标准、规章制度，不断提出新的改善方法。争取做到每月、每周，甚至每天都有新的5S改善项目、改善成果。把所取得的成果日积月累，把行之有效的措施及方法不断巩固，并且不断有新的改进、新的面貌，这样才能逐步地使5S活动做到更加完美、更加完善。

(4) 深入推广，做好评比

树起试点样板后，把实施5S的好措施、好办法组织推广，充分利用群体效应，共同创造一个学习5S样板、赶超5S样板的活动，使5S活动从组织形式上蓬蓬勃勃地开展起来。

要使5S活动全面广泛开展，必须建立5S活动的激励机制，如定期举行员工的5S评比活动，在群体上树立先进典型，每月有5S活动最佳改善成果评比，每半年召开5S活动先进评比工作总结会，每年召开5S活动庆功表彰大会等。通过这些活动，使整个企业的5S活动蔚然成风。

(5) 巩固成果，责任到人

5S活动取得一定成效之后就会面临一个成果能否巩固的关键阶段。

建立好各级5S工作检查考核制度。不断修改、制订新的5S管理办法，每天组织好5S各项工作的落实，检查好下属的5S实施效果，车间管理人员只有真正地把5S工作做到年年讲、月月讲、天天讲，那么5S活动就一定能取得成效，一定能够进一步巩固已取得的成果。

5S活动实施后应有一套完善的岗位人员5S工作准则，每个人都应有5S活动的职责和目标。应组织开展形式多样的5S检查，表扬和批评等教育宣传活动，并使之与各位员工的绩效考评挂钩，使5S活动融入正常生产活动之中。

第五章 劳动防护用品的使用和管理

第一节 劳动防护用品及其使用

一、劳动防护用品的概念和分类

(一) 劳动防护用品的概念

根据《安全生产法》规定,生产经营单位必须为从业人员提供符合国家标准或行业标准的劳动防护用品,并监督、教育从业人员按照使用规则佩戴、使用。从业人员在作业过程中应正确佩戴和使用劳动防护用品。

劳动防护用品(又称个体防护用品,简称防护用品),是保护劳动者在劳动过程中的安全和健康所必需的一种防御性装备,是免遭或减轻事故伤害和职业危害的个人随身穿(佩)戴的用品。

劳动者在生产、建设、运输、服务、勘探或科学研究中,由于作业环境条件异常而超过人体的耐受力,防护装备缺乏或缺陷,以及其他突然发生的原因,往往容易造成尘、毒、噪声、辐射、触电、静电感应、爆炸、烧烫、冻伤、淹溺、腐蚀、打击、坠落、挤碾和刺割等急、慢性危害或工伤事故,严重的甚至危及生命。为了预防上述伤害,保证社会生产的顺利进行,国家建立了安全防护法规,采取各种劳动卫生和安全技术措施,改善劳动条件,防止伤亡事故,预防职业病和职业中毒的发生。使用劳动防护用品,是所采取的重要措施之一。

劳动防护用品除个人随身穿用的防护性用品外，还有少数公用性的防护性用品，如安全网、防护罩、警告信号等，这些属于半固定或半移动的防护用具。从强调对个体防护的严格要求来看，应将上述共用性与个体性、移动性与固定性、半移动性进行区分。

从一般情况来讲，在安全技术措施中，改善劳动条件、排除危害因素是根本性的措施。使用劳动防护用品，只是一种预防性的辅助措施。但在一定条件下，如劳动条件差、危害因素大或集体防护措施起不到防护作用的情况下，使用劳动防护用品，则成为主要的防护措施。劳动防护用品即使作为预防性的辅助措施，在劳动过程中仍是不可缺少的生产性装备，因此不能被忽视。

（二）劳动防护用品的特点

（1）特殊性。劳动防护用品是一种由用人单位公费购买，按防护要求免费提供给劳动者使用的特殊商品。因此，一方面要使防护用品在进入流通领域之前，确保其产品质量合格；另一方面要加强对流通领域的监督抽查，减少和杜绝伪劣产品的销售。

（2）适用性。防护用品须在进入工作岗位时使用，这不仅要求产品的防护性能可靠，能确保使用者的安全与健康，而且还要求产品适用性能好、方便、灵活，使用者乐于应用。

（3）时效性。防护用品均有一定的使用寿命，如橡胶类、塑料等制品，时间久后，受紫外线及冷热影响会逐渐老化而易折断。另外一些防护用品的零件长期使用会磨损，影响其力学性能。

（三）劳动防护用品的分类

劳动防护用品的种类很多，根据《劳动防护用品分类与代码》的规定，我国实行以人体保护部位划分的分类标准，可分为头部防护用品、呼吸器官防护用品、眼面部防护用品、听觉器官防护用品、手部防护用品、足部防护用品、躯干防护用品、护肤用品、防坠落用品等九大类。

二、劳动防护用品的使用

(一) 头部防护用品及其使用常识

头部防护用品是为防御头部不受外来物体打击和其他因素危害而配备的个人防护装备。根据防护功能要求,目前主要有一般防护帽、防尘帽、防水帽、防寒帽、安全帽、防静电帽、防高温帽、防电磁辐射帽、防昆虫帽等九类产品。

在工伤、交通死亡事故中,因头部受伤致死的比例最高,大约占死亡总数的35.5%,其中因坠落物撞击致死的为首,其次是交通事故。使用安全帽能够避免或减轻上述伤害。

1. 安全帽的种类

对人体头部受外力伤害起防护作用的帽子为安全帽,它由帽壳、帽衬、下颏带、后箍等组成。安全帽分为六类:通用型、乘车型、特殊型安全帽、军用钢盔、军用保护帽和运动员用保护帽。其中通用型和特殊型安全帽属于劳动防护用具。

(1) 通用型安全帽

通用型安全帽有只防顶部和既防顶部又防侧向冲击这两种类型。它们具有耐穿刺特点,用于建筑、运输和造船等行业。有火源场所使用的通用型安全帽耐燃。

(2) 特殊型安全帽

①电业用安全帽:帽壳绝缘性能很好,电气安装、高电压作业等行业使用的较多。

②防静电安全帽:帽壳和帽衬材料中加有抗静电剂,用于有可燃气或蒸气及其他爆炸物品的场所,其指《爆炸危险场所电气安全规程》规定的0区、1区,可燃物的最小引燃能量在0.0002 J以上。

③防寒安全帽:低温特性较好,利用棉布、皮毛等保暖材料做面料,在温度不低于-20℃的环境中使用。

④耐高温辐射热安全帽：热稳定性和化学稳定性较好，在消防、冶炼等有辐射热源的场所使用。

⑤抗侧压安全帽：机械强度高，抗弯曲，用于林业、地下工程、井下采煤等行业。

⑥带有附件的安全帽：为了满足某项使用要求而带附件的安全帽。

2. 安全帽的使用

据有关部门统计，坠落物撞击致伤的人数中有15％是因使用安全帽不当造成的。所以不能以为戴上安全帽就能保护头部免受冲击伤害。在实际工作中还应了解和做到以下几点。

（1）任何人进入生产现场或在厂区内外从事生产和劳动时，必须戴安全帽（国家或行业有特殊规定的除外；特殊作业或劳动，采取措施后可保证人员头部不受伤害并经过安监部门批准的除外）。

（2）戴安全帽时，必须系紧安全帽带，保证各种状态下不脱落；安全帽的帽檐，必须与目视方向一致，不得歪戴和斜戴。

（3）不能私自拆卸帽上部件和调整帽衬尺寸，以保持垂直间距和水平间距符合有关规定值，用来预防冲击触顶造成的人身伤害。

（4）严禁在帽衬上放任何物品。严禁随意改变安全帽的任何结构。严禁用安全帽充当器皿使用。严禁用安全帽当坐垫使用。

（5）安全帽必须有说明书，并指明适用场所以供作业人员合理使用。

（6）应经常保持帽衬清洁，不干净时可用肥皂水和清水冲洗。用完后不能放置在酸碱、高温、日晒、潮湿和有化学溶剂的场所。

（7）使用中受过较大冲击的安全帽不能继续使用。

（8）若帽壳、帽衬老化或损坏，降低了耐冲击和耐穿透性能，不得继续使用，要更换新帽。

（9）防静电安全帽不能作为电业用安全帽使用，以免造成触电。

(10) 安全帽从购入时算起,植物帽一年半使用有效,塑料帽不超过两年,层压帽和玻璃钢帽两年半,橡胶帽和防寒帽三年,乘车安全帽为三年半。上述各类安全帽超过其一般使用期限易出现老化等,丧失安全帽的防护性能。

(二) 呼吸器官防护用品及其使用常识

呼吸器官防护用品是为防御有害气体、蒸气、粉尘、烟、雾从呼吸道吸入,或直接向使用者供氧或清净空气,保证在尘、毒污染或缺氧环境中作业人员正常呼吸的防护用品。

呼吸器官防护主要有防尘口罩和防毒口罩(面罩)。

1. 防尘口罩、面具的使用

(1) 作业场所除粉尘外,还伴有毒的雾、烟、气体或空气中氧含量不足18%时,应选用隔离式防尘用具,禁止使用过滤式防尘用具。

(2) 淋水、湿式作业场所,选用的防尘用具应带有防水装置。

(3) 劳动强度大的作业,应选用吸气阻力小的防尘用具。有条件时,尽量选用送风式口罩或面罩。

(4) 使用前要检查部件是否完整,如有损坏必须及时修理或更换。此外,应注意检查各连接处的气密性,特别是送风口罩或面罩,看接头、管路是否通畅。

(5) 佩戴要正确,系带和头箍要调节适度,对面部应无严重压迫感。

(6) 复式口罩和送风口罩头盔的滤料要定期更换,以免增大阻力。电动送风口罩的电源要充足,按时充电。

(7) 各式口罩的主体(口鼻罩)脏污时,可用肥皂水洗涤。洗后应在通风处晾,切忌曝晒、火烤,避免接触油类、有机溶剂等。

(8) 防尘用具宜专人专用。使用后及时装塑料袋内,避免挤压、损坏。

(9) 对于长管面具,在使用前应对导气管进行查漏,确定无漏洞时才能使用。导气管的进气端必须放置在空气新鲜、无毒无尘的场所中。所用导气管长度以 10 米内为宜，以防增加通气阻力。当移动作业地点时，应特别注意不要猛拉、猛拖导气管，并严防压、戳、拆等。

2. 防毒口罩、面具的使用

防毒面具、口罩可分为过滤式和隔离式两类。过滤式防毒用具是通过滤毒罐、盒内的滤毒药剂滤除空气中的有毒气体再供人呼吸。因此劳动环境中的空气含氧量低于 18% 时不能使用。通常滤毒药剂只能在确定了毒物种类、浓度、气温和一定的作业时间内起防护作用，所以过滤式防毒口罩、面具不能用于险情重大，现场条件复杂多变和有两种以上毒物的作业；隔离式防毒用具是依靠输气导管将无污染环境中的空气送入密闭防毒面具内供作业人员呼吸。它适用于缺氧，毒气成分不明或浓度很高的污染环境。

（1）使用防毒口罩时，严禁随便拧开滤毒盒盖和避免滤毒盒剧烈震动，以免引起药剂松散；同时应防止水和其他液体滴溅到滤毒盒上，否则降低防毒效能。

（2）使用防毒口罩过程中，对有臭味的毒气，当嗅到轻微气味时，即滤毒盒内的滤毒剂失效。对于无味毒气，则要看安装在滤毒盒里的指示纸或药剂的变色情况而定。一旦发现防毒药剂失效后，应立刻离开有毒场所，并停止使用该防毒口罩，重新更换药剂后，方可使用。

（3）佩戴防毒口罩时，系带应根据头部大小调节松紧，两条系带应自然分开套在头顶的后方。过松和过紧都容易造成漏气或感到不舒服。

（4）防毒面具使用中应注意正确佩戴，如头罩一定要选择合适的规格，罩体边缘与头部贴紧。另外，要保持面具内、气流畅通无阻，防止导气管扭弯压住，影响通气。

（5）当在作业现场突然发生意外事故出现毒气而作业人员一时

无法脱离时,应立即屏住气,迅速取出面罩戴上;当确认头罩边缘与头部密合或佩戴正确后,猛呼出面具内余气,方可投入正常使用。

(6) 防毒面具某一部件损坏,以致不能发挥正常作用,而且来不及更换面具的情况下,使用者可采取下列应急处理方法,然后迅速离开有毒场所。

①头罩或导气管发现孔洞时,可用手捏住。若导气管破损,也可将滤毒罐直接与头罩连接使用,但应注意防止因罩体增重而发生移位漏气。

②呼气阀损坏时,应立即用手堵住出气孔,呼气时将手放松,吸气时再堵住。

③发现滤毒罐有小孔洞时,可用手、黏土或其他材料堵塞。

(7) 使用后的防毒面具,要清洗、消毒、洗涤后晾干,切勿火烤、曝晒,以防材料老化。滤毒罐用后,应将顶盖、底塞分别盖上、堵紧,防止滤毒剂受潮失效。对于失效的滤毒罐,应及时报废或换新的滤毒剂和做再生处理。

(8) 一时不用的防毒面具,应在橡胶部件上均匀撒上滑石粉,以防黏合。现场备用的面具,应放置在专用的柜内,并定期维护和注意防潮。

3. 氧气呼吸器的使用

氧气呼吸器是一种与外部空气隔绝、依靠自身供给氧气的防毒面具。我们在使用中应注意以下事项。

(1) 在使用前应全面检查一遍,确认达到下列要求方可使用。

①氧气瓶内的氧气压,应保持在 9.8 MPa 以上。

②清净罐内装填的氢氧化钙吸收剂应为粉红色圆柱状颗粒。如变为淡黄色,即为失效,应及时更换。

③应注意各密封垫圈是否齐全,啮合程度、阀门良好与否、自动排气阀工作正常与否,以及手动补给供氧是否有效。

(2) 使用时，先打开氧气瓶阀门，检查压力表的数值，估计使用时间。然后按动补给按钮数次，以清除气囊内原积存气体。再戴上头罩，检查罩体边缘与头部密合情况。经确认各部件正常，即可使用。

(3) 使用过程中，如感到供气不足，可用深长呼吸法，使自动补给器充氧。若仍感呼吸困难，应采用手动按钮补给氧气。当以上措施均无效时，应立即退出染毒场所。

(4) 使用中，应经常检查压力表的指示值。一旦氧气压力降至2.9 MPa时，应及时离开有毒场所。

(5) 注意避免与油类等可燃物料接触，并与火源保持足够的安全间距。

(6) 防止氧气呼吸器撞击和跌落，以免损坏部件。

(7) 险情重大的作业以及进入事故现场从事抢救，必须两人一组，以利彼此关照。

(8) 使用后的氧气呼吸器，应及时通知专业人员检查，并进行头罩清洗、消毒、氧气瓶充气和更换清净罐内的氢氧化钙等工作，以备随时使用。

(9) 若长期搁置不用，应倒出清净罐内的氢氧化钙。所有橡胶部件均应涂以滑石粉，以防粘连。氧气瓶则应保留一定的剩余压力。

（三）眼面部防护用品及其使用常识

预防烟雾、尘粒、金属火花和飞屑、热、电磁辐射、激光、化学飞溅等伤害眼睛或面部的劳动防护用品称为眼面部防护用品。

眼面部防护用品种类很多，根据防护功能，大致可分为防尘、防水、防冲击、防高温、防电磁辐射、防射线、防化学飞溅、防风沙、防强光九类。

1. 焊接用眼镜、面罩的使用

据统计，电光性眼炎在工矿企业的焊接作业中比较常见，其主要原因在于挑选的防护眼镜不合适造成的。因此作为有关的作业人员应掌握下列一些使用防护眼镜的基本方法。

(1) 使用的眼镜和面罩必须经过有关部门检验。

(2) 挑选佩戴合适的眼镜和面罩,以防作业时脱落和晃动,影响使用效果。

(3) 眼镜框架与脸部要吻合,避免侧面漏光。必要时应使用带有护眼罩或防侧光型眼镜。

(4) 防止面罩、眼镜受潮、受压,以免变形损坏或漏光。焊接用面罩应该具有绝缘性,以防触电。

(5) 使用面罩式护目镜作业时,累计8小时至少更换一次保护片。防护眼镜的滤光片被飞溅物损伤出现污点时,要及时更换。

(6) 保护片和滤光片组合使用时,镜片的屈光度必须相同。

(7) 对于送风式、带有防尘、防毒口罩的焊接面罩,应严格按照有关规定保养和使用。

(8) 当面罩的镜片被作业环境的潮湿烟气及作业者呼出的潮气罩住,使其出现水雾,影响操作时,可采取下列措施解决。

①水膜扩散法,在镜片上涂上脂肪酸或硅胶系的防雾剂,使水雾均等扩散。

②吸水排除法,在镜片上浸涂界面活性剂(PC树脂系),将附着的水雾吸收。

③真空法,对某些具有二重玻璃窗结构的面罩,可采取在二层玻璃间抽真空的方法。

2. 防电磁辐射眼具的使用

电磁辐射是看不见、听不到、摸不着的。当然某些频率的微波会产生温热感觉。在受到辐射至发现身体某一部位不适时有一段潜伏期。当发现时,往往已造成不良后果。因此,对电磁辐射的防护不能掉以轻心。

(1) 首先在工作现场确定辐射场强超过微波最大允许辐射量区

域，并挂上警告标志。当作业人员进入该区域时，必须穿戴屏蔽服和防微波眼镜。

（2）在实际工作中应根据辐射源的工作频率和工作地点的辐射强度来选择屏蔽服及防微波眼镜。

（3）尽量使用带护眼罩的防微波眼镜，以防微波的绕射对眼产生不良影响。

（4）使用过程中避免接触油脂、酸碱或其他脏污物质，以免影响屏蔽效果。

（5）采取不直看任何辐射器件（馈源喇叭、开口波导、反射器），尽可能远离辐射源，对场源设置屏蔽等等措施，也能有效地避免电磁辐射。

（四）听觉器官防护用品

能够防止过量的声能侵入外耳道，使人耳避免噪声的过度刺激，减少听力损失，预防由噪声对人身引起不良影响的个体防护用品，称为听觉器官防护用品。听觉器官防护用品主要有耳塞、耳罩和防噪声头盔三大类。

听觉器官防护用品的使用方法：

（1）佩戴耳塞的方法，先将耳廓向上提起，使外耳道口呈平直状态，然后手持塞柄，将塞帽轻轻推入外耳道内与耳道贴合。

（2）不要使劲太猛或塞得太深，以感觉适度为止，如隔声不良，可将耳塞慢慢转动到最佳时为止；隔声效果仍不好时，应另换其他规格的耳塞。

（3）使用耳罩及防噪声头盔时，应先检查罩壳有无裂纹和漏气现象。佩戴时应注意罩壳标记，顺着耳型戴好，务必使耳罩软垫圈与周围皮肤贴合。

（4）在使用护耳器前，应用声级计定量测出工作场所的噪声，然后算出需衰减的声级，以挑选合适规格的护耳器。

（5）防噪声护耳器的使用效果不仅取决于这些用品质量好坏，

还需使用者养成耐心使用的习惯和正确掌握佩戴方法。如只戴一种护耳器隔声效果不好，也可以同时戴上两种护耳器，如耳罩内加耳塞等。

（五）手部防护用品

具有保护手和手臂的功能，供作业者劳动时戴用的手套称为手部防护用品，通常人们称作为劳动防护手套。

手部防护用品按照防护功能分为12类，即一般防护手套、防水手套、防寒手套、防毒手套、防静电手套、防高温手套、防X射线手套、防酸碱手套、防油手套、防振手套、防切割手套、绝缘手套。每类手套按照材料又分为许多种。

防护手套的使用方法：

（1）应了解不同种类手套的防护作用和使用要求，以便在作业时正确选择。切不可把一般场合用手套当作某些专用手套使用。如棉布手套、化纤手套等作为防振手套来用，效果很差。

（2）在使用绝缘手套前，应先检查外观，如发现表面有孔洞、裂纹等应停止使用。

绝缘手套使用完毕后，按有关规定保存好，以防老化造成绝缘强度降低。使用一段时间后应复检，合格后方可使用。使用时要注意产品分类色标，如 1 kV 手套为红色、7.5 kV 为白色、17 kV 为黄色。

（3）在使用振动工具作业时，不能认为戴上防振手套就安全了。应注意工作中安排一定的时间休息，随着工具自身振频提高，可相应将休息时间延长。对于使用的各种振动工具，最好测出振动加速度，以便挑选合适的防振手套，以取得较好防护效果。

（4）在某些场合下，所用手套应佩戴合适，避免手套指过长，被机械绞或卷住，使手部受伤。

（5）对于操作高速回转机械作业时，可使用防振手套。如某些维护设备和注油作业时，应使用防油手套，以避免油类对手的侵害。

（6）不同种手套有其特定用途的性能，在实际工作时一定要结合作业情况来正确使用和区分，以保护手部安全。

(六) 足部防护用品

足部防护用品是防止生产过程中有害物质和能量损伤劳动者足部的护具，通常人们称劳动防护鞋。

足部防护用品按照防护功能分为防尘鞋、防水鞋、防寒鞋、防足趾鞋、防静电鞋、导电鞋、防酸碱鞋、防油鞋、防烫脚鞋、防滑鞋、防刺割鞋、电绝缘鞋、防振鞋等 13 类，每类鞋根据材质不同又分为许多种。

1. 防静电鞋和导电鞋的使用

不仅能及时消除人体静电积聚，还能防止 250 V 以下电源电击的防护鞋为防静电鞋。在人体带有静电可能引起燃烧、爆炸的场所和在 250 V 以下电气设备可能引起对人体的电击或引发火灾的场所要穿防静电胶鞋。

（1）使用防静电鞋和导电鞋时，所处的地面的绝缘电阻值应分别小于 1×10^8 Ω 和 1.5×10^4 Ω。

（2）在穿用过程中，鞋底不得占有任何绝缘物，不能穿戴有绝缘性的毛料和其他材料制作的袜子。

（3）使用中每隔半年要重新测定鞋子的电阻，符合要求才能继续使用。

（4）对于维护动力设备或接触高压电器设备有触电危险的工作人员禁止使用防静电鞋和导电鞋。

2. 防砸鞋和护腿的使用

（1）凡对脚部易发生外砸伤的工种，如搬运、林业采伐等工种人员都应使用防砸鞋和护腿，不能用其他类型的鞋代替。

（2）重型作业不能穿轻型防砸鞋，热加工作业时穿用的防砸鞋应具有阻燃和耐热性。

(3) 穿用过程中，应避免水浸泡，以延长使用寿命。

(4) 使用防砸护腿时，应将护绳系紧以防松动降低防护效果。

3. 绝缘靴鞋的使用

(1) 各类绝缘靴鞋必须经过质量检验合格后方可使用。

(2) 每次使用前应检查外观，出现缺损、裂纹、孔洞等情况时应停止使用。

(3) 勿与酸碱、油类物质接触，并防止尖锐物刺破失去绝缘作用。

(4) 绝缘靴鞋的外观与日常生活用鞋没有显著差别，在使用时应注意区分。

4. 耐酸碱靴鞋的使用

(1) 耐酸碱靴鞋可耐 30% 浓度的酸碱液体，在使用中不应超过这个界限，如果超过浓度规定，虽然能使用，但使用寿命会大大缩短。

(2) 使用时应避免接触油类、有机溶剂，并防止与尖锐物接触，以免割破。

(3) 使用后应立即用水冲洗并放置在阴凉处，不得烘烤和在阳光下曝晒，以防加速老化。

(4) 有裂纹破损的鞋靴不能继续使用。

(5) 使用中要特别注意，一般不耐酸碱的橡胶鞋靴不能替代耐酸碱鞋使用。

5. 防热鞋和防刺割鞋的使用

(1) 使用石棉鞋时应尽量避免直接接触火焰。

(2) 不要接触锐利金属物体，以免割破，同时要注意防止石棉纤维粉尘吸入呼吸道。

(3) 使用铝膜布鞋要防止护膜发黄变色，经常保持清洁，使用后应立即用软布或刷子刷洗干净，存放时尽量不要折叠、重压。

(4) 各类防热鞋在使用过程中应尽量减少接触水和温度高于

80℃的物体。被水淋湿后,不能用火烤,以免材质变脆变硬。

(5) 防刺割鞋必须进行抗穿刺试验合格后才能使用,使用过程中也应防水、防火烤。

(七) 躯干防护用品

躯干防护用品就是我们通常讲的防护服。根据防护功能,防护服分为一般防护服、防水服、防寒服、防砸背心、防毒服、阻燃服、防静电服、防高温服、防电磁辐射服、耐酸碱服、防油服、水上救生衣、防昆虫服、防风沙服等14类产品,每一类产品又可根据具体防护要求或材料分为不同品种。

1. 防毒和耐酸碱服的使用

(1) 防毒和耐酸碱服种类较多,使用前应根据接触物的种类、形态(液态和气态)浓度、温度和需要防护的部位来进行选择。

(2) 防护服分透气和不透气两类。透气型工作服,通气散热较好,穿着舒适,但只能防中低浓度的有害液体和气体。不透气型工作服散热差、舒适度也差些,但防护性能好,穿用后可在存有有害化学物质的环境中进行较长时间的作业。

(3) 应避免各类工作服与锐利物接触,以免刺割破裂。在结构设计上应注意工作服外表不能有衣袋和其他附件,以避免有害液体的积存。

(4) 作业完时应将工作服残留的有害液体用清水冲洗掉。

2. 防静电工作服的使用

用防静电面料制作的工作服和防静电服,用来预防因工作服积聚静电荷所造成的燃烧及爆炸事故。

(1) 必须按照《防静电服》(GB 12014—2009)规定的场所穿用防静电服。

(2) 严禁在易燃易爆场所穿脱防静电服。在衣服上不能附加或佩戴任何金属物件。

(3) 穿用防静电服时,必须与防静电鞋配套使用。在洗涤时应避免工作服受损。

(4) 每隔半年按上述测试方法对防静电工作服进行复测,其带电量超过 0.6 微库仑/件时,不得继续作为防静电服使用。

(5) 在强电磁环境,动力作业区内或附近有高压裸线的区域,不能穿用防静电服。

3. 水上救生衣的使用

(1) 穿用救生服,应注意前后身位置,所有缚带均按部位束紧,切勿松动,以免落水后救生衣脱离身体或浮力分布位移,造成浮出姿态不正常而发生危险。

(2) 使用时防止尖刺磨损和重压,以免浮体材料损伤和变形。

(3) 使用后应清洗晾干,远离高温处。应放置在船上易于到达之处,以便随时取用。

(4) 在备用期间,应定期抽检,不合格者及时更换。

(八) 防坠落用品

防坠落用品是防止人体从高处坠落,通过绳带,将高处作业者的身体系接于固定物体上,或在作业场所的边沿下放张网,以防不慎坠落,这类用品主要有安全网和安全带。

安全带是高处作业工人预防坠落伤亡的用具,由带子、绳子和金属配件组成。为了避免事故的发生,在使用安全带时,应注意以下几点:

(1) 应当使用经检验合格的安全带。

(2) 每次使用安全带时,必须作一次外观检查,在使用过程中,更应注意查看,在半年至 1 年内要试验一次,以主部件不损坏为要求。如发现有破损变质情况及时反映,并停止使用,以确保操作安全。

(3) 高处作业人员必须扎好安全带方可工作。

(4) 安全带应高挂低用,注意防止摆动碰撞,使用 3 米以上长绳应加缓冲器。缓冲器、速差式装置和自锁钩可串联使用。

(5) 不准将绳打结使用，也不准将钩直接挂在安全绳上使用，应挂在连接环上使用。

(6) 安全带上各种部件不得任意拆掉，使用前应仔细检查各部分构件无破损时才能佩系。更换新绳时要注意加绳套。

(7) 使用过程中，应防止摆动、碰撞、避开尖刺和不接触明火，不能将钩直接挂在安全绳上，一般应挂到连接环上。

(8) 作业时应将安全带的钩、环牢挂在系留点上，各卡子要扣紧，以防脱落。

(9) 使用后应将安全带、安全绳卷成盘放在无化学试剂、阳光、酸碱及化学溶剂的场所中，切勿折叠，在金属配件上可涂适量机油，以防生锈。

(10) 安全带的使用期限一般为3～5年，在此期间安全绳磨损时应及时更换，如果带子破裂应提前报废。

(九) 护肤用品

护肤用品用于防止皮肤免受化学、物理等因素的危害。按照防护功能，护肤用品分为防毒、防腐、防射线、防油漆及其他类。

皮肤防护剂应在工作开始前使用，工作结束后应立即清洗皮肤，并涂上对皮肤有调理作用的润肤露或乳液，可有效预防各种脱脂物质对皮肤造成的干燥、开裂等。

皮肤防护剂的应用，仅仅是许多预防职业皮肤病措施之一，不能作为唯一防护而忽视其他预防措施。

第二节　劳动防护用品管理

企业是使用劳动防护用品的单位，要建立购买、验收保管、发放、使用、更新和报废等管理制度，教育劳动者正确使用、穿、戴，以保障劳动者的安全健康。

一、劳动防护用品的生产

对于已颁布国家标准的劳动防护用品,企业必须严格按照国家标准组织生产,生产的产品必须向劳动防护用品检验站申请《产品合格证书》。产品出厂前应自行检查,并抽取一定比例的产品送交劳动防护用品检验站进行检验,领取《产品检验证》。产品出厂时必须具有《产品检验证》,并有制造日期和产品说明书。商业经销单位收购、经销劳动防护用品要符合国家标准,并且有《产品检验证》。

任何单位或个人不得生产和销售无证产品,生产和销售无证产品的企业或个人,视情节轻重,追究其行政责任。

二、劳动防护用品的选用和采购

劳动防护用品使用单位应到劳动防护用品定点经营单位或劳动防护用品定点生产厂家购买劳动防护用品。为保证劳动防护用品质量,购买时除应注意以下四方面的要求外,所购买的劳动防护用品还必须经本单位的安全技术部门验收合格后才能使用。

(1) 使用单位应购置、选用符合国家标准,并具有《产品检验证》的劳动防护用品。

(2) 购置、选用的特殊劳动防护用品,必须具有《产品合格证》。

(3) 使用单位必须建立劳动防护用品定期检查和失效报废制度。

(4) 根据工作环境有害因素的特性和危险隐患的类型及劳动强度等因素选择有效的防护用品。

三、劳动防护用品的发放

防止职业危害的措施主要有技术措施和个体防护措施两种,但是当不能采取技术措施,或采取的技术措施不能完全消除生产过程中的危险和有害因素或达不到国家标准和有关规定时,那么最常见的个体防护措施是发放并配用合适的劳动防护用品。《国营职工个人防护用品发放标准》中规定:"应当按照劳动条件发给工人防护用品,属于在生产过程中保护工人的安全、健康所必需的则发,否则不发。在不同企业中劳动条件相同的同类工种,应当发给相同的防护用品以及免费发放。"

四、劳动防护用品的使用与管理

有职业危害的企业应建立、健全劳动防护用品的使用与管理制度,保证劳动防护用品充分发挥作用。所有劳动防护用品在产品包装中都应附有安全使用说明书,用人单位应教育劳动者正确使用;用人单位应按照产品说明书要求,及时更换、报废过期和失效的劳动防护用品。所以在使用劳动防护用品前应注意以下几点:

(1) 劳动防护用品使用前,必须认真检查其防护性能及外观质量。
(2) 使用的劳动防护用品应与防御的有害因素相匹配。
(3) 正确佩戴使用个人劳动防护用品。
(4) 严禁使用过期或失效的劳动防护用品。

第三节 职业病危害与预防

一、职业病危害因素的来源

不良劳动条件存在各种职业性危害因素,按其来源可分为三类。
1. 生产过程中产生的有害因素
(1) 粉尘
如矽尘、煤尘、石棉粉尘、滑石粉尘、水泥粉尘、铝尘、谷物粉尘等。

(2) 化学因素

如铅、汞、苯、氯、一氧化碳、有机磷农药等。

(3) 物理因素

①异常气象条件：如高温和低温等。

②异常气压：如高气压、低气压等。

③噪声、振动等。

④非电离辐射：如可见强光、紫外线、红外线、微波、激光等。

(4) 放射性因素

如 X 射线、γ 射线等。

(5) 生物因素

如炭疽杆菌、布氏杆菌等；医务工作者接触的传染性病源，如 SARS 病毒等。

(6) 其他因素

如金属类、井下不良作业条件。

2. 劳动过程中的有害因素

(1) 劳动组织和劳动制度不合理，如劳动时间过长，休息制度不合理、不健全等。

(2) 劳动中的精神过度紧张。

(3) 劳动强度过大或劳动安排不当，如安排的作业与作业人员生理状况不适应、生产定额过高、超负荷加班加点等。

(4) 个别器官过度紧张，如光线不足引起的视力紧张等。

(5) 长时间处于某种不良体位或使用不合理的工具等。

3. 生产环境中的有害因素

(1) 生产不符合卫生标准或要求，如厂房低矮、狭窄，布局不合理，有毒和无毒的工段安排在一起等。

(2) 缺乏必要的卫生技术设施，如没有通风换气、照明、防尘防毒、防噪声和防振动设备,或虽有设备但防护效果不好。

(3) 安全防护设备和个人防护用品装备不全。

在实际的生产场所中,危害因素往往不是单一存在的,而是多种因素同时对作业人员的健康产生作用,此时危害更大。

二、职业病危害预防

(一) 高温对健康的影响及预防

1. 高温作业的类型

在高气温或同时存在高湿度或热辐射的不良气象条件下进行的生产劳动,通称为高温作业。高温作业按其气象条件的特点可分为下列三个基本类型。

(1) 高温强辐射作业。如冶金工业的炼焦、炼铁、炼钢、轧钢等车间;机械制造工业的铸造、锻造、热处理等车间;陶瓷、玻璃、搪瓷、砖瓦等工业的炉窑车间;火力发电厂和轮船上的锅炉等。这类生产场所具有各种不同的热源,如:冶炼炉、加热炉、窑炉、锅炉、被加热的物体(铁水、钢水、钢锭)等,能通过传导、对流、辐射散热,使周围物体和空气温度升高;周围物体被加热后,又可成为二次热辐射源,且由于热辐射面扩大,使气温更高。在这类作业环境中,同时存在着两种不同性质的热,即对流热(被加热了的空气)和辐射热(热源及二次热源)。对流热只作用于人的体表,但通过血液循环使全身加热;辐射热除作用于人的体表外,还作用于深部组织,因而加热作用更快更强。这类作业的气象特点是气温高、热辐射强度大,而相对湿度多较低,形成干热环境。人在此环境下劳动时会大量出汗,如通风不良,则汗液难于蒸发,就可能因蒸发散热困难而发生蓄热和过热,从而发生中暑。

(2) 高温高湿作业。其气象特点是气温、湿度均高,而辐射强度不大。高湿度的形成,主要是由于生产过程中产生大量水蒸汽或生产工艺上要求车间内保持较高的相对湿度所致。例如:印染、缫丝、造纸等工业中液体加热或蒸煮时，车间气温可达 35℃ 以上，相对湿度常高达 90% 以上；潮湿的深矿井内气温可达 30℃ 以上，相对湿度可达 95% 以上，如通风不良就形成高温、高湿和低气流的不良气象条件，即湿热环境。人在此环境下作业，即使气温不很高，但由于蒸发散热极为困难，虽大量出汗也不能发挥有效的散热作用，易导致体内热蓄积或水、电解质平衡失调，从而发生中暑。

（3）夏季露天作业。如建筑、搬运等作业的高温和热辐射主要来源是太阳辐射。夏季露天作业时还受地表和周围物体二次辐射源的附加热作用。露天作业中的热辐射强度虽较高温车间为低，但其作用的持续时间较长，且头颅常受到阳光直接照射，加之中午前后气温升高，此时如劳动强度过大，人体极易因过度蓄热而中暑。

2. **高温对健康的影响**

高温可使作业人员感到热、头晕、心慌、烦、渴、无力、疲倦等不适感，可出现一系列生理功能的改变，主要表现如下。

（1）体温调节障碍，由于体内蓄热，体温升高。

（2）大量水盐丧失，可引起水盐代谢平衡紊乱，导致体内酸碱平衡和渗透压失调。

（3）心律脉搏加快，皮肤血管扩张及血管紧张度增加，加重心脏负担，血压下降。但重体力劳动时，血压也可能增加。

（4）消化道贫血，唾液、胃液分泌减少，胃液酸度减低，淀粉活性下降，胃肠蠕动减慢，造成消化不良和其他胃肠道疾病增加。

（5）高温条件下若水盐供应不足可使尿浓缩，增加肾脏负担，有时可导致肾功能不全，尿中出现蛋白、红细胞等。

（6）神经系统可出现中枢神经系统抑制，注意力和肌肉的工作能力、动作的准确性和协调性及反应速度的降低等。

3. **防暑降温措施**

（1）用人单位应当建立、健全防暑降温工作制度，采取有效措施，加强高温作业、高温天气作业劳动保护工作，确保劳动者身体健康和生命安全。用人单位的主要负责人对本单位的防暑降温工作全面负责。

用人单位应当根据国家有关规定，合理布局生产现场，改进生产工艺和操作流程，采用良好的隔热、通风、降温措施，保证工作场所符合国家职业卫生标准要求。

(2) 用人单位应当落实以下高温作业劳动保护措施：

优先采用有利于控制高温的新技术、新工艺、新材料、新设备，从源头上降低或者消除高温危害。对于生产过程中不能完全消除的高温危害，应当采取综合控制措施，使其符合国家职业卫生标准要求。

存在高温职业病危害的建设项目，应当保证其设计符合国家职业卫生相关标准和卫生要求，高温防护设施应当与主体工程同时设计，同时施工，同时投入生产和使用。

存在高温职业病危害的用人单位，应当实施由专人负责的高温日常监测，并按照有关规定进行职业病危害因素检测、评价。

用人单位应当依照有关规定对从事接触高温危害作业劳动者组织上岗前、在岗期间和离岗时的职业健康检查，将检查结果存入职业健康监护档案并书面告知劳动者。职业健康检查费用由用人单位承担。

用人单位不得安排怀孕女职工和未成年工从事《工作场所职业病危害作业分级 第3部分：高温》（GBZ/T 229.3—2010）中第三级以上的高温工作场所作业。

(3) 在高温天气期间，用人单位应当按照下列规定，根据生产特点和具体条件，采取合理安排工作时间、轮换作业、适当增加高温工作环境下劳动者的休息时间和减轻劳动强度、减少高温时段室外作业等措施。

用人单位应当根据地市级以上气象主管部门所属气象台当日发布的预报气温，调整作业时间，但因人身财产安全和公众利益需要紧急处理的除外;日最高气温达到 40℃以上,应当停止当日室外露天作业;日最高气温达到 37℃以上、40℃以下时,用人单位全天安排劳动者室外露天作业时间累计不得超过 6 小时,连续作业时间不得超过国家规定,且在气温最高时段 3 小时内不得安排室外露天作业;日最高气温达到 35℃以上、37℃以下时,用人单位应当采取换班轮休等方式,缩短劳动者连续作业时间,并且不得安排室外露天作业劳动者加班。

在高温天气来临之前,用人单位应当对高温天气作业的劳动者进行健康检查,对患有心、肺、脑血管性疾病或肺结核、中枢神经系统疾病及其他身体状况不适合高温作业环境的劳动者,应当调整作业岗位。职业健康检查费用由用人单位承担。

用人单位不得安排怀孕女职工和未成年工在 35℃以上的高温天气期间从事室外露天作业及温度在 33℃以上的工作场所作业。

因高温天气停止工作、缩短工作时间的,用人单位不得扣除或降低劳动者工资。

(4) 用人单位应当向劳动者提供符合要求的个人防护用品,并督促和指导劳动者正确使用。

用人单位应当对劳动者进行上岗前职业卫生培训和在岗期间的定期职业卫生培训,普及高温防护、中暑急救等职业卫生知识。

用人单位应当为高温作业、高温天气作业的劳动者供给足够的、符合卫生标准的防暑降温饮料及必需的药品。不得以发放钱物替代提供防暑降温饮料。防暑降温饮料不得充抵高温津贴。

用人单位应当在高温工作环境设立休息场所。休息场所应当设有座椅,保持通风良好或者配有空调等防暑降温设施。

用人单位应当制定高温中暑应急预案,定期进行应急救援的演习,并根据从事高温作业和高温天气作业的劳动者数量及作业条件等情况,配备应急救援人员和足量的急救药品。

劳动者出现中暑症状时,用人单位应当立即采取救助措施,使其迅速脱离高温环境,到通风阴凉处休息,供给防暑降温饮料,并采取必要的对症处理措施;病情严重者,用人单位应当及时送医疗卫生机构治疗。

劳动者应当服从用人单位合理调整高温天气作息时间或者对有关工作地点、工作岗位的调整安排。

(5)劳动者从事高温作业的,依法享受岗位津贴。劳动者因高温作业或者高温天气作业引起中暑,经诊断为职业病的,享受工伤保险待遇。

(二)低温对健康的影响及预防

1. 低温作业对健康的影响

工作地点平均气温等于或低于5℃的作业称为低温作业。在低温环境下工作时间过长,超过人体适应能力,体温调节机能发生障碍,则体温下降,从而影响机体功能,可能出现神经兴奋与传导能力减弱,出现痛觉迟钝和嗜睡状态。长时间低温作业可导致循环血量、白细胞和血小板减少,引起凝血时间延长,并出现协调性降低现象。低温作业还可引起人体全身和局部过冷。全身过冷常出现皮肤苍白、脉搏呼吸减弱、血压下降现象;局部过冷最常见的是手、足、耳及面颊等外露部位发生冻伤,严重的可导致肢体坏死。

2. 防寒保暖措施

低温作业的防寒保暖措施应包括以下四点。

(1)车间温、湿度应符合《工业企业设计卫生标准》,冬季要有防寒、采暖设施,露天作业要有防风棚、取暖棚。

(2)保持车间、个人衣着干燥,进行耐寒锻炼,提供高热饮食,采取多种防寒措施。

(3)进行合理的劳动组织管理,合理安排工作时间与休息时间。

(4)加强个体防护,使用个体防寒用品。

另外,要教育、告知职工体温过低的危险性及其预防措施;肢端疼痛和寒战（体温可能降到 35℃）是低温的危险信号，当严重寒战时，应终止作业。

（三）职业中毒的预防

职业中毒是一种人为的疾病，采取合理有效的措施，可使接触毒物的作业人员避免职业中毒。预防职业中毒必须采取综合防护措施。

（1）控制与消除有毒物质，用无毒或低毒物质代替有毒或高毒物质；改革生产工艺、生产设备，尽量将手工操作变为机械化、密闭化、自动化和遥控化操作。

（2）降低生产性毒物的浓度，避免有毒物质与人体接触；对生产过程中无法避免的有毒物质，通过安装合理的通风、排毒设备，使毒物得到有效控制。

（3）对从事有毒作业的职工进行有关毒物知识的培训，使他们树立防毒意识，掌握操作技能，以避免中毒事故的发生；也使他们在发生中毒后能够及时处理，减轻中毒造成的损害。

（4）根据毒物的特性，选择有效的个人防护用品。个体防护用品包括防护帽、防护眼镜、防护面罩、防护服、呼吸防护器、皮肤防护用品等。

（5）对从事有毒作业的职工进行定期体检，定期监测作业环境中的有毒有害物质浓度，保证有毒有害物质浓度在国家允许范围内。

（6）根据国家有关标准，结合职工数量和工作性质建立合理的卫生设施，设置盥洗设备。教育职工养成良好卫生习惯。

（四）粉尘的危害及尘肺的预防

粉尘是指能悬浮于空气中的固体微粒。在工业生产中产生的粉尘叫作工业粉尘。对工业粉尘如果不加以控制，它将破坏作业环境，危害职工身体健康和损坏机器设备，还会污染大气环境。

1. 粉尘对人体的危害

粉尘侵入人体的途径主要有呼吸系统、眼睛、皮肤等，其中以呼吸系统为主要途径。粉尘对人体的危害程度取决于进入人体的粉尘量、侵入途径、沉着部位以及粉尘的物理、化学性质等因素。

（1）对呼吸系统的危害。主要有尘肺、肺粉尘沉着症、有机粉尘所致的肺部病变、呼吸系统肿瘤和局部刺激作用等。尘肺是由于小尘粒在肺的换气区域发生了沉积，造成肺的换气功能下降，尘肺病患者在紧张活动时会出现呼吸短促的症状。由于临床上很难早期发现肺的变化，当X射线检查发现这些变化的时候病情已经较重了，不可能治愈。

在众多粉尘中，能引起尘肺病的物质有石英晶体、石棉、滑石粉、煤粉和焊接粉尘等，以石棉尘和含游离二氧化硅的粉尘对人体危害最为严重。石棉尘不仅引起石棉肺，而且具有致癌性；含游离二氧化硅的粉尘可引起矽肺病，含游离二氧化硅70%以上的粉尘对人体危害更为剧烈。粉尘的粒径不同对人体的危害也不同，2~10 μm 的粉尘对人体的危害最大；荷电粉尘、溶解度小的粉尘、硬度大的粉尘、不规则形状的粉尘对人体危害较大。

（2）对眼睛的危害。粉尘侵入眼睛可引起结膜炎、角膜混浊、眼睑水肿和急性角膜炎等。

（3）对皮肤的危害。粉尘侵入皮肤可堵塞皮脂腺、汗腺，造成皮肤干燥，易受感染，引起毛囊炎、粉刺、皮炎等。

2. 预防尘肺病的措施

目前粉尘对人造成的危害，特别是尘肺尚无特异性治疗，因此预防粉尘危害，加强对粉尘作业的劳动保护管理十分重要。粉尘作业的劳动保护管理应采取三级防护原则：

（1）一级预防

①综合防尘。改革生产工艺、生产设备，尽量将手工操作变为机械化、密闭化、自动化和遥控化操作；尽可能采用不含或游离二

氧化硅含量低的材料代替游离二氧化硅含量高的材料；在工艺要求许可的条件下，尽可能采用湿法作业；使用个人防尘用品，做好个人防护。

②定期检测作业环境的粉尘浓度，使作业环境的粉尘浓度达到国家标准规定的允许范围之内。

③根据国家有关规定，对患有职业禁忌、未成年工、女职工不得安排其从事禁忌范围的工作。

④加强宣传教育，普及防尘的基本知识。

⑤加强对除尘系统的维护和管理，使除尘系统处于完好、有效状态。

(2) 二级预防

建立专人负责的防尘机构，制定防尘规划和各项规章制度。对新从事粉尘作业的职工，必须进行健康检查；对在职的从事粉尘作业的职工必须定期进行健康检查，发现不宜从事接尘工作的职工，要及时调离。

(3) 三级预防

对已确诊为尘肺病的职工应及时调离原工作岗位，安排合理的治疗或疗养，患者的社会保险待遇按国家有关规定办理。

(五) 噪声与振动对健康的损害及预防

1. 噪声对人体的危害及预防

噪声对人体的影响是多方面的。首先是对听觉器官的损害，人们在强噪声环境中暴露一段时间，会引起听力下降，离开噪声环境后听力可以恢复，此现象称为听觉疲劳。在强噪声环境中如不采取保护措施，听觉疲劳继续发展，可导致听力下降或永久性听力损失。噪声除影响听觉系统外，对神经系统、心血管系统及全身其他器官也有不同程度的影响，造成神经衰弱、血压不稳、肠胃功能紊乱等，出现头痛、头晕、睡眠障碍等病症，长期接触较强的噪声可引起血压持续升高、胃肠蠕动减慢等。

从安全方面来看,在噪声的干扰下,人们会感到烦躁,注意力不集中,反应迟钝,不仅影响工作效率,而且降低了对事故隐患的判断处理能力。在车间或矿井等作业场所,由于噪声的影响,掩盖了异常信号或声音,容易发生伤亡事故。

2. 对噪声作业环境的管理措施

(1) 选择低噪声设备,提高机械设备的加工精度和安装技术,从而降低发声体的辐射声功率。

(2) 改进生产工艺和操作方法,如用无声焊接代替高噪声的铆接。

(3) 设立隔声间,使操作人员与噪声环境隔离。

(4) 缩短作业人员在高噪声环境中的暴露时间,合理安排作业与休息时间。对接触噪声的职工实行工种轮换制。

(5) 使用适宜的个人防护用品,如佩戴耳塞,必要时佩戴耳罩、帽盔。

(6) 制定并实施作业场所听力保护计划。

3. 振动对人体的危害及预防

振动对人体的危害分为局部振动危害和全身振动危害。由于局部肢体长期受强烈振动而引起肢端血管痉挛、上肢周围神经末梢感觉障碍及关节骨质改变为主要症状的职业病,称为局部振动病或称手臂振动病。该病的典型表现是手指发白,并伴有麻、胀、痛的感觉,手心多汗。局部振动作业主要是使用振动工具的各工种,如砂铆工、锻工、钻孔工、捣固工、研磨工及电锯、电刨使用者进行的作业。

全身振动是由振动源(振动机械、车辆、活动的工作平台)通过身体的支持部分(足部和臀部),将振动沿下肢或躯干传布全身而引起的振动。全身振动的危害主要是引起交感神经和血管功能的改变,出现血压升高、心率加快、胃肠不适等症状。全身振动作业主要是振动机械的操作,如车载钻机的操作工,钻井发电机房内的发电工等。全身振动引起的功能性改变，在脱离振动环境和休息后，多能自行恢复。

4. 对振动的控制预防

在很多情况下，振动是不能全部消除或避免的，对振动的防护主要是减少和避免振动对作业人员的损害。采取的主要措施有：

（1）改进作业工具，如工具的金属部件改用塑料或橡胶的；对工具的重量、振动频率、振动幅度进行改进和限制；将机械设备装在橡皮、软木上，避免与地板直接接触，以减弱因撞击而产生的振动；

（2）作业人员轮流作业；

（3）采用合理的防护用品，如采用防振手套、减振座椅、防振垫等，减少振动对作业人员的损害；

（4）定期体检，做好振动病的早期防治工作。

（六）辐射的危害及防护

辐射按其生物学作用不同可分为电离辐射和非电离辐射。电离辐射是一切能引起物质电离的辐射总称，包括α、β、γ、X射线和中子；非电离辐射包括紫外线、可见光、红外线、激光和射频辐射。

1. 电离辐射的危害及防护

（1）接触电离辐射的作业

接触电离辐射的作业有核工业系统核原料的勘探、开采、冶炼与精加工，核燃料与反应堆的生产、使用和研究；放射性核素及制剂的生产、加工和使用；射线发生器的生产和使用，如各种加速器、X射线发生器、电子显微镜、电子束焊机、彩色电视机显像管及高压电子管等。

（2）电离辐射的危害

电离辐射对人体的照射方式分为外照射和内照射。外照射是指来自人体外的电离辐射对人体的照射；内照射是当放射性核素经消化系统、呼吸系统、皮肤黏膜或伤口进入人体内造成的照射。人体受到一定剂量的电离辐射照射后,可以产生各种对健康有害的生物效应,造成不同类型的辐射损伤。

电离辐射引起的职业病称为放射病,有急性放射病和慢性放射病两种。急性放射病是短期内一次或多次受到大剂量照射而引起的全身病变,多见于核能和放射装置应用中的意外事故或防护条件差所致。主要引起骨髓等造血系统损伤,也有发生肠麻痹、肠梗阻的情况;慢性放射病是长时期内受到超限值剂量照射所引起的全身性损伤,多发生于防护条件不佳的外照射工作场所。一般出现头痛、疲乏无力、记忆力下降,伴有消化系统障碍。

(3) 对电离辐射的防护

电离辐射作业环境下的防护措施有:

①减少射线对人体的外照射剂量,尽量缩短照射时间,尽可能远离放射源,射线较强时要用屏蔽材料,使人员与放射源隔离;

②要严格遵守操作规程,养成良好的卫生习惯,防止放射性物质进入人体形成内照射;

③对操作放射性物质的场所,要经常测量外照射剂量和空气中、工作面上的放射性强度,超过国家标准时应立即停止工作,采取有效措施进行清理,直至达到国家标准;

④严格按照标准规定使用防护用品。

2. 非电离辐射的危害及防护

(1) 射频辐射对健康的损害及防护

射频辐射包括高频电磁场和微波,也称为无线电波。工业上射频辐射场合有高频淬火、塑料制品热合、微波发射和加热设备等。较大强度的射频辐射可引起人体中枢神经机能障碍,可导致神经衰弱综合征、心血管系统及晶状体的加速老化。

对射频辐射的防护应根据需要采用有效的方式:用铁、铝、铜等金属材料屏蔽场源;使操作者的作业与休息地点尽量远离场源,敷设吸收材料层,吸收辐射能量;穿戴微波防护服等个人防护用品。

(2) 红外线辐射对健康的损害及防护

红外辐射也称为热射线辐射。自然界的红外线辐射源以太阳为最强,基建工地、搬运等露天作业,夏季红外线辐射强度很大;生产中接触红外线辐射源的作业是金属加热、熔融玻璃等,炼钢工、轧钢工、铸造工、玻璃熔吹工、烧瓷工等也会受到红外线辐射。

适量的红外线有益于人体健康,过量照射则会对人的眼睛、皮肤造成伤害。长期受红外线辐射,可引起白内障。职业性白内障已列入职业病名单,如玻璃工的白内障,多发生在工龄较长的工人中。皮肤受红外线长期照射,局部可出现色素沉着。

对红外辐射的防护措施主要有:接触红外辐射的操作人员应佩戴护目镜、穿戴隔热服;采用隔热保温层、反射性屏蔽、吸收性屏蔽等措施减少红外线的辐射。

(3) 紫外线辐射对健康的损害及防护

物体温度达到1200℃以上,其辐射光谱中可出现紫外线。接触紫外线的场所有冶炼炉、电焊、探照灯等。短波紫外线可使皮肤和眼睛受到伤害,防止紫外线伤害的措施主要是采用防护屏蔽和保护眼睛、皮肤的个人防护用品。电焊作业地点应隔离或单设房间,以防其他人受紫外线照射。

(4) 激光辐射对健康的损害及防护

激光是由处于激发状态的原子、离子或分子在光子的作用下形成受激辐射而产生的。激光在工农业、国防、医疗、通信、科研等方面得到广泛应用。激光对人体的危害主要是造成眼睛和皮肤的伤害,如引起角膜损伤、视网膜灼伤等。大功率激光可灼伤皮肤或经皮肤使深部器官损伤。

对激光的防护措施主要有:采用工业电视、安全观察孔监视进行隔离操作;整体光束通路应完全隔离,必要时设置密闭式防护罩;严禁用眼睛直视激光束;作业场所地面、墙壁、天花板、门窗、工作台应采用暗色不反光材料和毛玻璃；各类激光场所应制定安全操作规程，激光作业人员要接受安全防护知识教育；穿防护服和戴防护镜。

（七）疲劳对安全的影响及预防

疲劳是指在作业过程中连续不断消耗能量产生一系列生理和心理变化而引起作业能力下降的现象。通常划分为肌体疲劳和精神疲劳。在劳动过程中，当作业能力明显下降时，表明身体已处于疲劳状态。

1. 疲劳对作业安全的影响

人在疲劳时，其身体、生理机能会发生如下变化，作业中容易发生事故。

（1）生理疲劳对作业的影响。生理疲劳导致感觉机能、运动代谢机能发生明显变化，表现为肌肉酸痛、肌肉活动失调等。对作业安全造成的影响是感觉、视觉、听觉机能降低，作业时可能发生错觉；反应迟钝，作业动作失调，无效动作增加；作业时注意力不集中，注意范围变小；思维能力降低，对故障的判断能力和应急反应能力明显下降。

（2）心理疲劳对作业的影响。心理疲劳表现为无精打采，心情烦躁等，对作业安全的影响是作业时思维迟缓，懒于思考，忽视作业中的危险因素，这往往是导致伤害事故发生的潜在因素。因此，从事危险性作业时，操作者要特别注意避免出现心理疲劳，一旦出现，就应该及时停止工作，适当休息，消除疲劳，恢复精力和体力。

2. 防止过度疲劳的措施

（1）完善劳动组织和劳动制度

对岗位劳动强度进行测定，根据岗位劳动强度指标确定工作量，从而合理安排岗位人员数量；对于连续性生产的作业岗位，应该最大限度地减轻夜间生产的作业量；根据作业性质安排适当的工作时间与休息时间，工作时间内的工作量不宜太大，给予作业人员一定的宽裕时间。

(2) 实行科学的轮班制度

冶金、化工等行业要求连续生产，其工艺流程不可能间断进行，必须实行轮班工作制。轮班工作制的突出问题就是疲劳，因为改变睡眠时间本身就易引起疲劳，其原因主要是：白天睡眠极易受周围环境的干扰，造成不能熟睡和睡眠时间不足；改变睡眠习惯一时难以适应；轮班制度导致时间节律的紊乱会明显地影响人的情绪和精神状态；轮班工作使操作人员与家人共同生活时间少，容易产生心理上的抑制感。因此，根据人体的生理规律实行科学的轮班制度，最大限度地减轻疲劳尤为重要。

(3) 改善作业时的姿势和体位

操作时用力要合理，如动作要对称、要有节奏、要自然，尽量借助体重来用力，防止个别器官过度紧张。操作也要合理化，在对作业内容进行解剖分析的基础上，制定出标准作业动作，操作人员按照制定出的标准作业动作进行操作，以减少多余的动作。生产工具和加工物体布局要合理，缩短操作行程，减少体能消耗。

(4) 选择正确的休息方式

工间休息方式应该是多种多样的。连续、紧张作业的职工，工间休息应采取自我调节的方式，不宜播放快节奏的音乐；重体力劳动的作业人员应以静止休息为主，可配合做些适当的肢体活动，有利于消除疲劳；对于作业中注意力集中、感觉器官紧张的操作人员，应采取上下肢活动及背部活动的休息方式来消除疲劳，在不影响作业的情况下，可以播放一些轻松愉快的音乐和歌曲。

(5) 改善劳动环境

在高温、高湿、高粉尘和高噪声的场所中作业，比在劳动环境好的场所中作业更易产生疲劳，因此，应改善劳动环境和卫生条件，如改善作业场所的照明条件，消除或降低噪声，材料堆放整齐，保持作业场所空气畅通，使劳动舒适愉快。

第六章 现场安全检查与隐患排查治理

第一节 岗位危险源辨识

一、危险源及其分类

1. 危险源定义

具有潜在危险性的物质与能量,并可能对人身、财产、环境造成危害的设备、设施或场所即我们通指的危险源。岗位危险源辨识就是识别工作岗位的危险源并确定其特性的过程。危险源辨识不但包括对危险源的识别,而且必须对其性质加以判断。

危险化学品重大危险源是指按照《危险化学品重大危险源辨识》(GB 18218)标准辨识确定,生产、储存、使用或搬运危险化学品的数量等于或者超过临界量的单元(包括场所和设施)。

2. 危险源分类

安全科学理论根据危险源在事故发生、发展过程中的作用,把危险源划分为以下两大类。

(1) 第一类危险源

根据能量意外释放理论,能量或危险物质的意外释放是伤亡事故发生的物理本质。于是,把生产过程中存在的,可能发生意外释放的能量(能源或能量载体)或危险物质称作第一类危险源。

为了防止第一类危险源导致事故,必须采取措施约束、限制能量或危险物质,控制危险源。

(2) 第二类危险源

正常情况下,生产过程中的能量或危险物质受到约束或限制,不会发生意外释放,即不会发生事故。但是,一旦这些约束或限制能量或危险物质的措施受到破坏或失效(故障),则将发生事故。导致能量或危险物质约束或限制措施破坏或失效的各种因素称作第二类危险源。

第二类危险源主要包括以下三种:

①物的故障。物的故障是指机械设备、装置、元部件等由于性能低下而不能实现预定的功能的现象。从安全功能的角度,物的不安全状态也是物的故障。物的故障可能是固有的,由于设计、制造缺陷造成的;也可能由于维修、使用不当,或磨损、腐蚀、老化等原因造成的。

②人的失误。人的失误是指人的行为结果偏离了被要求的标准,即没有完成规定功能的现象。人的不安全行为也属于人的失误。人的失误会造成能量或危险物质控制系统故障,使屏蔽破坏或失效,从而导致事故发生。

③环境因素。人和物存在的环境,即生产作业环境中的温度、湿度、噪声、振动、照明或通风换气等方面的问题,会促使人的失误或物的故障发生。

一起伤亡事故的发生往往是两类危险源共同作用的结果。第一类危险源是伤亡事故发生的能量主体,决定事故后果的严重程度。第二类危险源是第一类危险源造成事故的必要条件,决定事故发生的可能性。两类危险源相互关联、相互依存。第一类危险源的存在是第二类危险源出现的前提,第二类危险源的出现是第一类危险源导致事故的必要条件。因此,危险源辨识的首要任务是辨识第一类危险源,在此基础上再辨识第二类危险源。

二、岗位危险源辨识范围

危险源辨识的基本原则是在辨识过程中应坚持"横向到边，纵向到底"的原则。

1. 原则性范围

(1) 所有常规和非常规的活动；

(2) 所有进入作业场所人员（包括参观者、访问者及相关人员）的活动；

(3) 所有作业场所内的设施（包括内部设施和外界所提供的设施）。

2. 辨识范围基本要求

危险源辨识过程中，应对以下方面存在的危险、危害因素进行辨识与分析。

(1) 厂（场）址：工程地质、地形、自然灾害、气象条件、资源、交通、抢险救灾支持条件等进行辨识。

(2) 现场（车间、岗位）平面布置现状。

(3) 建（构）筑物：结构、防火、防爆、运输、通道、生产设施等。

(4) 生产（施工）工艺过程。

(5) 生产（施工）设备、装置、工器具，特别是危险性较大的设备。

(6) 粉尘、毒物、噪声、振动、辐射、高温、低温等有毒有害作业。

(7) 管理设施、事故应急抢救和辅助生产、生活卫生设施。

三、基本步骤

危险源辨识、风险评价的基本步骤如图 6-1 所示。

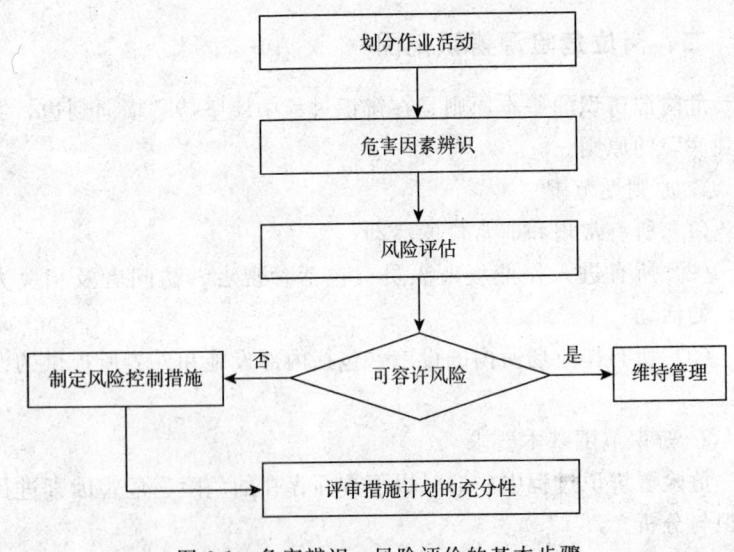

图 6-1 危害辨识、风险评价的基本步骤

四、危险源辨识信息的收集

辨识初期应收集与岗位活动、产品和服务有关的信息,进行作业划分、工作流程、设备、设施、人员等相关信息资料的收集,如相关法律、法规要求、作业流程、生产和作业活动清单、原材料的物质安全数据卡、机械设备清单、同行业组织出现的事故等。

五、危险源分类的方法

危险源辨识可参照 GB 6441—1986《企业职工伤亡事故分类标准》,综合考虑引起事件(事故)的起因物、致害物、伤害方式等,按事故类别将危险因素分类后进行辨识和分析;另可依据 GB/T 13816—1992《生产过程危险有害因素分类与代码》的规定,按物理性、化学性、生物性、行为性、心理生理性等,对危险、危害因素进行分类后,对其进行辨识和分析。

六、危险源辨识方法

（1）基本分析法；
（2）工作安全分析；
（3）安全检查法；
（4）预先危险分析；
（5）HAZOP分析法；
（6）现场观察、查阅有关资料以及询问、交谈等。

七、危险源辨识考虑因素

危险源辨识要充分考虑危险因素的三种状态：正常、异常、紧急状态。三种时态：过去、现在、将来时态。七种类型：生产性粉尘、毒物、噪声和振动、高温作业、低温作业、辐射、其他危害因素。

1. 三种状态

（1）正常状态（如每天正常生产、施工等过程）；
（2）异常状态（如停机、检修）；
（3）紧急状态（如火灾、爆炸等）。

2. 三种时态

（1）过去（如已发生过的事件、事故）；
（2）现在（如作业活动、设备等现在的安全控制状态）；
（3）将来（如作业活动将发生变化、设备设施改进或新购等活动时的安全控制状态）。

3. 危险源辨识的内容

（1）生产场所布局及作业环境。从生产场所的地形地物、危险灾害、资源条件等外围情况，到构筑物工艺流程、易燃易爆、辐射、噪声、危险物品、安全卫生防护等基本状况进行分析评价，杜绝作业环境方面的潜在危险。

（2）建（构）筑物及生产设备、装置。对构筑物的结构、防火防爆、通风照明、生产卫生等，以及设备装置可能发生的高温高压、触电断电、腐蚀爆炸、检修故障、操作运转等情况进行清查，以防失误和不当等带来的危害，防止不安全状态发生。

（3）生产工艺过程及危害作业部位。对工艺过程中的物料配送、温度压力、环境条件、控制操作等，以及对粉尘、毒物、噪声、振动、辐射、高温、低温等有害作业部位进行系统辨识，特别是各种专业人员要发挥自身特长，在辨识中起到寻找危险源的作用。

（4）管理体制、应急计划及安全卫生设施。总结过去的经验，抓好管理，定期检查、修订重大事故应急救援预案和更新相关设施，保证安全生产和销售，为持续安全平稳发展打下坚实的基础，构造一个关注安全、关爱生命的和谐环境。

（5）生产期间的人机因素、生理心理、社会环境等。人员在进行某项操作时，其工艺过程的复杂性、作业环境的影响、人员自身的熟练程度等人机因素会影响人的精神状态；此外，如经常加班加点、兼职工作、操作控制的单调性、频繁轮班等都会对人员的安全生产造成影响。然而，当从业人员自我感觉良好、保持稳定的情绪、自信地进行工作时，不但能提高效率，还能减少失误，可以消除人的不安全行为。人除了受工作中某些因素的影响外，还有其他因素也会有影响，如工资、待遇、地位等引起的矛盾，以及工作调动、降职、降级、解雇、家庭矛盾等都会使人的心理发生变化，当员工处于危险工作状态时非常容易发生失误，造成事故。因此，应采取合理的措施，消除人的不安全因素。

进行危险源辨识时也可列出一份问题的提示单，例如：

——在平地上滑倒（跌倒）；

——人员从高处坠落；

——工具、材料等从高处坠落；

——头上空间不足；

——与手提或搬运工具、材料等有关的危险源；

——与装配、试车、操作、维护、改型、修理和拆卸装置、机械有关的危险源；

——车辆危险源，包括场地运输和公路运输；
——火灾和爆炸；
——对员工的暴力行为；
——可吸入的物质；
——可伤害眼睛的物质或试剂；
——可通过皮肤接触和吸收而造成伤害的物质；
——可通过摄入（如通过口腔进入体内）造成伤害的物质；
——有害能量（如电、辐射、噪声、振动）；
——由于经常性的重复动作而造成的与工作有关的上肢损伤；
——不适当的热环境（如过热）；
——照明度；
——易滑、不平坦的场地或地面；
——不适当的楼梯护栏或手栏；
——合同方人员的活动。

上面所列并不全面，必须根据其工作活动的性质和工作场所的特点编制危险源提示单。

总之，整个辨识过程要坚持"横向到边、纵向到底、事无巨细、面面俱到"的原则，并做多方面的考虑。例如当某一岗位经常发生事故或事件时，不但要从装置设备上、工艺流程上找原因；还应对环境、管理、制度等因素进行考虑，如负荷、体位、精神、心理等人机方面；还有个性、生活等方面的影响也是导致事故发生的原因之一，只有全面多方位的进行因素考虑，才能更好地辨识和确认其危险，为下一步危险源控制工作做充分细致的准备。

八、辨识结果处理

1. 对辨识结果进行评价

评价方法目前已开发出数十种评价方法，每种评价方法的原理、目标、应用条件、适用的评价对象、工作量均不尽相同,各有其特点和优缺点。按其评价方法的特征一般可分为定性评价和定量评价。

(1) 定性评价。定性评价是根据人的经验和判断能力对生产工艺、设备、环境、人员、管理等方面的状况进行评价,如安全检查表法。

(2) 定量评价。定量评价是利用系统事故发生概率和事故严重程度来评价。如作业条件危险性评价法等。

通过评价,可得出危险源的风险级别。

2. 采取控制措施

根据危险源风险级别,制定相应的风险控制措施计划。如表6-1给出了一个简单的风险控制措施计划。

表6-1 风险控制措施计划

风险水平	风险控制措施
不需评审即可接受的风险	勿需采取措施且不必保留文件记录
有条件接受的风险	通过评审决定是否需要另外的控制措施,如需要,应考虑投资效果更佳的解决方案或不增加额外成本的改进措施。同时,需要通过监测来确保控制措施得以维持
不希望有的风险	应努力降低风险,但应仔细测定并限定预防成本,应在规定时间期限内实施风险减少措施。在该风险与严重事故后果相关的场合,必须进行进一步的评价以更准确地确定该事故后果发生的可能性,以确保是否需要改进控制措施
不可接受的风险	直至风险降低后才能开始工作。为降低风险有时必须配给大量资源。当风险涉及正在进行中的工作时,就应采取应急措施

3. 汇总备案

对辨识出危害、危险因素应进行汇总并填写《危险源辨识风险评价清单》（表 6-2），经确认后备案。

表 6-2　危险源辨识风险评价清单

单位：　　　　　　　　　　　　　　　　　　　　　　　年　月　日

序号	作业活动	危害事件	三种状态			三种时态			伤害对象	危险等级	不可承受
			正常	异常	紧急	过去	现在	将来			
1											
2											
3											
4											

填表人：

第二节　危险点控制管理

一、危险点控制管理的概念

危险点指生产过程中，可能发生事故，造成人员死亡或重伤，设备系统造成重大损失的生产现场。危险点、危害点、事故高发点，这"三点"是班组安全生产的要点、主控点和注意点，有效地控制了"三点"，班组安全生产就有了把握。因此，控制"三点"是班组安全建设的又一具体办法。

危险点控制法（以下简称"控制法"），是指在生产（工作）区域内，把重点设备、重点部位、重点岗位可能发生事故的危险源点及隐患排查出来,并有针对性的建立科学预防控制体系,达到"群策群治",实现超前防范,确保生产安全的一种方法。

二、危险点控制管理的性质和特点

危险点控制管理即综合应用各种管理方法和技术,对危险点的人、物、环境、管理等各方面要素进行统筹规划,加以管理控制,发现、识别、预防、消除危险点的潜在危险因素,防止发生重大事故,保证生产的顺利进行。

1. 突出重点的管理

由于危险点是潜在危险因素发生频率高,且一旦发生事故后果非常严重的生产现场,因此只要消除、控制了危险点的危险因素,就能防止发生人身、设备的重大事故。这就抓住了企事业单位安全工作的主攻方向,解决了事故预防的主要矛盾,从而使安全生产有了基本保证。

由于突出了安全工作的重点,就可以把企事业单位的人、财、物力集中起来,解决危及安全的关键要害问题,从而有利于加强技术装备的基础建设,提高本质安全水平。只有抓住了重点,才能推动企事业单位安全管理水平的普遍提高。

2. 全面系统的管理

危险点控制管理是把整个危险点作为一个完整的系统,它所包含的人员、设备、环境、信息、机构、章法等都是分系统、子系统。它从制度建设、人员培训、设备管理、环境整治、信息反馈、隐患整改、考评奖惩等各个方面全面统筹,综合治理,使之协调配合,取得危险点的整体安全效应。

对整体安全目标的追求,势必导致对各方面管理要素提出高的要求,从而有助于实现安全管理的标准化、规范化和科学化,推进企事业单位安全管理水平的全面提高。

3. 预防为主的管理

危险点控制管理要求以系统安全分析和危险性评价作为基本手段，对危险点的潜在危险因素进行识别、分析、评价，通过科学检查、信息反馈、隐患整改等措施，提前设防，把危险因素消灭在萌芽阶段，从而大大提高了安全管理的主动性、科学性和有效性。

综上所述可见，危险点控制管理体现了系统原理的管理思想，它把传统的安全管理经验与现代的安全科学理论和方法有机地结合起来，有助于推进安全管理的科学化和现代化。可以说它是安全管理工作的一项突破，其现实作用和长远影响都是重大的。

三、危险点排查及确认的依据

(1) 有易燃、易爆、易发生火灾危险的场所。
(2) 有碰撞、搁船、吊船的危险部位。
(3) 有易漏电、触电伤害危险的场所。
(4) 有机械运转、有起吊作业易致人伤害的部位。
(5) 事故易发、频率较高的岗位、场所。

四、"三点"管理与控制

(一) "三点"的管理

(1) 凡控制点均应设置统一标牌，表明控制点名称、级别、易发生事故因素、危害，控制内容和方法，考核标准与检查周期，具体责任人等，以便于落实责任和检查监控。

(2) 对不同级别的控制点，必须坚持"谁分管、谁负责"和"谁在岗、谁检查"的原则，做到层层把关，责任到人，突出重点，分级监控。

(3) 凡设置控制点的场所，所在岗位人员均应熟悉和掌握控制内容、控制方法与防范措施，必须严格执行操作规程，杜绝"三违"现象发生。

(4) 控制点的管理必须坚持经常化、制度化、规范化，应纳入安全生产目标管理范畴，对不同级别的事故隐患、危险点，由各单位根据自身实际情况制定具体管理实施细则。

(5) 建立检查记录台账。对检查出的事故隐患，应及时下发《整改通知书》，督促整改。对不能及时整改的，要制订方案，限期整改。

(二)"三点"的控制

1. 危险点的控制

危险点是指相对于其他作业点更危险的岗位。危险点固有的危险性使它成为安全控制的重点。危险点发生事故的概率很大，但并不表明它时时、处处要发生事故，只要安全措施到位、防范办法周密，是可以把危险点变成非危险点的，这就要求班组在如何控制危险点上下功夫。危险点控制措施有以下 10 点。

(1) 编制危险点应急救援预案；

(2) 所有危险点的作业人员必须安全培训教育合格，取证后方能上岗；

(3) 对危险点的巡检，班组长至少每天两次；

(4) 对危险点必须设立监控、监测措施，有条件的实行计算机管理；

(5) 火灾危险点必须配备消防水泵和数量足够的消防灭火器材；

(6) 危险点现场必须有明显的安全标志和安全标牌；

(7) 危险点现场必须保持畅通的安全通道；

(8) 危险点的设备设施要设有良好的防雷接地装置和防洪排水设施；

(9) 危险点现场必须使用防爆电器；

(10) 危险点每年必须向厂部或集团公司以及当地政府报告其运行情况。

2. 危害点的控制

危害点和危险点一样,是相对于其他作业点更具危害性的作业点。危害点具有危害性,如化工企业有毒有害气体岗位就是危害点,毫无疑问它是班组安全生产的控制点。要控制危害点的危害性,除了设计的安全性以外,还必须使班组的每个成员了解危害物质的性质、预防的办法、紧急情况下的应急措施等。

(1) 编制危害点应急救援预案;

(2) 所有危害点的从业人员必须经过专业的安全教育,取证后方能上岗;

(3) 对危害点的巡检,班组长至少每班两次,操作人员每小时一次;

(4) 危害点配足过滤式防毒面具,每个点至少配两具氧气呼吸器;

(5) 危害点现场必须配有压力表、温度计、液位计等就地监测设施;

(6) 危害点严禁储罐超储、库房超存、工艺过程超压;

(7) 危害点的操作场所配备一定数量的便携式可燃气体、有毒有害气体监测仪;

(8) 危害点现场通道保持通畅;

(9) 危害点现场必须使用防爆电器;

(10) 危害点现场保持整洁、清洁、文明。

3. 事故高发点的控制

顾名思义,事故高发点就是指这个点曾经发生过事故或多次发生过事故,这样的点就是班组安全生产的控制点。"前事不忘,后事之师",对于事故高发点,除了采取切实可行的措施外,主要是吸取事故教训、杜绝重复性事故的发生。

(1) 要在事故高发点现场挂上警示牌,说明这个点曾经多次发生过事故,警示大家要引以为戒;

(2) 重新审定操作规程，针对已发事故的分析结果改进操作方式；

(3) 对事故高发点加强监控和安全检查频率；

(4) 对事故高发点加强设施和装备，如增加安全设施、改进工作环境等；

(5) 把事故高发点作为现场安全教育的基地；

(6) 对事故高发点建立健全三个系统：一是组织保障系统，二是人员职责系统，三是管理功能系统。

第三节 危险作业控制管理

易燃易爆区域动火、登高、起重吊装、挖掘、能源介质停送等作业为高风险作业，作业过程中容易发生生产安全事故。为了落实对这些危险作业的系统控制、过程监管，有效防范各类事故的发生，必须对这些危险作业进行管理，保障危险作业过程的安全有序。为了寻求有效的安全管理方法，将现代管理手段逐渐引入安全管理之中，推行危险作业分级控制管理，坚持安全生产的科学管理，可使事故发生率始终保持在较低水平。尤其在如建筑安装工程这一类高危行业中开展危险作业辨识及分级控制管理是一种行之有效的好方法。

一、危险作业概述

1. 概念

危险作业是指容易造成严重伤害事故和财产损失的作业。主要是指临时性作业、非生产性作业以及劳动条件恶劣的作业。如拆除房屋，砍伐树木，清扫作业场所，立体交叉作业，易燃易爆场所附近动火，机械设备的检查、修理、注油，重大设备的拆迁、吊运、安装，特大特重零部件的制造、搬运、吊装，大型设施的修理或改造，设备故障的紧急抢修，易燃易爆有毒物品的处置，高处、沟坑、水上、容器或其他有限空间内的作业，压力容器的耐压试验、气密试验，爆破作业，带电作业，高温、严寒、辐射作业等。特种作业和外出作业也应作为危险作业来对待。

2. 危险作业的特点

危险作业的基本特点是临时性、不固定性和危险性，具体表现在：

(1) 作业时间、地点不固定；

(2) 临时组织作业人员，往往彼此不够熟悉，难以做到默契配合；

(3) 作业程序不固定，不熟悉，甚至是完全生疏的；

(4) 使用的设备、工具不固定，甚至不适合，缺乏安全保障；

(5) 一般都较复杂、困难，技术要求高、危险性大。

危险作业的这些特点决定了它们比固定地点的重复性作业有更多的潜在危险。如不认真对待，加强过程监控管理，就往往容易发生事故，事故的后果多数比较严重。

下面以建筑安装工程行业为例介绍危险作业分级管理控制。

二、危险作业的分级确定

(一) 危险作业的分级依据

美国学者格雷厄姆和金尼提出的作业危险性三因素：发生事故的可能性 (L)；人在危险环境中出现的频率 (E)；发生事故后可能产生的后果 (C)。作业危险性 (D)：

$$D = L \times E \times C$$

根据工业设备安装工程的特点和十多年来的伤亡事故统计分析，将三种因素分成不同的等级，并赋予相应的分数值，如表 6-3 所示。

表 6-3 三因素赋值表

发生事故的可能性		人在危险环境中出现的频率		发生事故可能产生的后果	
因素等级	分数值(L)	因素等级	分数值(E)	因素等级	分数值(C)
必然发生	10	连续频繁出现	10	大灾难（10人以上死亡）	100
很可能	6	每天数次出现	6	灾难（数人死亡）	40
可能	3	每周数次再现	4	非常严重（1人死亡）	16
很少可能	1	每周出现一次	3	严重（严重致残）	7
极少可能	0.5	每月出现一次	2	重大（手足伤残）	5
极不可能	0.2	每年出现一次	1	较大（受伤较重）	3
不可能	0.1	极难出现	0.5	引人注目（轻伤）	1

根据表6-3对三因素赋值进行确定，就可以得出作业危险性总分。作业危险性总分的等级评估如表6-4所示。

表 6-4 作业危险性总分的等级评估表

危险等级	A级	B级	C级
总分（D）	>100	50~100	<50

A级：重大危险作业；B级：中级危险作业；C级：一般危险作业。

（二）危险作业的分级范围及其级别的确定

以某安装工程为例，根据现场的地形地貌情况及该工程的整个安装工程的工艺及作业类别，进行作业危险性三因素分析，如表6-5所示。

表 6-5 某安装公司作业危险性三因素分析

序号	危险作业事故	作业活动	潜在危险因素	L	E	C	D	级别
1	高处坠落	季节性施工	雨天、雪天进行高处作业，未采取可靠的防滑、防寒和防冻措施	1	3	3	9	C
		四口护设	未按规定设置防护设施或设施遭破坏；通道口无防护棚，防护不严或防护不牢固，材质不符合要求，临边、洞边防护不严	6	3	40	720	A
		变动防护设施	因作业必须拆除或变动安全防护设施而未采取补救措施或作业后未立即恢复	1	3	3	9	C
		临边作业	未搭设防护栏杆或搭设防护栏杆不符合规范要求	6	3	16	288	A
		攀登作业	使用梯子及其他攀登措施有缺陷或作业人员自身失误	6	3	7	126	A
		悬空作业	未设置牢靠的立足点或立足处未设置相应的防护栏网、栏杆或其他安全设施	6	3	16	288	A
		高处作业	离基准面 2 m 以上作业无可靠立足点、无操作平台、无使用梯子、无防护设施	6	3	16	288	A
2	起重伤害	设备吊装	超载吊装，超重安全装置失灵，起吊重物的绳索不符合要求，钢丝绳、吊钩等不符合安装技术要求，制动装置失灵，主要部件严重磨损；起重机械紧急开关、信号装置失灵、起重安装装置失灵；违章操作：吊车无合格证书、司机无证上岗、不按吊装方案实施	6	3	40	720	A

续表

序号	危险作业事故	作业活动	潜在危险因素	作业危险性评价				级别
				L	E	C	D	
2	起重伤害	钢结构（钢屋架工程吊装）	吊车制动装置欠缺，起吊重物的绳索不符合要求，绑扎不符合要求，钢丝绳、吊钩等不符合安全技术要求；起重安全装置失灵；违章指挥、违章操作；吊车无合格证书、司机无证上岗、不按吊装方案实施	6	3	40	720	A
3	触电	机械加工	未做保护接零、无漏电保护器，不能迅速切断保险或自动开关跳闸	6	2	7	84	B
		一般电焊作业	无保护接零、无漏电保护器，电线老化或破皮未包扎	6	2	5	60	B
		钢结构加工	未使用防护用品、未按要求接地	6	2	7	84	B
		高空电焊作业	作业地点与高压线之间不符合安全距离，隔离措施不符合要求，物件触及高压线等，无保护接零、无漏电保护	6	2	16	192	A
		潜水泵作业	未做保护接零、无漏电保护器	6	3	16	288	A
		管道制作	无保护接零，无漏电保护	6	2	16	192	A
		容器制作	无保护接零，无漏电保护	6	2	16	192	A
		配电箱防护	无防雨措施，未设"一机一闸"	6	3	16	288	A

续表

序号	危险作业事故	作业活动	潜在危险因素	L	E	C	D	级别
3	触电	电器调试	未戴防护用品、违章操作	6	3	16	288	A
		现场照明	潮湿作业，未使用安全电压	6	3	16	288	A
4	坍塌	土方开挖	防护不当，基坑上口堆载，无支护方案，未及时监测	6	3	5	90	B
		管沟开挖	基坑开挖未按规定放坡、固壁支撑；基坑边坡顶部超载或受到震动；施工方法不正确，开挖程序、超标高挖土、支撑设置或拆除不正确，排水措施不力	6	3	5	90	B
		搭设落地式钢管外脚手架	主杆基础不平、不实、缺少底座、垫木未设置纵横向扫地杆，轴线到边坡距离小于500 mm，基础无排水措施，与建筑物连墙件未按规范设置或间距不符	6	3	7	126	B
		搭设悬挑式钢管脚手架	外挑杆与建筑物结构连接不牢固，悬挑梁安装不符合规定要求，杆件直径、型钢规格及材质不符合要求	6	3	7	126	A
		毛竹脚手架搭设	毛竹架材质不符合要求，未按规范及方案要求搭设	6	3	5	90	B
		外脚手架拆除	拆除前未对脚手架扣件连接、连墙支撑体系进行符合性检查；将连墙件整层或数层拆除后再拆脚手架，分段拆除高差大于2步未增加连墙件加固	6	3	7	126	A

针对工业设备安装工程的特点，经过上述各种危险源作业危险性条件分析，可得出该工程施工中的各级危险状态如下。

1. A级危险作业

(1) 高处危险作业

①四口护设；②临边作业；③攀登作业；④悬空作业；⑤高处作业。

(2) 起重伤害危险作业

①设备吊装；②钢结构（钢屋架）工程吊装。

(3) 坍塌危险作业

①搭设落地式钢管外脚手架；②搭设悬挑式钢管脚手架；③外脚手架拆除。

(4) 触电危险作业

①高空电焊作业；②潜水泵作业；③管道制作；④容器制作；⑤配电箱防护；⑥现场照明；⑦电器调试。

2. B级危险作业

(1) 坍塌危险作业

①土方开挖；②管沟开挖；③毛竹脚手架搭设。

(2) 触电危险作业

①机械加工；②一般焊接作业；③钢结构加工。

3. C级危险作业

高处坠落危险：①季节性施工；②变动防护设施。

根据该工程施工中各阶段的各个危险源及级别，并上报安全管理部门，经公司安委会审定，最后确定该工程施工过程中的A级危险作业、B级危险作业和C级危险作业。

三、危险作业的分级控制管理

(一) 危险作业的分级管理原则

(1) 各级危险作业都要明确落实责任人。A级危险作业责任人由分公司主管安全的领导担任，B级危险作业责任人由工程项目部负责人担任，C级危险的责任人由岗位班组长担任。

（2）各级危险作业都要明确落实定期检查人。定期检查人分别由危险作业责任人指定，报安全管理部门备案，定期检查人确定后要保持相对稳定。

（3）各级危险作业都要明确定期检查的标准（内容）、检查频率（周期），报安全管理部门备案，并由安全管理部门统一编号。各级危险作业的责任人应定期组织，其检查人员对危险作业实施定期检查，并将检查情况等填入"危险作业检查登记表"。

（4）检查人员在检查过程中，发现重大事故隐患应立即报告责任人和安全管理部门。责任人要认真研究、落实措施，及时消除隐患，并组织复查，复查结果报安全管理部门，有些重大事故隐患因受条件限制，不能短期内解决的，责任人必须采取可靠的临时防护措施，并报安全管理部门研究处理。

（5）A、B两级危险作业按要求悬挂统一制作的"危控点"标志牌，牌上写明危险作业名称、编号、责任人、检查人。

（6）各工程项目部要负责绘制该工程施工过程中危险作业分布图及时段，报安全管理部门备案。

（7）各级组织的安全检查活动都必须将危险作业列为检查重点之一。

（8）各级危险作业的操作人必须认真学习本岗位的专业安全技术知识，熟练掌握本岗位安全操作规程，熟悉紧急情况下的应急处理措施，努力提高对事故的应变和处理能力。

（二）危险作业的人员组织

危险作业多为临时组织作业人员，常因彼此不熟悉，配合不默契而引发事故。因此，一方面应规范危险作业的人员组织，应选派有相应工种施工、操作经验的人员从事危险作业，并且人员配备（人数、工种、技术水平等）应合理。另一方面，应加强对危险作业人员的管理,对作业人员实施跟踪监督管理,强化作业前的培训与安全教育,特殊工种人员必须有安全操作证。危险作业人员服装、佩戴劳动保护用品要规范等。危险作业人员组织中,应安排有专门安全监护人员,负责进行作业现场的安全监护管理。

(三)现场作业监护管理

危险作业的现场监护管理应根据危险作业的特点来制定,应使作业程序规范化、设备与工具使用规范化、作业(施工)现场规范化,确保作业按操作规程进行以及安全措施的落实。

1. 作业程序规范化

危险作业程序包括申请、审批、作业、监督、总结等过程,整个程序一定要严格、规范。对于危险性大的危险作业(如动火作业),应严格执行作业证制度。

需要进行危险作业的部门应首先提出申请,说明要求作业的理由、时间、地点、规模和作业内容。申请应逐级进行,即班组向车间,车间向厂部提出申请。

作业审批,根据作业的危险等级由车间级或厂级进行审批。审批应主要由安全生产管理部门负责,并按安全检查表进行。作业审批合格后,取得作业证,明确作业时间,参加作业人员,作业分工以及指定作业负责人和作业监护人。

在开始作业前,应做好检查工作的准备。准备工作包括:作业前的培训,熟悉作业标准,掌握安全要点和异常情况的对策等;作业现场的清理整顿;工具设备准备;服装护具准备;确定并熟悉作业中的指挥、联络方式等。作业前的检查包括:自检、领导检查和安技人员检查。检查合格后才能开始作业。作业中,指挥人员和作业人员均应严格按预定方案要求进行;监护人员应在作业现场进行监督检查,以确保作业安全。

2. 设备与工具使用的规范化

作业中使用的设备与工具应严格按施工设计要求配备，并严格进行检查。检查内容包括：设备、工具完好情况、作业场所清理整顿情况、作业环境中的危险因素情况、安全防护装置、安全标志配备情况等。

3. 施工（作业）组织设计的规范化

施工（作业）组织设计是整个施工或作业中的指导性文件，也是危险性作业开工前必须做的一项重要工作，因此应严格按有关规程要求进行，并做好技术交底。

4. 作业（施工）现场的规范化

危险性作业很多带有临时性，其作业（施工）现场的布设、安全防护、作业过程等，通常不像固定地点的重复性作业那样规范，这也是造成危险性作业事故多的主要原因之一。因此，应加强对作业（施工）现场的管理，使之规范化。作业环境布置及防护要规范化，应根据作业内容，合理确定各种设备、构件等大件吊装的走向路线；作业中需临时拆卸的栏杆、扶梯和翻移开的格栏板等部位，应及时拉上警示拦绳，铺垫行走跳板；作业中的各种工艺孔、洞必需加防护盖或围栏；使用的电焊机，废物箱等设备或物体，必须放在现场安全员指定位置，不影响施工人员的安全通道；对所有使用的高压线应悬挂明显警示标志，对氧气、乙炔气胶管应架空，防止破损造成事故隐患，高空作业下部应设置警戒区域，拉好防护拦绳。

作业（施工）现场监护管理要规范化，专职安全员应负责施工作业现场的安全监护管理、监督、检查，对立体交叉作业负责下部人员的监护。现场作业人员的行为，必须符合生产经营单位制定的安全管理规章制度、规定的要求，作业人员必须按规范佩戴安全帽，高处作业必须系好保险带等防坠落的劳动保护用品。严禁高处向下抛物。吊装作业专职人员应对索具等部件进行检查。

(四) 交叉结合的监控管理

1. 交叉结合的概念与特点

两个系统交接的位置为交叉结合处,可划分为硬交叉和软交叉两种类型。

硬交叉主要是指由于空间位置、工艺、作业区等引起的交叉结合。空间位置方面,指两个物体的交界处,如两台设备之间交界处,车间与车间之间的交界处,立体交叉作业中的上层与下层之间交界处,运输或搬运中两条运输路线的交叉处,车间、厂房、厂区出入口处等均属于空间结合部。从更微观的角度来说,如电线接头处,电线与开关的连接处,机械零部件处等也均属于空间交叉结合。工艺方面,指生产经营过程中,从原材料的下料到生产出产品,通常需要许多工艺流程,有的工艺流程之间还需要对材料或半成品进行转运,这样各工艺流程段之间就构成了工艺交叉结合。作业区方面,指两种性质不同的作业区域之间的交界处。作业场所布置中,通常将相同性质的作业集中在同一区域,一个作业场所可能有几种性质不同的作业区域,这样各个作业区域之间就构成了作业交叉结合。

软交叉也称为工作交叉,主要是指由于时间、工作职责、管理职责而引起的交叉结合。时间交叉是指两段时间的交接时刻,由于作业不连续形成的时间段变化而出现。如作业中的交接班过程,开、停工过程,设备重新启动过程等均属于时间交叉结合。管理中通常采取划分区域,分片负责的方法进行管理,各个管理区之间形成交叉结合;不同生产经营单位在同一作业区域进行生产经营活动的业务交叉;不同部门对同一项工作分工的职责交叉;出租与承租之间的职责交叉等,都属于软交叉结合。

交叉结合属于突变点,具有不连续性。在系统能量流动、物质流动和信息流动过程中,交叉结合处相当于一个转运点,容易造成能量、物质和信息的逸散。交叉结合处通常是系统比较薄弱的环节，可靠性较差，容易触发事故。电气事故中很多是由于连接部位不可靠而引起的；机械运行中，也常出现由于零部件连接失效或破损、松脱而引发事故。交叉结合处是系统从一种状态进入另一种状态的转折点，由于状态参数的突然变化，也常诱发事故。对于半交叉结合，常因工作、管理职责不清而形成工作、管理的"盲区"或"真空"区。因此，交叉结合处是一个危险区域，容易引发事故，必须加强过程监控管理。

2. 交叉结合的控制与管理方法

（1）技术控制法

根据交叉结合处特点，可采用以下控制技术措施。

隔离防护法：采用隔离装置，如防护网、罩、护栏等将交叉结合区域范围加以封闭隔离，防止人员进入交叉结合区而发生事故。

限制法：交叉结合处是能量、物质、信息的转运点，通过降低物体的运行速度，可降低其危险性。如搬运设备进出车间出入口时降低速度运行。又如车辆通过交叉道口时慢速行驶。

分流法：即在能量通道上采取措施，设立安全通道，防止人员进入能量通道上。如在运输交叉口处设人行天桥、立交桥，人车分道，防止人与车、车与车相撞。

连锁法：即通过在交叉结合处装设安全连锁装置，当人员进入交叉结合处时，使运动物体不能进入。

警示法：可采用两种警示法。一是在交叉结合显著位置设置安全标志牌或安全标志照明；二是设置声、光报警系统，人员一旦进入交叉结合处，系统就发出警报，提醒人员迅速离开。

上述方法可组合使用，以提高控制的可靠性。

（2）管理控制法

实行定点、定人管理：根据交叉结合的危险性等级，对危险性大的交叉结合应指定专人管理。尤其是对于管理交叉结合类，一定要明确交叉结合区域界线，明确管理范围，实行包干制，避免出现管理盲区。

加强对交叉结合及其防护装置的安全检查：管理人员应定时检查交叉结合的异常情况，以及防护装置的有效性。尤其是设置声光报警系统的交叉结合，应经常检查报警系统是否有效，其灵敏性如何，对于不符合安全要求的报警系统应及时修理或更换。

加强对作业人员的宣传教育：让作业人员了解交叉结合的危险性，避免进入危险的交叉结合区域，或减少在危险交叉结合内逗留时间。

明确职责：明确交叉结合相关单位、部门、人员的职责，督促各方面认真履行职责。

指定人员监护：对于危险性较大的交叉结合，在特定时间里指定专人进行监护。如道路交叉道口，在上下班时人员车辆集中，为避免事故应指派专人进行监护。

3. 共同区域生产经营活动的安全协调

不同生产经营单位在同一区域内作业的交叉结合，如果协调不好，很容易导致事故发生。《安全生产法》第四十五条规定："两个以上生产经营单位在同一作业区域内进行生产经营活动，可能危及对方生产安全的，应当签订安全生产管理协议，明确各自的安全生产管理职责和应当采取的安全措施，并指定专职安全生产管理人员进行安全检查与协调。"

当两个或两个以上的生产经营单位在同一作业区域进行生产经营活动或施工作业时，由于是两个平等的法律主体关系，其中的任何一个单位都不能直接以行政管理的方式去影响另一方。因此，只能通过签订安全生产管理协议的方式来协调两个平等法律主体的关系，明确各自的安全生产管理职责和应当采取的安全措施。在生产经营活动或施工中，各方应指定专职安全生产管理人员进行安全检查与协调。

第四节　危险预知活动

危险预知活动是针对施工特点和工艺过程，以危险源为对象，以生产班组为基本单位，一般在班前开展的一项安全教育和训练活动。其目的是通过工人自己的调查，分析当天作业可能出现的不安全因素，采取切实措施，起到预防事故发生的目的。

这是一种群众性的"自我管理"活动。在安全管理活动中，领导对下级的指示固然重要，但仅限于此，管理上有一定限度，而开展危险预知活动就是基于"从基层来"的思路，使领导与群众相结合，能够进一步实现提高安全管理的效率。

（一）危险预知活动的主要作用

危险预知活动能唤起全体生产人员对安全的重视，增强对危险的敏感性、识别能力和预知能力；对与不安全行为相关的事故有积极预防作用。这样能提高工人之间的团结协作精神，增强生产人员独立思考安全问题、防止危险隐患的能力。

预知危险活动能锻炼职工以下能力：①预知自己周围存在着危险的能力；②能检查安全和发现异常的能力；③能注意到自己可制造出来的危险因素的能力，即对"蛮干、懒惰、漫不经心"有自我戒备的能力；④执行正确行为的能力。

（二）预知危险的基本思路

危险预知活动开展前，要对职工进行危险预知活动知识和操作方法的培训，开展危险预知活动时每组应不超过 10 人。活动前先说明活动的目的和概要，然后按读资料、记录、发言进行分工。活动主要通过用事故案例或作业插图进行自由讨论，来提高工人对危险的感受力，自我控制行动。

通过危险预知活动，能锻炼员工控制感情水平、价值观水平、智能水平，使之与安全行动连接起来。如图 6-2 所示。

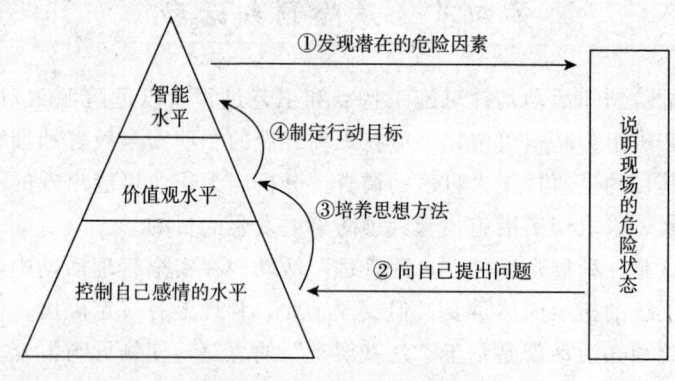

图 6-2　危险预知三种水平

（1）控制感情的水平与人的基本意识、感情和以我为主的行动相连接。

（2）控制价值观的水平，对自己的善恶做价值判断。

（3）控制智能的水平，意味着行动目的的知识和技术水平，能控制行动。

（三）危险预知活动步骤

危险预知活动一般分为四个阶段进行。

（1）认识现状阶段：即抓事实，以生产班组为单位，采取个人与集体相结合的方式，从现状中发现危险因素，要追查潜在的危险，并指明危险因素可能导致的事故现象。例如，把部分吊件绑在一起吊这一事实，造成的结果是导致吊件脱落、砸伤工人。

（2）追究主要危险阶段：即深究原因，追究本质。从所发现的所有危险因素中找出最重要的因素，并反复用"为什么"来追究真正的原因。

（3）确定对策阶段：即立措施。针对主要危险因素，提出可能实施的具体对策，不是不做"什么"而是要做"什么"的措施，重点是行动的内容和步骤。

（4）设定目标阶段：即制定行动目标。简明扼要地表明措施的重点，并将最重要的实施对策作为行动目标进行管理，与目标管理相结合，对工人进行总结和评价。最后全体人员一起高喊设定的目标。

第五节 安全检查和隐患排查治理

一、安全检查

安全检查是安全生产管理工作中的一项重要内容，是保持良好的作业环境，消除事故隐患，防止伤亡事故和职业病的重要手段，是企业安全工作的信息源。班组安全检查对安全工作的促进很大。通过经常性和规范性的安全检查，可以及时发现和查明各种"险情"和"隐患"，并采取相应的措施，加以有效地防范和整改，化险为夷；可以及时监督各项安全规章制度和操作规程的贯彻实施，及时制止违章作业，确保安全生产的实现。

（一）班组安全检查的目的

开展班组安全生产检查，就是根据上级有关安全生产的方针、政策、法令、指示、决议、通知和各种标准，运用系统工程的原理和方法，识别生产活动中存在的物的不安全状态、人的不安全行为，以及生产过程中潜在的职业危害。

检查是手段，整改是目的。因此在检查中要做到三个百分之一百：即百分之百登记，百分之百上报，百分之百整改，从而达到消除和控制各种危险因素，防止伤亡事故和职业病发生的目的。

（二）班组常用的安全检查形式

班组安全检查形式较多，按检查人员划分有自检（自我检查）、互检（互相检查）、专检（专人检查）；按检查内容划分有普通检查、专业检查；按时间划分有季节检查、节假日检查和"三检制"（指班前、班中、班后进行安全检查）等。

1. 安全监护制

根据本班组作业实际和特点，建立健全互相监护的检查制度。例如2人以上同时作业，应实行"大技工负责制"，不允许一人单独作业。多人同时作业时，指定专人监护和监督检查。

2. 定期检查制

定期每周进行一次安全检查，可结合安全日活动进行，并作为安全活动日的内容之一。由班组长组织安全员、技术员及有关人员对班组安全工作状况进行检查，发现和处理各种隐患及违章行为。检查内容主要包括三个方面，即人、物、环境。具体地说，一是检查人的安全思想是否牢固，安全管理有否薄弱环节，安全管理规章制度是否完善，作业人员的操作是否符合安全规程、作业指导书及工艺等要求；二是检查物，即机具设备是否处于安全状态，是否存在缺陷及不完善的情况；三是检查周围环境是否存在不安全因素，地下、地面、空中的环境，对作业是否要采取特殊安全措施。

3. 危险确认制

危险确认制，就是针对本班组作业中的危险项目、要害部位和关键环节，研究和制订相应的对策，使人人确认和知晓，以便在作业中进行重点检查、重点防范，达到趋夷避险、安全生产的目的。

4. "三检制"

班前检查，其目的是为了督促工人穿戴好防护用品，并对现场和机械器具等进行检查，以便及时清除作业环境中的事故"隐患"。班中检查，主要是为落实安全作业措施，及时制止或纠正违章作业行为，消灭事故苗子。班后检查主要是清理作业现场，做到工完场清，不留隐患。

(三) 班组安全检查的内容

1. 检查职工是否树立"安全第一"的思想

安全责任心是否强,是否掌握安全操作技能和自觉遵守安全技术操作规程以及各种安全生产制度,对于不安全的行为是否敢于纠正和制止,是否严格遵守劳动纪律,是否做到安全文明生产,是否正确、合理穿戴和使用个人防护用品、用具。

2. 检查本班组是否贯彻了党和国家的方针政策和法规制度

对安全生产工作的认识是否正确,是否建立和执行了班组安全生产责任制,是否贯彻执行了安全生产"五同时",对伤亡事故是否坚持做到了"三不放过",特种作业人员是否经过培训、考核、凭证操作,班组的各项安全规章制度是否建立与健全,并严格贯彻执行。

3. 检查生产现场是否存在物的不安全状态

(1) 检查设备的安全防护装置是否良好。防护罩、防护栏(网)、保险装置、连锁装置、指示报警装置等是否齐全灵敏有效,接地(接零)是否完好。

(2) 检查设备、设施、工具、附件是否有缺陷。制动装置是否有效,安全间距是否合乎要求,机械强度、电气线路是否老化、破损、超重吊具与绳索是否符合安全规范要求,设备是否带"病"运转和超负荷运转。

(3) 检查易燃易爆物品和剧毒物品的贮存、运输、发放和使用情况,是否严格执行了制度,通风、照明、防火等是否符合安全要求。

(4) 检查生产作业场所和施工现场有哪些不安全因素。有无安全出口,登高扶梯、平台是否符合安全标准,产品的堆放、工具的摆放、设备的安全距离、操作者安全活动范围、电气线路的走向和距离是否符合安全要求,危险区域是否有护栏和明显标志等。

4. 检查职工在生产过程中是否存在不安全行为和操作

(1) 检查有无忽视安全技术操作规程的现象。比如:操作无依据、没有安全指令、人为损坏安全装置或弃之不用，冒险进入危险场所，对运转中的机械装置进行注油、检查、修理、焊接和清扫等。

（2）检查有无违反劳动纪律的现象。比如：在作业场所工作时间嬉戏、打闹、精神不集中、脱岗、睡岗、串岗；滥用机械设备或车辆等。

（3）检查日常生产中有无误操作、误处理的现象。比如：在运输、起重、修理等作业时信号不清、警报不鸣；对重物、高温、高压、易燃、易爆物品等作了错误处理；使用了有缺陷的工具、器具、起重设备、车辆等。

（4）检查个人劳动防护用品的穿戴和使用情况。比如：进入工作现场是否正确使用防护服、帽、鞋、面具、眼镜、手套、口罩、安全带等；电工、电焊工等电气操作者是否穿戴超期绝缘防护用品、使用超期防毒面具等。

（5）及时发现并积极推广安全生产先进经验。安全生产检查不仅要查出问题，消除隐患，而且还要发现安全生产的好典型，并进行宣传、推广，掀起学习安全生产经验的热潮，进一步推动安全生产工作。

二、隐患排查治理

隐患是安全生产各种矛盾问题的集中表现，是违反安全生产法律法规、规章制度、标准规程的形态和行为，是滋生事故的土壤。隐患存在于企业生产经营活动的全过程，旧的隐患治理了，还可能产生新的隐患。因此，我们治理隐患的工作是长期的、艰巨的、复杂多变的，持之以恒地抓好事故隐患、治理排查工作是非常有必要的。

1. 安全隐患排查治理遵守的原则

安全隐患排查治理遵循"三全"和"四到位"的原则，"三全"

即安全隐患排查要做到"全员、全方位、全过程",范围要涵盖生产的所有环节、所有过程和所有人员,避免出现安全管理的死角和盲点。"四到位"即安全隐患治理要安全技术措施到位、安全保证措施到位、强制执行措施到位和安全培训措施到位,避免在隐患治理过程中再发生事故。

2. 安全隐患排查规范化操作流程

(1) 安全隐患排查及信息上报

班组应每天坚持对本区队作业范围安全隐患进行排查,每天把排查结果报告队(厂)车间;队(厂)各专业每旬组织对本专业的安全隐患排查,排查结果筛选后报告上级领导,同时报告公司安监部;厂长每月组织一次重大安全隐患的专项排查,排查结果每季度由集团公司汇总并向当地安全监察机构报告。集团公司安监部每月组织一次以安全隐患排查治理为主的专项检查,每旬对各厂上报安全隐患信息筛选、统计、分析,并向集团公司有关领导报告。

(2) 安全隐患的分类及认定

把安全隐患按性质分为重大安全隐患、一般安全隐患和生产过程中的特殊生产工艺(指生产过程中遇到的一些特殊情况,在生产中容易发生事故的安全薄弱环节)三类。重大安全隐患的认定要严格按照国家有关规定进行认定,一般隐患和特殊生产工艺严格按照公司所规定的认定标准进行认定。

3. 隐患排查治理方式

工作要做到如下"四个结合":

(1) 坚持把隐患排查治理工作与安全专项整治结合起来,解决影响安全生产的突出矛盾和问题。

(2) 坚持与日常安全监管执法结合起来,严格安全生产许可,加大打"三非"(非法建设、生产、经营)、反"三违"(违章指挥、违章作业、违反劳动纪律)、治"三超"(生产企业超能力、超强度、超定员,运输企业超载、超限、超负荷)工作力度。

(3) 坚持与加强企业安全管理和技术进步结合起来,强化安全标准化建设和现场管理,加大安全投入,推进安全技术改造,夯实安全管理基础。

(4) 坚持与加强应急管理结合起来,建立健全应急管理制度,完善事故应急救援预案体系,落实隐患治理责任与监控措施,严防整治期间发生事故。

4. 隐患排查治理内容

在整个安全检查过程中,抓隐患整改是关键环节,容不得半点马虎。为了防止走过场,隐患整改应遵守"三定四不推"的原则。"三定",指隐患整改要定人员、定措施、定期限;"四不推",指对于检查出来的隐患,凡自己能解决的,班组不推给车间或工程队;车间不推给厂部或工程公司;厂部不推给主管局或总公司;主管局不推给省、市、区、部。在此基础上,全面排查治理各生产经营单位及其工艺系统、基础设施、技术装备、作业环境、防控手段等事故隐患,以及安全生产体制机制、制度建设、安全管理体系、责任落实、劳动纪律、现场管理、事故查处等薄弱环节。

(1) 安全生产法律法规、规章制度、规程标准贯彻执行情况;

(2) 安全生产责任制建立及落实情况;

(3) 高危行业安全生产费用提取使用、安全生产风险抵押金交纳、安全与保险互动等经济政策的执行情况;

(4) 企业安全重要设施(装备)和关键设备(装置)的完好状况及日常管理维护、保养情况,劳动防护用品的配备和使用情况;

(5) 危险性较大的特种设备、危险物品的存储容器、运输工具的完好状况及检测检验情况;

(6) 存在较大危险因素的生产经营场所以及重点环节(部位)的重大危险源普查建档、风险辨识、监控预警制度措施落实情况;

(7) 事故报告、处理及对有关责任人的责任追究情况;

(8) 安全基础工作及教育培训情况,特别是企业主要负责人、安全管理人员和特种作业人员的持证上岗情况以及生产一线职工（包括农民工）的教育培训情况，以及劳动组织、用工等情况；

（9）应急预案制订、演练和应急救援物资、设备配备及维护情况；

（10）新建、改建、扩建工程项目的安全"三同时"（安全设施与主体工程同时设计、同时施工、同时投产和使用）执行情况；

（11）道路设计、建设、维护及交通安全设施设置等情况；

（12）对企业周边或作业过程中存在的易由自然灾害引发事故灾难的危险点排查、防范和治理情况等。

5. 注重隐患整改登记复查

安全检查的信息反馈，一般是以表格或文字形式进行。隐患整改通知单集检查整改指令和反馈信息于一表，在紧急情况下，只需在整改意见栏写明停工整改内容和要求，便可起到类似于"安全指令书"的作用。对于整改结果，需要经过相关部门的检查认可并给出评价结论。对于效果好的整改项目，应总结经验予以推广，效果不好的，要分析原因找到问题症结，重新整改。

安全检查发现的隐患必须逐项登记，登记时应按专业分类进行，根据隐患危险程度、投资的大小、整改的难易程度分为大、中、小等级，按先后主次组织进行整改。总的要求是坚持边检查边整改的原则，对短期不能解决的重大安全缺陷要进行专题研究，务必做到条条有着落、件件有交代、项项有结果。

安全检查应与安全奖惩结合起来。对于在安全检查工作中认真细致、避免重大事故发生的有功人员要及时表扬奖励。对已查出隐患，特别是有可能激发事故的隐患，无故拖延不整改或造成事故的责任者要及时上报，严肃处理。

第七章 事故现场应急处置和急救

在任何工业活动中都有可能发生事故,尤其是随着现代工业的发展,生产过程中存在的巨大能量和有害物质,一旦发生重大事故,往往造成惨重的生命、财产损失和环境破坏。由于自然或人为、技术等原因,当事故或灾害不可能完全避免的时候,建立重大事故应急救援体系,组织及时有效的应急救援行动,已成为抵御事故风险或控制灾害蔓延、降低危害后果的关键甚至是唯一手段。

第一节 事故应急救援基础知识

一、事故应急救援体系

(一) 事故应急救援的基本任务及特点

1. 事故应急救援的基本任务

事故应急救援的总目标是通过有效的应急救援行动,尽可能地降低事故的后果,包括人员伤亡、财产损失和环境破坏等。事故应急救援的基本任务包括下述几个方面。

(1) 立即组织营救受害人员,并组织撤离或者采取其他措施保护危害区域内的其他人员。抢救受害人员是应急救援的首要任务。在应急救援行动中,快速、有序、有效地实施现场急救与安全转送伤员,是降低伤亡率、减少事故损失的关键。

(2) 迅速控制事态,并对事故造成的危害进行检测、监测。测定事故的危害区域、危害性质及危害程度。及时控制住造成事故的危险源是应急救援工作的重要任务。只有及时地控制住危险源,防止事故继续扩展，才能及时有效地进行救援。特别对发生在城市或人口稠密地区的化学事故，应尽快组织工程抢险队与事故单位技术人员一起及时控制事故继续扩展。

(3) 消除危害后果，做好现场恢复。针对事故对人体、动植物、土壤、空气等造成的现实危害和可能的危害，迅速采取封闭、隔离、洗消、监测等措施，防止对人的继续危害和对环境的污染。及时清理废墟和恢复基本设施，将事故现场恢复至相对稳定的状态。

(4) 查清事故原因，评估危害程度。事故发生后应及时调查事故的发生原因和事故性质，评估出事故的危害范围和危险程度，查明人员伤亡情况，做好事故原因调查，并总结救援工作中的经验和教训。

2. 事故应急救援的特点

(1) 不确定性和突发性

不确定性和突发性是各类事故、灾害与事件的共同特征，大部分事故都是突然爆发，爆发前基本没有明显征兆，且一旦事故发生，发展蔓延迅速，甚至失控。因此，要求应急行动必须在极短的时间内在事故的第一现场做出有效反应，在事故产生重大灾难后果之前采取各种有效的防护、救助、疏散和控制事态等措施。

为保证迅速对事故做出有效的初始响应，并及时控制住事态，应急救援工作应坚持属地化为主的原则，强调地方的应急准备工作，包括建立全天候的昼夜值班制度，确保报警、指挥通信系统始终保持完好状态，明确各部门的职责，确保各种应急救援的装备、技术器材、有关物质随时处于完好可用状态，制定科学有效的突发事件应急预案等措施。

(2) 应急活动的复杂性

应急活动的复杂性主要表现在：事故、灾害或事件影响因素与演变规律的不确定性和不可预见的多变性；众多来自不同部门参与应急救援活动的单位,在信息沟通、行动协调与指挥、授权与职责、通信等方面的有效组织和管理;应急响应过程中人员的反应、恐慌心理、过激等突发行为复杂性等。这些复杂因素的影响,给现场应急救援工作带来了严峻的挑战,应对应急救援工作中各种复杂的情况做出足够的估计,制定出随时应对各种复杂变化的相应方案。

应急活动的复杂性另一个重要特点是现场处置措施的复杂性。重大事故的处置措施往往涉及较强的专业技术支持,包括易燃、有毒危险物质、复杂危险工艺以及矿山井下事故处置等,对每一行动方案、监测以及应急人员防护等都需要在专业人员的支持下进行决策,因此,针对生产安全事故应急救援的专业化要求,必须高度重视重大事故的专业应急救援力量、专业检测力量和专业应急技术与信息支持等的建立和完善。

(3) 后果易猝变、激化和放大

安全事故、灾害与事件虽然是小概率事件,但后果一般比较严重,能造成广泛的影响。应急处理稍有不慎,就可能改变事故、灾害与事件的性质,使平稳、有序、和平状态向动态、混乱和冲突方面发展,引起事故、灾害与事件波及范围扩展,卷入人群数量增加和人员伤亡与财产损失后果猝变、激化与放大。造成失控的状态,不但迫使应急呼应升级,甚至可导致社会性危机出现,使人们陷入巨大的动荡与恐慌之中。因此,重大事故(件)的处置必须坚决果断,而且越早越好,防止事态扩大。

因此,为尽可能降低重大事故的后果及影响,减少重大事故所导致的损失,要求应急救援行动必须做到迅速、准确和有效。

(二) 事故应急救援的相关法律法规要求

近年来,我国政府相继颁布的一系列法律法规,如《安全生产法》《突发事件应对法》《危险化学品安全管理条例》《关于特大安全事故行政责任追究的规定》《特种设备安全监察条例》等,对危险化学品、特大安全事故、重大危险源等应急救援工作提出了相应的规定和要求。

《安全生产法》第十八条规定，生产经营单位的主要负责人负责组织制定并实施本单位的生产安全事故应急救援预案。第三十七条规定，生产经营单位对重大危险源应当登记建档，进行定期检测、评估、监控，并制定应急预案，告知从业人员和相关人员在紧急情况下应当采取的应急措施。第七十八条规定，生产经营单位应当制定本单位生产安全事故应急救援预案，与所在地县级以上地方人民政府组织制定的生产安全事故应急救援预案相衔接，并定期组织演练。

《突发事件应对法》从法律层面明确了我国统一领导、综合协调、分类管理、分级负责、属地为主的应急管理体制，以制度的形式建立了预防与应急准备、监测与预警、应急处置与救援等方面的机制，促进了党委领导下的行政领导责任制的进一步落实，从而在法律上确立了应急管理工作的基本制度。

《危险化学品安全管理条例》第六十九条规定："县级以上地方人民政府安全生产监督管理部门应当会同工业和信息化、环境保护、公安、卫生、交通运输、铁路、质量监督检验检疫部门，根据本地区实际情况，制定危险化学品事故应急预案，报本级人民政府批准。"第七十条规定：危险化学品单位应当制定本单位危险化学品事故应急预案，配备应急救援人员和必要的应急救援器材和设备，并定期组织演练。

《关于特大安全事故行政责任追究的规定》第七条规定："市（地、州）、县（市、区）人民政府必须制定本地区特大安全事故应急处理预案。"

《特种设备安全监察条例》第六十五条规定，特种设备使用单位应当制定事故应急专项预案，并定期进行事故应急演练。

《使用有毒物品作业场所劳动保护条例》第十六条规定："从事

使用高毒物品作业的用人单位，应当配备应急救援人员和必要的应急救援器材、设备，制定事故应急救援预案，并根据实际情况变化对应急预案适时进行修订，定期组织演练。事故应急救援预案和演练记录应当报当地卫生行政部门、安全生产监督管理部门和公安部门备案。"

《职业病防治法》规定："用人单位应当建立健全职业病危害事故应急救援预案。"

《消防法》规定："消防安全重点单位应当制定灭火和应急疏散预案，定期组织消防演练。"

（三）事故应急的过程

尽管重大事故的发生具有突发性和偶然性，但重大事故的应急管理不只限于事故发生后的应急救援行动。应急管理是对重大事故的全过程管理，贯穿于事故发生前、中、后的各个过程，充分体现了"预防为主，常备不懈"的应急思想。应急管理是一个动态的过程，包括预防、准备、响应和恢复四个阶段。

1. 预防

在应急管理中预防有两层含义，一是事故的预防工作，即通过安全管理和安全技术等手段，尽可能地防止事故的发生，实现本质安全；二是在假定事故必然发生的前提下，通过预先采取的预防措施，达到降低或减缓事故的影响或后果的严重程度，如加大建筑物的安全距离、工厂选址的安全规划、减少危险物品的存量、设置防护墙以及开展公众教育等。

2. 准备

应急准备是应急管理过程中一个极其关键的过程，它是针对可能发生的事故，为迅速有效地开展应急行动而预先所做的各种准备，包括应急体系的建立、有关部门和人员职责的落实、预案的编制、应急队伍的建设、应急设备（施）与物资的准备和维护、预案的演练、与外部应急力量的衔接等，其目标是保持重大事故应急救援所需的应急能力。

3. 响应

应急响应是在事故发生后立即采取的应急与救援行动,应包括事故的报告与通报、人员的紧急疏散、急救与医疗、消防和工程抢险措施、信息收集与应急决策和外部求援等。其目标是尽可能抢救受害人员,保护可能受威胁的人群,尽可能控制并消除事故。

4. 恢复

恢复工作应在事故发生后立即进行,首先应使事故影响区域恢复到相对安全的基本状态,然后逐步恢复到正常状态。要求立即进行的恢复工作包括事故损失评估、原因调查、清理废墟等。在短期恢复工作中,应该注意避免出现新的紧急情况。长期恢复包括厂区重建和受影响区域的重新规划和发展,在长期恢复工作中,应吸取事故和应急救援的经验教训,开展进一步的预防工作和减灾行动。

(四) 事故应急救援体系的建立

1. 事故应急救援体系的基本构成

由于潜在的重大事故风险多种多样,所以相应每一类事故灾难的应急救援措施可能千差万别,但其基本应急模式是一致的。构建应急救援体系,应贯彻以事件为中心,以功能为基础、分析和明确应急救援工作的各项需求,在应急能力评估和应急资源统筹安排的基础上,科学地建立规范化、标准化的应急救援体系。

一个完整的应急体系应由组织体制、运作机制、法制基础和应急保障系统四部分构成,如图7-1所示。

2. 事故应急救援体系响应程序

事故应急救援系统的应急响应程序按过程可分为接警、响应级别确定、应急启动、救援行动、应急恢复和应急结束等过程,如图7-2所示。

(1) 接警与响应级别确定

接到事故报警后,按照工作程序,对警情做出判断,初步确定相应的响应级别。如果事故不足以启动应急救援体系的最低响应级别，则响应关闭。

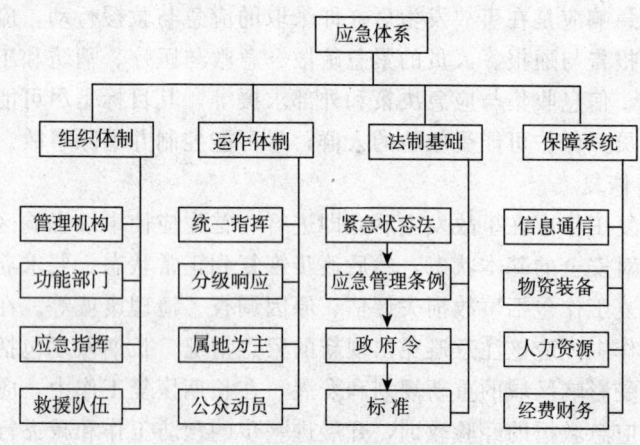

图 7-1 应急救援体系基本框架

（2）应急启动

应急响应级别确定后，按所确定的响应级别启动应急程序，如通知应急中心有关人员到位、开通信息与通信网络、通知调配救援所需的应急资源（包括应急队伍和物资、装备等）、成立现场指挥部等。

（3）救援行动

有关应急队伍进入事故现场后，迅速开展事故侦察、警戒、疏散、人员救助、工程抢险等有关应急救援工作，专家组为救援决策提供建议和技术支持。当事态超出响应级别无法得到有效控制时，向应急中心请求实施更高级别的应急响应。

（4）应急恢复

救援行动结束后，进入临时应急恢复阶段，该阶段主要包括现场清理、人员清点和撤离、警戒解除、警后处理和事故调查等。

（5）执行应急关闭程序，由事故总指挥宣布应急结束。

第七章 事故现场应急处置和急救

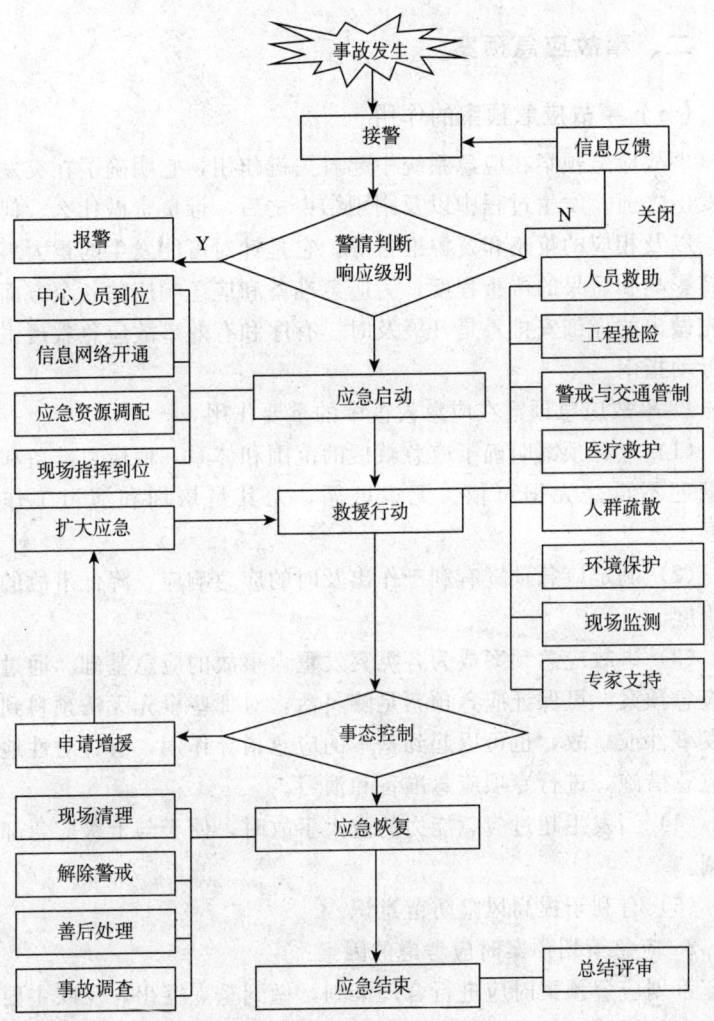

图 7-2 重大事故应急救援体系响应程序

二、事故应急预案

(一) 事故应急预案的作用

事故应急预案在应急系统中起着关键作用,它明确了在突发事故发生之前、发生过程中以及刚刚结束之后,谁负责做什么、何时做,以及相应的策略和资源准备等。它是针对可能发生的重大事故及其影响和后果的严重程度,为应急准备和应急响应的各个方面所预先做出的详细安排,是开展及时、有序和有效事故应急救援工作的行动指南。

1. 事故应急预案在应急救援中的重要作用

(1) 应急预案明确了应急救援的范围和体系,使应急准备和应急管理不再是无据可依、无章可循,尤其是培训和演习工作的开展。

(2) 制定应急预案有利于作出及时的应急响应,降低事故的危害程度。

(3) 事故应急预案成为各类突发重大事故的应急基础。通过编制应急预案,可保证应急预案足够灵活,对那些事先无法预料到的突发事件或事故,也可以起到基本的应急指导作用,有针对性地制订应急措施,进行专项应急准备和演习。

(4) 当发生超过应急能力的重大事故时,便于与上级应急部门协调。

(5) 有利于提高风险防范意识。

2. 应急策划预案时应考虑的因素

策划应急预案时应进行合理策划,做到重点突出,反映主要的重大事故风险,并避免预案相互孤立、交叉和矛盾。策划重大事故应急预案时应充分考虑下列因素:

(1) 重大危险普查的结果,包括重大危险源的数量、种类及分布情况,重大事故隐患情况等。

(2) 本地区的地质、气象、水文等不利的自然条件（如地震、洪水、台风等）及其影响。

(3) 本地区以及国家和上级已制定的应急预案的情况。

(4) 本地区以往灾难事故发生情况。

(5) 功能区布置及相互影响情况。

(6) 周边重大危险可能带来的影响。

(7) 国家及地方相关法律法规的要求。

(二) 现场事故应急救援预案的编制

现场事故应急救援预案应由生产经营单位负责编制。

1. 事故应急救援预案编制的依据

生产经营单位在编制事故应急救援预案前，首先应对本单位的重大危险源进行辨识，然后对重大危险源的潜在事故和事故后果进行分析，根据重大危险源的潜在事故和事故后果分析来编制事故应急救援预案。因此，编制事故应急救援预案的依据就是危险源的潜在事故和事故后果分析。

重大危险源的辨识可参照《危险化学品重大危险源辨识》（GB 18218—2009）进行。

潜在事故和事故后果分析就是系统地确定和评估重大危险源究竟会发生什么事故和可能导致什么紧急事件，产生什么严重后果，危害程度如何等。

生产经营单位所作的危险源事故后果分析包括以下内容：

(1) 可能发生什么样的事故类型，应包括可能发生的最严重事件；

(2) 导致那些最严重事件发生的过程；

(3) 对潜在事故的描绘（如容器爆炸、管道破裂、安全阀失灵、火灾等）；

(4) 对泄漏物质数量的预测（有毒、易燃、爆炸）；

(5) 对泄漏物质扩散的计算（气体或液体蒸发）；

(6) 有害效应的评估(毒、热辐射、爆炸波);
(7) 非严重事件可能导致严重事件的时间间隔;
(8) 如果非严重事件被中止,它的规模如何;
(9) 事件之间的联系;
(10) 每一个事件的后果。

为了完善事故应急救援预案,要重点分析重大危险源所存在的危险物质的危险性,可从生产厂家附带的危险物质说明书中获得危险物质的特性。

2. 编制事故应急救援预案的原则

(1) 生产经营单位事故应急救援预案应针对那些可能造成本单位、本系统人员死亡或严重伤害;设备和环境受到严重破坏而又具有突发性的灾害。如火灾、爆炸、毒气泄漏等。

(2) 事故应急救援预案应以努力保护人身安全为第一目的,同时兼顾设备和环境的防护,尽量减少灾害的损失程度。

(3) 事故应急救援预案应包括对紧急情况的处理程序和措施。

(4) 事故应急救援预案应结合实际,措施明确具体,具有很强的可操作性。

(5) 事故应急救援预案应符合国家法律、法规的规定。

3. 事故应急救援预案的内容

在重大危险源潜在事故及事故后果的分析基础上,就可着手进行事故应急救援预案的编制。事故应急救援预案主要有以下内容。

(1) 潜在事故性质和规模及影响范围

包括对潜在事故危险的性质和规模及紧急情况发生时的可能关系及影响范围进行预测和评估。

(2) 危险报警

①生产经营单位应设置报警装置以保证将任何突发的事故或紧急情况迅速通知给所有有关工人和非现场人员,使其能迅速做出相应决定。

②生产经营单位应保证所有工作人员熟悉报警步骤，以确保能尽快采取措施，控制事态发展。

③生产经营单位应根据危险设施规模考虑是否建立紧急报警系统。

④在需要安装报警系统时，应在多处安装报警装置，并达到一定的数量，以保证报警系统正常、有效工作。

⑤在噪声较严重的地方，生产经营单位应考虑安装显示性报警装置，以提醒现场工作人员。

⑥在工作场所报警系统报警时，为能尽快通知场外应急服务机构，生产经营单位应保证建立一个可靠的通信系统。

(3) 通信联络方法

①与生产经营单位内部和事故应急救援预案相关人员的通信联络方法，包括召集重大危险源其他部位或非现场的主要人员到达事故现场的联络方法。

②与场外事故应急救援预案实施机构进行联系的方法，包括与场外事故应急指挥中心和应急救援服务机构的联络方法等。

③与当地安全生产监督管理部门及主管部门的联络方法等。

(4) 应急控制系统

生产经营单位在编制事故应急救援预案中应建立应急控制中心，应急控制中心负责指挥和协调处理紧急情况，保证事故应急救援预案的顺利执行。其主要要求如下。

①应急控制中心的地点。应把应急控制中心设在较安全的地方；应考虑建立辅助应急控制中心，因为主控制中心也可能会因事故影响而瘫痪。

②应急控制中心的组成。一般包括总指挥和指挥部成员，总指挥由生产经营单位法人代表担任。指挥部成员应包括具备完成某项任务的能力、职责、权力及对应急资源（如应急设备、设施、物质、消防部门、医疗部门等）进行协调的人员。指挥部成员直接领导各

下属应急专业队,并向总指挥负责,由总指挥协调各队工作的进行。

③应能够顺利接收外部信息,具有向事故现场及现场外管理人员发送指令的能力。

一般情况下,控制中心应包括如下设施和资料。

①数量充足的内线和外线电话;

②无线电和其他通信设备;

③危险物质数据库:危险物质名称、数量、存放地点及其物理化学特性;

④救援物资数据库:应急救援物资和设备名称、数量、型号大小、存放地点、负责人及调动方式;

⑤重大危险源示意图,图中应注明:存放大量危险物质的地方、救援设备存放点、消防系统和附近水源、污水管道和排水系统、重大危险源的进口和道路状况、安全区、重大危险源的位置与周边地区的关系;

⑥测量风速、风向的设备;

⑦个人防护和其他救护设备;

⑧企业职工名单表;

⑨关键岗位人员的地址和联系方式;

⑩现场其他人员名单,如承包商和参观者等;

⑪应急救援与事故处理法规标准手册;

⑫地方政府和应急服务机构的地址和联系方式;

⑬事故现场的其他人员名单,如承包者和参观者。

(5) 现场总指挥及现场管理者的职权

①现场总指挥的职权

判断是否可能或已经发生特大生产安全事故,是否要求应急服务机构帮助,并实施场外生产安全事故应急救援预案;

在安全的地方,尝试对危险设施进行直接操作、控制;

继续调查和评估事故的可能发展方向,以预测事故的发展过程;

指导危险设施的全部或部分停止运行,并与现场事件管理人员和关键岗位的人员配合,指挥危险源现场人员撤离;

应重视所有事故造成的伤害;

与消防人员、地方政府和政府安全监管人员保持密切联系;

在危险源现场实施交通管制;

对难以解决的紧急情况做出安排;

向新闻媒体公布权威信息;

在事故紧急状态结束之后,安排恢复受事故影响地区的正常秩序。

②现场事故管理人员的职权

评估事故的规模,决定需要内部或外部应急机构;

建立应急步骤以确保人员的安全,减少设施和财产的损失;

在消防队到来之前,直接参与救护和灭火活动;

安置受伤人员,寻找失踪人员;

安排无关人员撤离到安全地带;

设立与应急中心的通信联系点;

在现场主要管理人员到来之前代理其职责;

如有必要,应给应急服务机构提供建议和信息;

现场事故管理人员应能从穿着上容易辨认。

(6) 现场人员的行动准则

现场人员应准确知道自己在事故应急救援预案中应承担的任务(如负责抢救、监测、照顾伤员等);应规定在事故发生后现场人员的行动步骤、撤离程序等。

(7) 非现场但可能影响范围内人员的行动原则

应制定事故发生后,事故现场外人员和其他人的行动原则。

(8) 现场措施

①在存在危险设施的重大危险源内外,应制订事故现场的人员要采取的紧急补救措施。特别应包括在突发事故发生初期能采取的

紧急措施，如紧急停车等。

②无关人员可沿着标有明确标志的撤离路线到达安全区。

③指定专人记录所有到达安全区的人员，并告知应急控制中心。

④控制中心指定专人核对并区分到达安全区的事故现场和现场外人员的名单。

⑤由于现场人员会因节假日、生病等缺席发生变化，需根据当时的实际情况，核对并更新应急控制中心所掌握的名单。

⑥安排对现场人员情况进行记录，包括姓名、工作岗位、地址等，并保存在应急控制中心，定期更新。

⑦在事故后的适当时机，授权披露有关信息，并指定一名高级管理人员作为该信息的唯一发布者。

⑧事故处理结束后，在恢复现场的过程中应对进入现场的人员进行指导。

（9）设施关闭程序

生产经营单位应充分考虑复杂危险设施各个部分的内部关系，并制订紧急停止运行程序，这样当事故一旦发生时或必要时，可将危险设施停止运行。

4. 注意事项

（1）每一个重大危险源都应有一个事故应急救援预案。

（2）生产经营单位负责人应确保事故应急救援预案所需的各种资源（人、财、物）及时、迅速到达和供应。

（3）生产经营单位负责人应与应急服务机构共同评估，是否有足够的资源来执行这个预案。

（4）事故应急救援预案要定期演练，以保证先进和科学的防灾减灾设备和措施被采用。

（5）不应把事故应急救援预案作为维持重大危险源安全运行的替代措施。

(6) 在事故应急救援预案需要外部应急服务机构帮助的情况下，生产经营单位应弄清这些服务机构到现场所需的时间，然后考虑在这个时间内现场人员能否抑制事故的进一步发展。

(7) 事故应急救援预案应充分考虑一些可能发生的意外情况，如由于工作人员生病、节日和危险设施停止运行期间工作人员不在岗位时，应配备足够的人员以预防和处理事故发生。

5. 演练与修订

生产经营单位进行事故应急救援预案的演练是必不可少的，通过演习可以验证事故应急救援预案的合理性，把在演练中发现的问题及时提出解决方案，发现与实际不符合的情况，及时进行修订和完善。

生产经营单位应在现场危险设施和危险物发生变化时，及时修改事故应急救援预案。并应把对事故应急救援预案的修改情况，及时通知所有与事故应急救援预案有关的人员。

第二节　事故现场应急与自救互救

安全事故往往发生得比较突然，极易造成人员伤害和财产的损失，为了有效减少损失，这就要求当事人和现场人员要懂得事故急救的基本常识，遇事保持冷静沉着，在外来救援到来前，尽力做到自救和互救。很多情况下，及时适当的急救，能起到挽救生命，减少损失的关键作用。企业应在工人作业的现场准备临时急救药箱，配备一些日常急救药品。

一、伤害急救常识

(一) 急救包扎

伤口是细菌侵入人体的门户，如果伤口被细菌污染，就可能引起化脓甚至并发败血症，气性坏疽、破伤风等，严重影响和损害健康，乃至危及生命。所以在急救现场上如果没有条件做清创处理，一定要先进行包扎，因为及时妥善的包扎，可以达到压迫止血、减少感染、保护伤口、减少疼痛、固定敷料和夹板的目的。

包扎时，动作要轻巧、迅速、准确，做到包住伤口、严密牢固、松紧适宜。包扎时一般使用绷带进行，应注意使用绷带的原则：急救人员必须面向伤员，取适宜位置；必须先在创面覆盖干净纱布，然后使用绷带；包扎时左手拿绷带头，右手拿绷带卷，以绷带外面贴近受伤部位；包扎时应由伤口低处向上，通常是由左向右，从下到上进行缠绕；包扎绷带不宜过紧，以免引起局部肿胀，也不宜太松，以免滑脱。

（二）外伤出血急救

遇外伤出血，应根据出血部位，不同处理，一般采用加压包扎止血法。

（1）面部出血：用拇指压迫下颌角与颏结节之间的面动脉。

（2）前头部出血：压迫耳前下颌关节上方的颞动脉。

（3）后头部出血：压住耳后突起下面稍外侧的耳后动脉。

（4）腋窝和肩部出血：在锁骨上凹，胸锁乳突肌外缘向下内后方，对准第一肋骨，压住锁骨下动脉。

（5）前臂出血：在上臂肱二头肌内侧沟处，施以压力，将肱动脉压于肱骨上。

（6）手掌和手背出血：在腕关节内，即通常按脉搏的地方，找到跳动的桡动脉压住。

（7）手指出血：用另侧的手指，使劲捏住伤手的手指根部，即可止血。

（8）大腿出血：屈起其大腿，使肌肉放松，用大拇指压住腹股沟中点稍下方的动脉处，用力向后压，为增强压力，另一手的拇指可重叠压力。

（9）足部出血：两只手分别按压在足背中部动脉搏动的胫前动脉和跟骨结节与内踝之间的胫后动脉。

包扎时用干净的纱布、棉花做成软垫放在伤口上,再用力加以包扎,以增大压力达到止血的目的。此法应用普遍,效果也佳。

(三)心肺复苏术

抢救生命最重要的技术是心肺复苏术。心肺复苏术简称CPR。在日常生活中,健康人由于心脏骤停(如触电、溺水、高空坠落、交通事故、心脏疾病、自然灾害及意外事故等所造成的心脏骤停),而必须采取胸外按压、人工呼吸、心内注射、气道开放等抢救过程,使病人能在最短的时间内得救。在抢救过程中,胸外按压的位置、按压的强度以及按压的频率是否正确,人工呼吸吹入的空气量是否足够、吹气频率及其他规范动作是否正确,是抢救病人成功的关键。

1. 心肺复苏(CPR)的要点

(1)发现患者倒地,立即呼叫患者、轻拍患者肩部,判断患者意识。

(2)若无反应,说明意识已丧失(可用手指试着掐其人中),并进行CPR。

(3)立即高声呼救,并拨打急救电话120或附近医院电话。

(4)将患者转移到平坦地面或硬板上进行施救。

(5)10秒钟内同时检查呼吸和脉搏。

(6)每进行胸外心脏按压30次后进行2次人工呼吸,以此为一个循环。

2. 心肺复苏(CPR)的步骤

最新心肺复苏指南更正了CPR急救的步骤,由原来"A—B—C"的顺序改为了"C—A—B",即"心脏按压—开放气道—人工呼吸"(适用于成人、儿童、婴儿,但不包括新生儿)。

(1)C(即心脏按压)

胸外心脏按压是重建循环的重要方法,也是心肺复苏环节中非常重要的一部分。

胸外心脏按压原理：通过人工按压给停止跳动的心脏施加压力，让心脏被动泵血推动血液循环，重新激发心脏恢复自主跳动。

按压位置：施救者双肩正对人胸骨上方，先将一只手的中指定位于双侧肋弓汇合点（胸骨中、下 1/3 交界处，即肋弓凹陷处），并将食指与中指合并，将另一只手的手掌贴近第一只手的食指。男性伤病员的按压区可选择乳头连线与胸骨垂直交叉点下方一横指。

按压方法：按压时双手重叠，掌根对齐，上手扣下手，掌根着力，下手掌跷起，避免按压时面积过大损伤胸壁。腕、肘、肩上下垂直，身体上半身前倾，以上半身的力量着力在掌根上，垂直向下用掌根按压，下压深度为 5～6 cm，按压频率为每分钟 100～120 次。按压时要平稳、连续，按压与放松的时间大致相等。施救者要避免在按压间隙倚靠在患者胸上，以便每次按压后使胸廓充分回弹。按压时不要用力过猛，以防肋骨骨折或内脏损伤。

（2）A（开放气道）

清理呼吸道：将病人头侧向一方，用右手食指清理口腔内异物。

开放气道手法：仰面抬颌法、仰面抬颈法、托下颌法。

仰面抬颌法要领：用一只手按压伤病者的前额，使其头部后仰，同时用另一只手的食指及中指将下颌托起。颈部损伤者禁用，以免损伤脊髓。

（3）B（人工呼吸）

人工呼吸是急救中最常用而又简便有效的急救方法，在呼吸停止的情况下，利用人工方法使肺脏进行呼吸，让机体能继续得到氧气和呼出二氧化碳，以维持重要器官的机能。

操作方法：将患者放在平整的地板或木板上，解开患者身上过紧的衣物，如有假牙应先取出，清理畅通呼吸道。人工呼吸方法有口对口人工呼吸和口对鼻人工呼吸。

口对口人工呼吸时，用一只手将病人的鼻孔捏紧（防止吹气气体从鼻孔排出而不能由口腔进入到肺内),深吸一口气,屏气,救助人员的口唇严密地包住昏迷者的口唇(不留空隙),注意不要使气体从两边漏出,在保持气道畅通的操作下,将气体吹入病人的口腔到肺部。吹气后,口唇离开,并松开捏鼻的手指,使气体呼出。观察病人的胸部有无起伏,如果吹气时胸部抬起,说明气道畅通,口对口吹气的操作是正确的。

口对口人工呼吸注意事项:操作者口唇应与患者口唇衔接紧密,不要使气体从两边漏出。吹气要自然平和,不要用力过猛,按每分钟16~20次,800~1200 ml的肺活量进行吹气,否则可能使肺泡破裂。每次吹气时间为1~1.5秒。每次吹气量应为800 ml,充分吹气一般不超过1200 ml。吹气量少,通气不足;但吹气过多过快,会使空气进入胃引起胃扩张,导致呕吐、误吸。吹气时如果感到患者气道阻力很大,难以将气体吹入时,应该及时调整患者体位,充分开放呼吸道。

口对鼻人工呼吸与口对口人工呼吸类似,一般用于婴幼儿和口腔外伤者。

3. 心肺复苏终止指标

(1) 病人已恢复自主呼吸和心跳。

(2) 心肺复苏进行30分钟以上,检查病人仍无反应、无呼吸、无脉搏、瞳孔无回缩。

(3) 有专业医务人员到达现场。

(4) 确定病人死亡。

(四) 现场急救时对伤员的观察与检查

现场急救,受客观条件的限制,对伤员没有条件进行全面细致地检查,这就要求救护人员应该抓重点。

(1) 心跳。正常人每分钟心跳60~100次。严重创伤、大出血等患者,心跳多增快,但力量较弱,触诊时感觉脉搏细而快,心跳每分钟120次以上时多为早期休克。当患者死亡时,心跳停止。

(2) 呼吸。正常人每分钟呼吸 16~20 次，垂危患者的呼吸多变快、变浅、不规则。当患者临死前，呼吸变缓慢、不规则直至停止呼吸。

(3) 瞳孔。正常人两个眼睛的瞳孔是等大、等圆的，遇到光线照来时可以迅速收缩。当患者受到严重伤害时，两侧的瞳孔大小可能不一致，单侧可能缩小或散大。

(五) 转送伤者

一般说来，对重伤病人，应该以平卧为好，使其全身舒展，上下肢放直。再根据不同的病情，作一些适当的调整。

当把病人抬到担架上时，动作应该轻柔协调，尽量减少病人的劳累和痛苦。对于各种外伤病人，在搬动时要注意对伤处的保护，如头部颅骨外伤者应有人专门抱头，避免头部晃动；骨折的肢体应有人专门扶持。比如脊柱骨折者，由于脊柱处于不稳定状态，错误的搬运方式会加重病情甚至瘫痪，不能用背负式、托抱式或两人抬式，正确的做法是由四个人单膝跪地，一人在伤者头部，另外三人在病人同侧，分别位于病人的肩背部、腰臀部、膝踝部，双手掌均从病人背下平伸到病人对侧，四个人步调要一致，保持伤者脊柱为轴线，平稳地抬起伤者放于硬板或硬担架上，禁止用软担架。抬担架上下楼梯时，担架应当尽量保持水平位置。

在转送途中，对于危重病人应当严密注意其呼吸、脉搏，清理、通畅呼吸道。天气寒冷时，应注意病人的保温，可就地取材，以毛巾、大衣或被子包盖好病人身体，令其安静休息；如衣服潮湿时，有条件时应尽快换上干衣服。

二、外伤急救

(一) 头部外伤急救

各类生产事故中，头部外伤占很大比例，作业人员掌握一定的急救知识，有机会使受伤者转危为安。

发现受伤者，应尽快检查头部有无外伤，是否处于危险状态，不要随便移动患者，并按以下程序迅速抢救：

（1）让负伤者侧卧，头向后仰，保证呼吸道畅通。

（2）若伤者呼吸停止则进行人工呼吸，若脉搏消失则进行心脏按压。

（3）若伤者头皮出血时，可用干净纱布等直接压迫止血。

（4）如果有血液和脑脊液从鼻、耳流出，则让伤者平卧，患侧向下，即左耳、鼻流出脑脊液时左侧向下，右侧流时右侧向下。如果喉和鼻大量出血，应让受伤者的头偏向一侧，避免伤者呼吸困难导致窒息。

因头部外伤会损及大脑而掩盖其他受伤情况，因此，任何头部外伤都应十分重视，除了采取有效的急救处理，还应送往医院进一步观察。头部外伤初期可能出现暂时或部分意识丧失，常常伴有面色苍白、皮肤湿冷、呼吸较浅、脉搏较快；当意识恢复后，伤员可能忘却或根本不知道之前发生的意外，常伴有头痛、恶心、呕吐等不适。脑外伤病人一旦出现频繁呕吐、头痛剧烈和神志不清等症状，则应考虑脑部受伤严重，应速送医院诊治。

（二）胸部外伤急救

胸部外伤时，最危险的是每当呼吸时伤口有响声（即开放性气胸）。此时应立即用铝片或塑料片密封伤口，再用胶布固定，不让空气通过。密封时，只要把伤口封严即可，覆盖物不必太大。一时找不到密封用的铝片时，可立即用手捂住，患部向下侧卧，等待救护车。

胸部发生骨折会有各种各样的情形。如相连的几根肋骨同时骨折，这时受伤者一定要患部向下安静地平卧。

(三) 扭伤急救

在运动中扭伤手指,应立即停止运动。首先是冷敷,最好用冰。但一般没有准备,可用水代替。将手指泡在水中冷敷15分钟左右,然后用冷湿布包敷。再用胶布将手指固定。

腰部扭伤要静养。尽量采取舒服体位,或者侧卧,或者仰平卧,用冷水或冰袋进行冷敷,用湿冷毛巾缚在伤处,每两分钟换一次。止痛后速就医,如果处理不当,会反复发作,可能发展成椎间盘脱出。

(四) 骨折急救

如果人摔倒或受其他外伤以后,身体的某个部位疼痛剧烈、活动受限、发生畸形,或听到有摩擦音时,都有可能是骨折的体征。

第一步,要抢救伤者的生命,注意伤者的神志、呼吸和脉搏。如伤者已昏迷,应把伤者下颌托起,头偏向一侧以利口腔内分泌物排出,必要时使病人俯卧,以防分泌物或舌头后缩堵塞呼吸道而致窒息死亡。

第二步,要处理活动性出血,防止失血性休克。一般的伤口出血可用干净布类、卫生纸等局部加压包扎;四肢大血管出血,使用止血带止血。止血带可采用胶皮管、毛巾、衣服等,但不宜使用绳索,同时一定要用衣服、布类作里衬,避免直接加压皮肤,防止过松或过紧。如果短时间内不能就医,应每隔30分钟左右放松一次,以防发生肢端坏死。

第三步,固定骨折。把受伤肢体固定起来,目的是防止骨折断端刺破周围的神经、血管等组织。固定的方法可以用木板附在患肢一侧,在木板和肢体之间垫上棉花或毛巾等松软物品,再用布带绑好。松紧要适度,木板要长出骨折部位上下两个关节,做超关节固定,这样才能彻底固定患肢。

第四步,转送病人。运送骨折病人要力求做到平稳、舒适、迅速、少震动。一般情况较好的病人，估计转送过程中无生命危险者可直接送到有相应条件的医院就诊；如病情危重，则应就近医院救治，千万不可忽视病情而盲目越级转送，使病人失去抢救机会。

（五）眼外伤的自救

眼睛位于全身较暴露的部位，又是最精细而脆弱的器官。有时看似不重的眼部创伤，因处理不够及时恰当，造成极为严重的后果，甚至失明。所以，眼部受伤后正确及时的自救，可能决定最终视力的好坏。

最常见的眼外伤就是异物进入眼内。许多人此时因强烈的异物感而揉眼，这样做是不对的，有可能造成异物陷入角膜，一旦形成角膜异物，更难取出。而此时频繁眨眼，将异物驱赶至内眼角，这时再擦拭眼角就可以取出异物。其他常见的如拳击伤、车祸撞伤、异物穿通伤等，当怀疑有眼球破裂时，非专科医生不要试图打开伤眼的眼皮（眼睑）查看。尤其是穿入眼内的异物不能随意拔出，而溅入眼球内的小异物（如砂子、铁屑等），可提供样品给医生，以方便异物的取出。此时即使眼皮伤口流血不止，也不能为止血而压迫眼球，否则会造成眼内容物溢出，使视力无法挽回。应当用干净的毛巾或衣物遮挡伤处，迅速到眼科就诊。

三、烧（烫）伤急救

引起烧伤的原因有多种，主要是热力烧伤、化学烧伤、电烧伤。热力烧伤包括火焰、炽热金属造成的烧伤，也包括各种热液、蒸气所造成的烫伤；化学烧伤，常见的如硫酸、盐酸、氢氧化钾、生石灰等造成的烧伤。现场急救的首要任务是：立即脱离致伤源，最大限度地阻断致伤源对组织机体的进一步损害。烧伤的急救原则是"冲、脱、泡、盖、送"五字原则。"冲"即冲淋降温；"脱"即除去衣物；"泡"即冷疗；"盖"即创面覆盖；"送"即转送医院。

热力烧伤现场急救最基本的要求首先是迅速脱离热源，脱去燃烧的衣服或用水浇灭身上的火。可以就地打滚,靠身体压灭火苗或由他人帮助,或用被子、毯子、大衣等覆盖以隔绝空气灭火。切忌奔跑呼喊,因为奔跑会产生风,会使火越烧越旺,同时喊叫会将火焰和烟雾吸入呼吸道,加重吸入性损伤。对于小范围的局部烧伤,可以用自来水冲洗或浸泡,一方面减少热力向组织深层传导,减轻烧伤深度;另一方面可清洁创面,减轻疼痛。不要给烧伤面涂有颜色的药物,如红汞、紫药水,以免影响对烧伤深度的观察和判断,也不要将牙膏、油膏等油性物质涂于烧伤创面,以减少创面污染的机会和减轻就医时处理的难度。如果出现水泡,要注意保留,不要将泡皮撕去,同时用干净的毛巾、被单等覆盖,避免去医院途中污染。

对于危重烧伤病人,原则上应以就地治疗为主。因为危重烧伤病人休克发生率高,发生时间紧急,如果没有经过复苏补液就匆忙长途转送,错过最佳治疗时机,加上路途颠簸,使伤情恶化,加重休克。对于口渴的病人,可以少量多次口服含盐的液体,不要在短时间内服用大量的饮用水,以免引发脑水肿和肺水肿等并发症。

被蒸气或热的液体烫伤时,要立即将烫伤部位的衣服脱掉可防止烫伤加重;因触电烧伤者应立即切断电源;对于烧伤面积小者和四肢的烧伤,可用冷水冲淋或浸泡,能起到减少损害、减轻疼痛的作用。浸泡时间一般为半小时或不痛为止,胸背部烧伤的伤员,可将干净的毛巾盖在创面上,然后用凉水向上浇以减轻疼痛。

因爆炸燃烧事故受伤的伤员,创面污染严重,不要强行清除创面上的衣物碎片和污物,简单包扎后立即送往医院治疗。对于心跳、呼吸停止者,要迅速给予心肺复苏急救治疗。

常见的强碱类化学烧伤有:氢氧化钾、氢氧化钠和生石灰烧伤。急救时首先脱去浸有碱液的衣服,再用大量清水冲洗创面。使用酸性中和剂必须慎重,避免产生中和热加重烧伤。一般经大量清水冲洗后,不再用中和剂。对眼部的冲洗必须彻底,且应在第一时间对眼部进行冲洗,至少要冲洗 15 分钟,冲洗后再涂抗菌油膏;因生石灰引起的烧伤,要先清扫掉皮肤上的石灰粉,再用大量清水冲洗。千万不要将粘有大量石灰粉的伤部直接泡在水中,以免石灰遇水生热加重烧伤。

常见的强酸类化学烧伤有:硝酸烧伤、硫酸烧伤、盐酸或石炭酸烧伤。硝酸烧伤创面呈黄色痂;硫酸烧伤创面呈黑色或棕黑色痂;盐酸或石炭酸烧伤创面呈白色或灰黄色痂。急救时迅速用大量清水冲洗创面,然后可用小苏打水中和创面上的酸性物质,中和后再用大量清水彻底清洗。要特别注意第一时间对眼部进行彻底清洗。

四、溺水急救

将伤者抬出水面后,应立即清除其口、鼻腔内的水、泥及污物,用纱布(手帕)裹着手指使伤者舌头伸出口外,解开衣扣、领口,以保持呼吸道通畅,然后抱起伤者的腰腹部,使其背朝上、头下垂进行倒水。或者抱起伤者双腿,将其腹部放在急救者肩上,快步奔跑使积水倒出。或急救者取半跪位,将伤者的腹部放在急救者腿上,使其头部下垂,并用手平压背部进行倒水。

呼吸停止者应立即对其进行人工呼吸,一般以口对口吹气为最佳。心跳停止者应先对其进行胸外心脏按压。

五、中暑急救

当高温不断作用于人体,或在潮湿闷热的环境中大量活动而疲劳过度,体内散热困难,引起头痛、头晕、体温升高、恶心、呕吐、面色苍白、皮肤湿冷、心慌、呼吸困难等症状即为中暑。

中暑的急救方法:将病人搬到阴凉通风的地方平卧,解开衣领,同时用浸湿的冷毛巾敷在头部,并快速扇风。轻者一般经过上述处理会逐渐好转,再服一些人丹或十滴水。重者,除上述降温方法外，还可用冰块或冰棒敷其头部、腋下和大腿腹股沟处，同时用凉水反复擦身、扇风进行降温。上述降温处理时间不宜过长，只要病人体温下降并恢复意识即可，避免皮肤很快冷却引起皮下血管收缩，妨碍体内热量散发。神志清醒者，可喂以清凉饮料、淡盐水及人丹、十滴水或藿香正气水等清热解暑药。若病人昏迷不醒，则可用手指指端掐病人的人中穴、内关穴，促使病人苏醒。出现呕吐的，应将其头部偏向一侧，以免呕吐物呛入气管引起窒息。对于高烧不退或出现痉挛等现象的病人，在积极进行上述处理的同时，应将其尽快送往医院抢救。

经抢救清醒后的病人，必须在凉爽通风处充分安静休息，并饮用大量淡盐水以补充体液损失。此时体内的抗中暑机能处于疲劳状态，若再重回炎热的环境或进行体力活动，则后果将比上次中暑更加严重。

六、触电急救

在实际的生产过程中，经常会发生人身触电事故。触电急救必须分秒必争，因此，学会如何进行触电急救，对于每一个工人来说非常重要。下面论述有关触电急救的方法。

1. 脱离电源

一旦发现有人触电，首先要使触电者迅速脱离电源。如触电者附近有开关、插销，则应立即断开。如果没有，可用绝缘柄电工钳或干燥木柄的斧头切断电源线，要一相一相地切断，避免短路电弧伤人。如果触电者的衣服是干燥的，电线没有紧缠在身上，可利用衣服包住电线脱离电源，切不可直接触及电源。

救护时最好用一只手，站在干燥的木板、凳子上，或穿绝缘鞋进行，并注意自己的身体不要触及其他接地体。

2. 就地抢救

当伤员脱离电源后，应立即检查伤员全身情况，特别是呼吸和心跳,发现呼吸、心跳停止时,应立即就地进行胸外心脏按压。

(1) 神志清醒、呼吸心跳均自主者,伤员就地平卧,密切观察,暂时不要站立或走动,防止继发休克或心衰。

(2) 呼吸停止,心搏存在者,就地平卧解松衣扣,通畅气道,立即口对口人工呼吸。

(3) 心搏停止,呼吸存在者,应立即进行胸外心脏按压。

(4) 呼吸心跳均已停止者,则应在人工呼吸的同时施行胸外心脏按压,以建立呼吸和循环,恢复全身器官的正常运行。

(5) 处理电击伤时,应注意有无其他损伤。如触电后弹离电源或自高空跌下,常并发颅脑外伤、血气胸、内脏破裂、四肢和骨盆骨折等。如有外伤、灼伤均需同时处理。

(6) 现场抢救中,不要随意移动伤员,若确需移动时,抢救中断时间不应超过 30 秒。转送伤员去往医院途中,除应使伤员平躺在担架上并在背部垫以平硬阔木板外,应一边抢救一边护送,或靠边停车复苏,或车上进行复苏,在医院医务人员未接替前救治不能中止。

七、一氧化碳中毒急救

一氧化碳是一种无色、无味的气体,几乎不溶于水。一氧化碳进入人体后,与体内血红蛋白的亲和力比氧高 300 倍,使血红蛋白丧失了携带氧的能力和作用,对全身的组织细胞均有毒性作用,尤其对大脑皮质的影响最为严重。中毒初期表现为头痛,随之会出现头晕、眼花、恶心、心慌、四肢无力、皮肤黏膜出现樱桃红色等症状。当人们意识到已发生一氧化碳中毒时,往往为时已晚。因为支配人体运动的大脑皮质最先受到麻痹损害,使人无法实现有目的的自主活动。此时,中毒者头脑中仍有清醒的意识,想打开门窗逃出,可手脚已不听使唤。所以,一氧化碳中毒者往往无法进行有效的自救。

因一氧化碳的比重比空气略轻，故浮于上层，救助者进入和撤离现场时，如能匍匐行动会更安全。进入室内时严禁携带明火，尤其是开放煤气自杀的情况，室内煤气浓度过高，按响门铃、打开室内电灯产生的电火花均可引起爆炸。

进入室内后，应迅速打开所有通风的门窗，如能发现煤气来源应迅速控制来源，如关闭煤气开关等，但绝不可为此耽误时间，因为救人更重要。然后迅速将中毒者转移到通风保暖处平卧，解开衣领及腰带以利其呼吸顺畅。同时呼叫救护车，随时准备送往有高压氧舱的医院抢救。

在等待运送车辆的过程中，对于昏迷不醒的患者可将其头部偏向一侧，以防呕吐物误吸入肺内导致窒息。为促其清醒可用针刺或用大拇指指端掐其人中穴。若其仍无呼吸则需立即进行口对口人工呼吸。必须注意，对一氧化碳中毒的患者进行人工呼吸的效果远不如医院高压氧舱的治疗。因此，对昏迷较深的患者不应立足于就地抢救，而应尽快送往医院，但在送往医院的途中人工呼吸绝不可停止，保证大脑的供氧，防止因缺氧造成的脑神经不可逆性坏死。

八、灭火逃生常识

当发现火灾时，要迅速拨打火警电话119，报警时要讲清详细地址、起火部位、着火物质、火势大小，报警人姓名及电话号码。同时要积极进行逃生和采取有效灭火措施。可使用身边可以利用的器材进行灭火，如水和灭火器等。

（一）灭火器使用常识

1. 灭火器的分类

灭火器的种类很多，按其移动方式可分为手提式和推车式；按驱动灭火剂的动力来源可分为储气瓶式、储压式、化学反应式；按所充装的灭火剂则又可分为泡沫、干粉、卤代烷、二氧化碳、酸碱、清水等。

2. 灭火器适用范围及使用方法

(1) 泡沫灭火器

适用范围：适用于扑救一般 B 类火灾，如油制品、油脂等火灾。也可适用于如织物、纸张等 A 类火灾，但不能扑救 B 类火灾中的水溶性可燃、易燃液体火灾，如醇、酯、醚、酮等物质火灾；也不能扑救带电设备火灾及 C 类和 D 类火灾。

使用方法：使用时可手提筒体上部的提环，迅速奔赴起火地点。这时应注意不得使灭火器过分倾斜，更不可横拿或颠倒，以免两种药剂混合而提前喷出。当距离着火点 10 m 左右，即可将筒体颠倒过来，一只手紧握提环，另一只手扶住筒体的底圈，将射流对准燃烧物。在扑救可燃液体火灾时，如已呈流淌状燃烧，则将泡沫由远而近喷射，使泡沫完全覆盖在燃烧液面上；如在容器内燃烧，应将泡沫射向容器的内壁，使泡沫沿着内壁流淌，逐步覆盖着火液面。切忌直接对准液面喷射，以免由于射流的冲击，反而将燃烧的液体冲散或冲出容器，扩大燃烧范围。在扑救固体物质火灾时，应将射流对准燃烧最猛烈处。灭火时随着有效喷射距离的缩短，使用者应逐渐向燃烧区靠近，并始终将泡沫喷在燃烧物上，直到扑灭。使用时，灭火器应始终保持倒置状态，否则会中断喷射。

保养维护：手提式泡沫灭火器存放应选择干燥、阴凉、通风并取用方便之处，不可靠近高温或可能受到曝晒的地方，以防止碳酸分解而失效；冬季要采取防冻措施，以防止冻结；并应经常擦除灰尘、疏通喷嘴，使之保持通畅。

推车式泡沫灭火器使用时，一般由两人操作，先将灭火器迅速推拉到起火地点，在距离着火点 10 m 左右处停下，由一人施放喷射软管后，双手紧握喷枪并对准燃烧处；另一个人则先逆时针方向转动手轮，将螺杆升到最高位置，使瓶盖开足，然后将筒体向后倾倒，使拉杆触地，并将阀门手柄旋转 90°，即可喷射泡沫进行灭火。如阀门装在喷枪处，则由负责操作喷枪者打开阀门。

(2) 酸碱灭火器

适应范围：适用于扑救如木材、织物、纸张等 A 类物质燃烧的初起火灾，不能用于扑救 B 类物质燃烧的火灾，也不能用于扑救 C 类可燃性气体或 D 类轻金属火灾。同时也不能用于带电物体火灾的扑救。

使用方法：使用时应手提筒体上部提环，迅速奔赴着火地点。决不能将灭火器扛在背上，也不能过分倾斜，以防两种药液混合而提前喷射。在距离燃烧物 6 m 左右，即可将灭火器颠倒过来，并摇晃几次，使两种药液加快混合；一只手握住提环，另一只手抓住筒体下的底圈将喷出的射流对准燃烧最猛烈处喷射。同时随着喷射距离的缩减，使用人应向燃烧处推近。

(3) 二氧化碳灭火器

使用方法：在距燃烧物 5 m 左右，放下灭火器拔出保险销，一手握住喇叭筒根部的手柄，另一只手紧握启闭阀的压把。对没有喷射软管的二氧化碳灭火器，应把喇叭筒往上扳 70°～90°。使用时，不能直接用手抓住喇叭筒外壁或金属连线管，防止手被冻伤。灭火时，当可燃液体呈流淌状燃烧时，使用者将二氧化碳灭火剂的喷流由近而远向火焰喷射。如果可燃液体在容器内燃烧时，使用者应将喇叭筒提起。从容器的一侧上部向燃烧的容器中喷射。但不能将二氧化碳射流直接冲击可燃液面，以防止将可燃液体冲出容器而扩大火势，造成灭火困难。

推车式二氧化碳灭火器一般由两人操作，使用时两人一起将灭火器推或拉到燃烧处，在离燃烧物 10 m 左右停下，一人快速取下喇叭筒并展开喷射软管后，握住喇叭筒根部的手柄，另一人快速按逆时针方向旋动手轮，并开到最大位置。灭火方法与手提式的方法一样。

使用二氧化碳灭火器时，在室外使用的，应选择在上风方向喷射。在室外内窄小空间使用的，灭火后操作者应迅速离开，以防窒息。

(4) 干粉灭火器

适用范围：碳酸氢钠干粉灭火器适用于易燃、可燃液体、气体及带电设备的初起火灾；磷酸铵盐干粉灭火器除可用于上述几类火灾外，还可扑救固体类物质的初起火灾。但都不能扑救金属燃烧火灾。

使用方法：灭火时，可手提或肩扛灭火器快速奔赴起火地点，在距燃烧处 5 m 左右，放下灭火器。如在室外，应选择在上风方向喷射。使用的干粉灭火器若是外挂式储压式的，操作者应一只手紧握喷枪，另一只手提起储气瓶上的开启提环。如果储气瓶的开启是手轮式的，则向逆时针方向旋开，并旋到最高位置，随即提起灭火器。当干粉喷出后，迅速对准火焰的根部扫射。使用的干粉灭火器若是内置式储气瓶的或者是储压式的，操作者应先将开启把上的保险销拔下，然后握住喷射软管前端喷嘴部，另一只手将开启压把压下，打开灭火器进行灭火。有喷射软管的灭火器或储压式灭火器在使用时，开启压把的手应保持压住压把，不能放开，否则会中断喷射。

干粉灭火器扑救可燃、易燃液体火灾时，应对准火焰要部扫射，如果被扑救的液体火灾呈流淌燃烧时，应对准火焰根部由近而远，并左右扫射，直至把火焰全部扑灭。如果可燃液体在容器内燃烧，使用者应对准火焰根部左右晃动扫射，使喷射出的干粉流覆盖整个容器开口表面；当火焰被赶出容器时，使用者仍应继续喷射，直至将火焰全部扑灭。在扑救容器内可燃液体火灾时，应注意不能将喷嘴直接对准液面喷射，防止喷流的冲击力使可燃液体溅出而扩大火势，造成灭火困难。如果当可燃液体在金属容器中燃烧时间过长，容器的壁温已高于扑救可燃液体的自燃点，此时极易造成灭火后再复燃的现象，若与泡沫类灭火器联用，则灭火效果更佳。

使用磷酸铵盐干粉灭火器扑救固体可燃物火灾时，应对准燃烧最猛烈处喷射,并上下、左右扫射。如条件许可,使用者可提着灭火器沿着燃烧物的四周边走边扫射,使干粉灭火剂均匀地喷在燃烧物的表面,直至将火焰全部扑灭。

推车式干粉灭火器的使用方法与手提式干粉灭火器的使用相同。

(二)火场逃生

1. 火场逃生方法

火场逃生的原则是确保安全,迅速撤离,顾全大局,救助结合。被火灾围困的人员,要抓住有利时机,就近利用一切可利用的工具、物品,想方设法迅速撤离火灾危险区。一个人的正确行为,能够带动更多人的跟随,就会避免一大批人的伤亡。如果逃生的通道均被封死时,在无任何安全保障的情况下,不要急于采取过激的行为,以免造成不必要的伤亡。

自救与消除险情相结合。当逃生的途径被火灾封死后,要注意保护自己,等待救援人员开辟通道,逃离火灾危险区。可根据现场情况采用自救和互救。

(1)自救

迅速撤离到安全地点。撤离时关闭房间里的门窗,这样可以控制火势发展,延长逃生的时间。逃离时所经过的通道已经有了烟雾时,要用湿毛巾捂住口鼻,低身匍匐前进。烟是造成人窒息的重要原因,因此,在逃离火场时,一定要避开浓烟的威胁。

利用现有救生器材逃生。如救生袋、缓降器等自救器材,在处于火灾的情况下,可以利用它们进行逃生。

利用建筑物本身及附近的自然条件逃生。高层建筑发生火灾时,可以利用建筑物的阳台、窗口、楼顶、落水管、避雷线以及晾衣竹竿逃生。当然,这些不是所有人有能力做到的。逃生时,除了充分利用这些自然条件外,更重要的是根据个人自身的能力,在本身能力没有一定把握的情况下,千万不要贸然行事。

因地制宜，就地取材创造条件逃生。衣物是逃生时最方便利用的物品，如果楼梯已开始着火燃烧，但尚未烧断，在火势并不十分猛烈时，可以将衣物用水浸湿，披在身上，从楼上迅速冲下。

(2) 互救

互救是指在火灾事故中表现舍己救人，以帮助他人为行为目的。

自发性互救。自发性互救是指在火灾现场，在无组织无领导的情况下，群众所采取的一种自觉自愿的救助行为。如当火灾发生时高喊"着火了！"或敲门向左邻右舍报警。

有组织的互救。有组织的互救是指在火灾初期，消防人员尚未到达火场之前，由起火单位的干部和职工组织起来的互救行为。表现为火灾发生时利用喊话、广播通知、引导被火围困人员逃离险境。当疏散通道被烟火封锁时，协助架设梯子、抛绳子、递竹竿等帮助被困人员逃生。有时候还能在楼下拉起救生网、放置软体物质，救助从楼上往下跳的人员。在配置有消防器材的建筑物发生火灾中，可利用建筑物内的水带、水枪为被围人员开辟通道，帮助迅速逃离火场。

2. 火场逃生注意事项

火场逃生要迅速，动作越快越好。逃生时要注意随手关闭通道上的门窗，以阻止和延缓烟雾向逃离的通道流窜。通过浓烟区时，要尽可能以最低姿势或匍匐姿势快速前进，并用湿毛巾捂住口鼻。不要向狭窄的角落退避。如果身上衣服着火，切忌不要奔跑，火势只会越来越大。应迅速将衣服脱下，如果来不及脱掉可就地翻滚，将火压灭。

火场上不要轻易乘坐普通电梯。这个道理很简单，其一，发生火灾后，往往容易断电而造成电梯"卡壳"，给救援工作增加难度；其二，电梯口直通大楼各层，火场上烟气涌入电梯井极易形成"烟囱效应"，人在电梯里随时会被浓烟毒气熏呛而窒息。火灾刚刚发生的时候,应迅速向消防部门报警,同时积极参加初起火灾的扑救。

九、危险化学品事故的急救

危险化学品具有易燃、易爆及毒性、腐蚀性等特征,在其生产、储存、运输、经营、使用过程中极易发生具有严重破坏性的火灾、爆炸、毒物泄漏等重大事故,造成人员伤亡或者财产损失,严重威胁职工的生命和国家财产的安全。

1. 危险化学品事故特点

(1) 突发性强,不易控制

突发危险化学品灾害事故的发生原因多且复杂,比如作业操作不当、设备故障、车祸等。有时发生事故前没有明显预兆,一旦发生往往使人猝不及防,极易酿成严重灾祸。

(2) 污染环境,破坏严重

危险化学品不仅可对现场人员造成灼伤、感染、中毒等伤害,而且还会污染大气、土壤、水体、建筑物、设备,很多事故发生后,对现场的彻底洗消困难,导致残留物在较长时间内危害污染区生态环境。

(3) 救援难度大,专业性强

由于救援现场情况复杂,存在高温、剧毒等危险,同时受到风向、能见度、空间狭窄等不利因素影响,使得侦察、救人、灭火、堵漏、洗消等难度加大,风险增加。

2. 危险化学品事故应急救援的基本任务

(1) 控制危险源

首要任务是尽快控制危险源,防止危险源区扩大或加剧,要及时有效地采取闭阀、堵漏及其他抢险措施,防止有毒有害物质的迅速外泄,缩小污染范围,减轻污染程度,把事故危害降到最低限度。特别对发生在城市和人口稠密地区的化学事故,应尽快组织工程抢险队和事故单位技术人员一起及时堵源,控制危险源扩散。

(2) 及时抢救受害人员

抢救受害人员是应急救援中的重要任务,在应急救援行动中,及时、有序、有效地实施现场急救与安全转运伤员是降低死亡率,减少事故损失的关键。危险化学品事故中有毒有害物质对人体伤害作用快、毒害大,现场的早期急救是挽救中毒人员生命或减轻毒伤程度的最有效措施。

(3) 指导群众防护和组织撤离

危险化学品事故发生后,应根据有毒有害物质扩散方向和扩散范围,及时指导群众采取各种措施进行防护。对事故危害持续时间长或可能受到较大危害的区域,应及时组织群众撤离。

(4) 消除事故危害后果

危险化学品事故发生后期,对受染的空气、水源、食品、用品进行处理;对危险源地面及建筑物进行消毒;人员的洗消及其他方面的事项进行消除处理,防止对人的继续危害和环境的污染。

危险化学品事故应急救援除上述基本任务外,还涉及侦察、监测、扩散估计、环境评价及与救援直接有关的交通管制、治安保卫、消防灭火、消除堵塞等工作。

3. 危险化学品中毒事故的现场急救

(1) 中毒急救治疗的一般原则

①经呼吸道吸入中毒

呼吸道吸入中毒的急救治疗,应当首先保持呼吸道通畅。

②经皮肤吸收中毒

经皮肤吸收毒物,或腐蚀造成皮肤灼伤的毒物,应立即脱去被污染的衣物。用大量清水冲洗皮肤,也可用微温水,禁用热水。冲洗越早、越彻底越好。

(2) 中毒急救要点

发生危险化学品中毒时,急救人员应及时采取以下措施。

①将伤员迅速移离中毒现场,至空气新鲜场所给予吸氧,脱除污染的衣物,用流动清水及时冲洗皮肤,对于可能引起化学性烧伤或能经皮肤吸收中毒的毒物更要充分冲洗,一般不少于20分钟,并考虑选择适当中和剂作中和处理;眼睛有毒物溅入或引起灼伤时要优先迅速冲洗。

②保护呼吸道通畅,防止梗阻。密切观察患者意识、瞳孔、血压、呼吸等生命体征,发现异常立即处理。

③中止毒物的继续吸收。经口中毒,毒物为非腐蚀性,立即用催吐或洗胃以及导泻的办法使毒物尽快排出体外;腐蚀性毒物中毒时,一般不提倡用催吐与洗胃的方法。

④尽快排出或中和吸入体内的毒物,采取解除或对抗毒物毒性的措施。通过输液、利尿加快代谢,排毒剂和解毒剂清除吸入体内的毒物。

⑤对症治疗,支持就医治疗。保护重要器官功能,维持酸碱平衡,防止水电解质紊乱,防止继发性感染以及并发症和后遗症。

4. 危险化学品烧伤事故的现场急救

某些危险化学物质引起的皮肤和组织损害,称为化学烧伤,其病理和临床过程与热力烧伤有相似之处,故化学烧伤属一般烧伤范畴。化学物质侵入人体后,可产生局部和全身损害,其损害程度与化学物品种、浓度、接触时间长短、面积大小以及现场急救措施是否及时、准确、有效等因素有关。

化学烧伤的现场早期处理极为重要,与一般热力灼伤的原则相同,除应迅速撤离致伤环境、镇静、止痛、保护创面、抗休克、保持呼吸道通畅外,还应立即用大量流水冲洗创面,再以药物中和。常见化学烧伤创面的急救处理见表7-1。

表 7-1 化学烧伤创面的急救处理

化学物质	清洗剂	中和剂	清创要求
硫酸	水	5%碳酸氢钠溶液	
硝酸	水	5%碳酸氢钠溶液	
盐酸	水	5%碳酸氢钠溶液	
三氯醋酸	水	5%碳酸氢钠溶液	
酚	水，乙醚或酒精	5%碳酸氢钠溶液，饱和硫酸钠溶液湿敷	
氢氟酸	水	5%碳酸氢钠溶液，创面用氧化镁甘油糊膏，局部动脉注射10%葡萄糖酸钙	去除外源性脏物及剪除已破的表皮
氢氧化钠	水	0.5%～5%醋酸或5%氯化铵或10%枸橼酸	
氢氧化钾	水	0.5%～5%醋酸或5%氯化铵或10%枸橼酸	
石灰	擦去石灰粉末，然后以大量流水冲洗	0.5%～5%醋酸或5%氯化铵或10%枸橼酸	
氨水	水	0.5%～5%醋酸或5%氯化铵或10%枸橼酸	
磷	水	使用硫酸铜溶液，使磷颗粒容易清除，再用5%碳酸氢钠溶液湿敷一日，无碳酸氢钠溶液可以用湿布敷之	移除磷颗粒
氰化物		先用1：1000高锰酸钾冲洗，然后用5%硫化铵溶液湿敷	

（1）灭火。所谓"灭火"，是把化学物质尽快从烧伤的皮肤上消除。最简单而有效的灭火方法是脱去污染衣服，快速地用大量流动清水冲洗被化学物污染而受伤的皮肤和眼睛，其目的一是起稀释作用，二是清洁作用，将化学物质从创面、黏膜上冲洗干净，因此水要充足，时间要长，一般应在20分钟以上。其冲洗时间可参考被烧伤皮肤pH值恢复正常为标准。如同时伴热力烧伤，冲洗尚有冷疗的作用。头面部烧伤要注意眼、鼻、耳、口腔内的清洗，尤其是眼，应首先冲洗，动作要轻巧。有些化学物质应按其理化特性分别处理，如四氯化钛（发烟剂）、金属钠和石灰等，沾染皮肤可引起烧伤，但由于这些物质遇水后水解产生大量热更会加重皮肤烧伤，因此不能立即用水清洗，应尽快用布（或吸水纸）把化学物吸掉，再用水彻底清洗，随着持续的大量流动水冲洗，热量也可逐渐消散。

（2）解毒。根据致伤物质的性质，及时采用解毒及对抗药物的治疗，或加速化学毒物从体内排泄。在现场无法选用适当解毒剂或无法肯定何种毒物性质时，可先采用大量高渗葡萄糖及维生素C静脉注射、给氧、输新鲜血液等。如无禁忌，可及早使用糖皮质激素和利尿剂，然后根据病情及毒物选用解毒剂。同时根据化学毒物对体内受累的靶器官（产生毒作用或病变的部位），早期采用预防性治疗的对症处理，例如磷烧伤应注意保护肝、肾功能；苯酚烧伤应保护肾功能；氨烧伤应防治肺水肿及低氧血症；氯化钡烧伤应防治低血钾及心肌损害等。应注意烧伤的补液量与补液速度，并应加强医学监护，对出现任何一点微小变化的症状、体征及实验室检查，均应及时处理，防止治疗矛盾造成医源性病变。

十、爆炸事故及现场急救

爆炸是物质由一种状态迅速转变为另一种状态，在瞬间造成大量能量突然释放并对外做功的现象，它是由于限定空间的压力急剧升高的结果。火灾与爆炸这两种常见灾害之间存在着紧密联系，它们经常是相伴发生的。爆炸事故一旦发生，不仅给国家财产造成损失，而且使人民生命受到威胁。尤其是爆炸品的失控爆炸，可以造成巨大的财产损失和大量的人员伤亡。例如，1984年11月19日，墨西哥一家炼油厂发生液化石油气蒸气云爆炸，造成452人死亡，4248人受伤，附近的建筑物也受到严重破坏。随着科学技术的发展，爆炸性物品的种类越来越多，而且使用的场合也越来越广，造成的爆炸事故不断发生。

1. **爆炸事故的致伤特点**

（1）爆炸事故很容易导致冲烧毒复合伤，而冲烧毒复合伤是所有复合伤中最严重的一种，伤情最重、最难急救。离爆心越近，发生冲烧毒复合伤的机会越多。

（2）致伤因素多，伤情复杂。爆炸产生的热辐射可引起体表和呼吸道烧伤，冲击波除引起原发冲击伤外，爆炸引起的玻片和砂石可使人员产生玻片伤和砂石伤，建筑物倒塌、着火可引起挤压伤和烧伤，毒剂中毒除引起肺损伤外，有的还可引起神经系统的损伤。

（3）外伤掩盖内脏损伤，易漏诊误诊。单纯的冲击波超压致伤时，体表多完好无损，但常有不同程度的内脏损伤，即呈现外轻内重的特点。当冲击伤合并烧伤或其他创伤时，体表损伤表现很显著，此时内脏损伤却容易被掩盖，而决定伤情转归的却常是严重的内脏损伤。如果对此缺乏认识，易造成漏诊误诊而贻误抢救时机。

（4）杀伤强度大，作用时间长。爆炸事故致冲烧毒复合伤的早期，并发症凶险，晚期并发症增多；杀伤面积大，损伤部位多，造成多部位伤的比例增加；随着休克、出血、昏迷等并发症和冲击伤、多部位伤、烧伤的增多，重伤的比例也相应增加。

2. **爆炸事故现场医疗急救要点**

（1）立即阻断致伤因素，迅速脱离爆炸事故现场。热辐射烧伤时，应尽快脱去着火的衣服，如来不及脱衣服，可就地迅速卧倒，滚动压灭火焰。当有毒气体中毒时,应立即终止接触毒物,快速有效地切断毒物进入途径,伤员应立即撤至上风向的安全地域。对溅到皮肤和眼中的氮氧化物,可用大量水冲洗,眼内滴硫酸阿托品及抗菌素溶液预防眼部感染。对处在爆炸事故现场的伤员,均应考虑有冲击伤的可能性,应密切注意观察。

(2) 及早、全面诊断。爆炸事故致复合伤的部位、类型、程度,对危及生命及肢体存活的重要血管、内脏、颅脑损伤及中毒、窒息等,在休克复苏的同时,应优先处理;不危及生命或肢体存活的复合伤,应待烧伤休克及中毒症状基本被控制,全身情况稳定后再进行处理。

(3) 迅速抗休克、抗中毒治疗及纠正脑疝,同时防治肺水肿和脑水肿这类严重爆炸复合伤。例如,抗休克的重要措施为迅速建立两条以上静脉通道,进行扩容、输血及足够的氧气吸入,应在积极抗休克的同时果断手术,剖胸或剖腹探查以紧急控制来势凶猛的部位伤。

(4) 皮肤染毒,首先迅速、及时洗消是关键,再加特效抗毒药的快速应用。

(5) 紧急手术治疗的顺序,应遵循首先控制对生命威胁最大的创伤的原则来决定手术的先后。一般是按照紧急手术(心脏及大血管破裂)、急性手术(腹内脏器破裂、腹膜外血肿、开放性骨折)和择期手术(四肢闭合性骨折)的顺序,但如果同时都属急性时,应先进行颅脑手术,然后是胸、腹、盆腔脏器手术,最后为四肢、脊柱手术等。提倡急诊室内手术。对于严重复合伤伤员来说,时间就是生命,如心脏大血管损伤,手术越快越好。

(6) 对症治疗和支持疗法是冲烧毒复合伤救治的一个重要方面,其基本的原则如下。①密切观察伤情变化,特别是冲击伤引起的动脉气体栓塞、迟发性胃肠道穿孔、中毒引起的迟发性肺水肿等。②维持水、电解质及酸碱平衡,及时纠正低氧血症。③脏器功能支持,预防器官功能障碍的发生,如充分有效的复苏,清除和引流感染灶以及循环、呼吸和代谢的支持等。④适时适量补充血浆或白蛋白等。⑤有效控制抽搐与惊厥,服用维生素 B_6 仍不能控制时,可肌内注射苯巴比妥钠 0.2 g。⑥抗氧化剂的应用,如维生素 C、维生素 E、谷脱甘肽类脂酸或牛磺酸单独或联合应用,有助于减轻氮氧化物引起的肺效应。

(7) 注意爆炸事故给公众造成的心理危害。突发爆炸事故给伤员造成的精神创伤是不可忽视的。除了对伤员的救治除现场救护及早期治疗外,还要安排心理援助,对受灾人员进行心理干预,消除精神创伤。

第三节 事故报告与现场处置

一、事故报告

伤亡事故一旦发生,为了让有关部门及时掌握情况,迅速采取救援及预防等措施,必须按照有关程序及时报告。

(一) 事故报告有关法律规定

新修订的《安全生产法》规定:生产经营单位的主要负责人及时、如实报告本单位发生的生产安全事故;生产经营单位发生生产安全事故时,单位的主要负责人应当立即组织抢救,并不得在事故调查处理期间擅离职守;生产经营单位发生生产安全事故后,事故现场有关人员应当立即报告本单位负责人。单位负责人接到事故报告后,应当迅速采取有效措施,组织抢救,防止事故扩大,减少人员伤亡和财产损失,并按照国家有关规定立即如实报告当地负有安全生产监督管理职责的部门,不得隐瞒不报、谎报或者迟报,不得故意破坏事故现场、毁灭有关证据。

负有安全生产监督管理职责的部门接到事故报告后,应当立即按照国家有关规定上报事故情况。负有安全生产监督管理职责的部门和有关地方人民政府对事故情况不得隐瞒不报、谎报或者迟报；有关地方人民政府和负有安全生产监督管理职责的部门的负责人接到生产安全事故报告后，应当按照生产安全事故应急救援预案的要求立即赶到事故现场，组织事故抢救；参与事故抢救的部门和单位应当服从统一指挥，加强协同联动，采取有效的应急救援措施，并根据事故救援的需要采取警戒、疏散等措施，防止事故扩大和次生灾害的发生，减少人员伤亡和财产损失；事故抢救过程中应当采取必要措施，避免或者减少对环境造成的危害。

2007年6月1日实施的《生产安全事故报告和调查处理条例》第九条规定：事故发生后，事故现场有关人员应当立即向本单位负责人报告；单位负责人接到报告后，应当于1小时内向事故发生地县级以上人民政府安全生产监督管理部门和负有安全生产监督管理职责的有关部门报告。情况紧急时，事故现场有关人员可以直接向事故发生地县级以上人民政府安全生产监督管理部门和负有安全生产监督管理职责的有关部门报告。

（二）伤亡事故报告的要求

（1）报告内容要详细，应包括发生事故的单位、时间、地点、伤亡情况、初步分析的事故原因、报告人姓名、电话等。

（2）报告要迅速。伤亡事故发生后，应通过尽可能快的方式，立即报告有关部门。

（3）按照报告程序，逐级上报。

（三）伤亡事故报告的程序

《生产安全事故报告和调查处理条例》第十条和第十一条对事故报告的程序作了如下规定。

安全生产监督管理部门和负有安全生产监督管理职责的有关部门接到事故报告后，应当依照下列规定上报事故情况，并通知公安

机关、劳动保障行政部门、工会和人民检察院:

(1) 特别重大事故、重大事故逐级上报至国务院安全生产监督管理部门和负有安全生产监督管理职责的有关部门;

(2) 较大事故逐级上报至省、自治区、直辖市人民政府安全生产监督管理部门和负有安全生产监督管理职责的有关部门;

(3) 一般事故上报至设区的市级人民政府安全生产监督管理部门和负有安全生产监督管理职责的有关部门。

安全生产监督管理部门和负有安全生产监督管理职责的有关部门依照前款规定上报事故情况,应当同时报告本级人民政府。国务院安全生产监督管理部门和负有安全生产监督管理职责的有关部门以及省级人民政府接到发生特别重大事故、重大事故的报告后,应当立即报告国务院。

必要时,安全生产监督管理部门和负有安全生产监督管理职责的有关部门可以越级上报事故情况。

安全生产监督管理部门和负有安全生产监督管理职责的有关部门逐级上报事故情况,每级上报的时间不得超过2小时。

(四)《生产安全事故报告和调查处理条例》第十二条规定报告事故应当包括下列内容:

(1) 事故发生单位概况;

(2) 事故发生的时间、地点以及事故现场情况;

(3) 事故的简要经过;

(4) 事故已经造成或者可能造成的伤亡人数(包括下落不明的人数)和初步估计的直接经济损失;

(5) 已经采取的措施;

(6) 其他应当报告的情况。

二、事故现场处置

《生产安全事故报告和调查处理条例》第十四、十五、十六条分别对事故现场处置作了如下规定。

事故发生单位负责人接到事故报告后，应当立即启动事故相应应急预案，或者采取有效措施，组织抢救，防止事故扩大，减少人员伤亡和财产损失。

事故发生地有关地方人民政府、安全生产监督管理部门和负有安全生产监督管理职责的有关部门接到事故报告后，其负责人应当立即赶赴事故现场，组织事故救援。

事故发生后，有关单位和人员应当妥善保护事故现场以及相关证据，任何单位和个人不得破坏事故现场、毁灭相关证据。

因抢救人员、防止事故扩大以及疏通交通等原因，需要移动事故现场物件的，应当做出标志，绘制现场简图并做出书面记录，妥善保存现场重要痕迹、物证。具有以下几方面。

1. 事故现场处理

（1）事故发生后，应救护受伤害者，采取措施制止事故蔓延扩大。

（2）认真保护事故现场，凡与事故有关的物体、痕迹、状态，不得破坏。

（3）为抢救受伤害者需要移动现场某些物体时，必须做好现场标志。

2. 物证搜集

（1）现场物证包括：破损部件、碎片、残留物、致害物的位置等。

（2）在现场搜集到的所有物件均应贴上标签，注明地点、时间、管理者。

（3）所有物件应保持原样，不准冲洗擦拭。

（4）对健康有危害的物品，应采取不损坏原始证据的安全防护措施。

3. 事故事实材料的搜集

(1) 与事故鉴别、记录有关的材料;

(2) 发生事故的单位、地点、时间;

(3) 受害人和肇事者的姓名、性别、年龄、文化程度、职业、技术等级、工龄、本工种工龄、支付工资的形式;

(4) 受害人和肇事者的技术状况、接受安全教育情况;

(5) 出事当天,受害人和肇事者什么时间开始工作、工作内容、工作量、作业程序、操作时的动作(或位置);

(6) 受害人和肇事者过去的事故记录。

4. 事故发生的有关事实

(1) 事故发生前设备、设施等的性能和质量状况;

(2) 使用的材料,必要时进行物理性能或化学性能实验与分析;

(3) 有关设计和工艺方面的技术文件、工作指令和规章制度方面的资料及执行情况;

(4) 关于工作环境方面的状况,包括照明、湿度、温度、通风、声响、色彩度、道路工作面状况以及工作环境中的有毒、有害物质取样分析记录;

(5) 个人防护装备的有效性、质量、使用范围;

(6) 出事前受害人和肇事者的健康状况;

(7) 其他可能与事故致因有关的细节或因素。

5. 证人材料搜集

要尽快向被调查者搜集材料。对证人的口述材料,应认真考证其真实程度。

(1) 现场摄影。

(2) 显示残骸和受害者原始存息地的所有照片。

(3) 可能被清除或被践踏的痕迹:如刹车痕迹、地面和建筑物的裂痕,火灾引起损害的物品、冒顶下落物的空间等。

（4）事故现场全貌。

（5）利用摄影或录像，以提供较完善的信息内容。

（6）事故图应包括了解事故情况所必需的信息。如事故现场示意图、流程图、受害者位置图等。

第四节 典型事故案例

从许多事故案例（包括重特大事故）来看，事故的发生与班组的安全管理有直接的关系。例如，1994年11月13日，吉林省辽源矿务局泰信矿四井发生一起特大煤尘爆炸事故，死亡79人，伤129人，直接经济损失约320万元。造成这起事故的直接原因，是泰信矿四井蹬钩工张某在作业中违章多挂重车，致使矿车鸭嘴断裂跑车，撞击摩擦产生火花引燃煤尘爆炸。再如2005年11月13日，中石油吉林石化公司双苯厂在生产过程中，由于当班操作工停车时操作失误，未将应关闭的阀门及时关闭，导致进料系统温度超高，长时间温度超高后引起爆裂并引起连环爆炸，造成数万名居民和大学生紧急疏散，以及松花江污染事件。在此介绍一些案例，望从中吸取教训。

案例一："双保险"不可靠造成高处坠落事故

1. 事故概况

某年11月26日白班，某项目部综合队木工姚某带青工周某、万某到十坝段电梯井内拆模板，三人均系上安全带及双保险工作铁钩开始工作。10时40分，正当万某在井内拆第二块模板时，姚某突然从井口▽152坠落至▽122井底的廊道内，当场死亡。

2. 原因分析

（1）姚某工作时佩带的工作铁钩属自制铁钩（在施工现场已沿用十几年，用f8钢筋弯制），因多年未进行性能检测，在此次使用中疲劳断裂失效，而起保险作用的安全带挂钩被姚某挂在受到极限扭转的钢管铁丝环上,因工作铁钩突然断裂带来的冲击力使铁丝也随着断裂,最终双重保险均失效导致姚某事故的直接原因。

(2) 姚某违章作业将安全带挂在不稳固、不结实且起不到安全保障作用的钢管铁丝环上,是事故发生的主要原因。

(3) 起副保险作用的工作铁钩常年使用没有进行定期检验,已存在潜在隐患最终引发了事故。

3. 措施

(1) 严格按规定购置劳保用品或防护用品,并在使用前验证检测其安全可靠性,对已使用过的劳保用品要定期检测,避免劳保用品或防护设施失效后仍在使用。

(2) 检查、纠正施工现场劳保用品佩戴、使用情况,对不按规定使用或使用不正确的及时指正,并讲清重要性,消除违章行为。

(3) 强化班组"三工"活动,认真开展自查、互查危险隐患活动并及时整改,增强安全监管能力。

案例二:洞室内掌子面垮塌造成死亡事故

1. 事故概况

某年3月30日,某项目部公路隧洞进口段K1+051.8处掌子面右侧的待爆破层(部分炮孔已经装药)突然垮塌约4 m^3 岩石(其中最大一块约1.5 m^3 左右),将在该处扩挖钻孔的多臂台车钻杆砸断后并连同块石一同压在丁某身上,致使其当场死亡。

2. 原因分析

(1) 洞挖支护不及时,岩体应力松弛、调整造成局部岩石突然坍塌。

(2) 装药时有"卡孔"现象,炸药装不进去,但员工安全意识淡薄,未能引起炮工何某及死者丁某的重视,没有意识到会有危险,更没有采取任何措施。

(3) 现场施工安全管理不力,检查不够。

3. 措施

(1) 洞挖施工应严格按照施工组织设计中安全要求进行，新开辟作业面必须及时进行支护。

(2) 加强现场安全监督管理，必要时可派专人监视。

(3) 加强作业人员安全教育，增强安全预警能力和事故防范能力。

案例三：违章销毁过期雷管酿成惨重事故

1. 事故概况

某年3月，某公司施工部爆破队28人由队长杨某带领，在大坝下游跌水石料场进行潜孔钻孔的装药工作（共有潜孔钻孔70个，孔径150 mm，平均孔深16.5 m，总装药量15.5 t），同时有项目部机关参加义务劳动的18名员工帮忙卸运炸药。8点25分，在部分作业组已装好第一孔炸药，并有2个作业组刚刚转入第二孔装药，还有部分作业组仍在装第一孔炸药时，一个炮孔突然发生爆炸，当场炸死2人，另外4人受伤。

2. 原因分析

(1) 违章处理非电毫秒延期导爆雷管是造成事故的主要原因。1月份，该项目部炮队从外地调运回一批非电毫秒导爆雷管已经超过使用期限，并经抽查有部分拒爆，于是1月20日，队长杨某书面报告项目部有关领导，项目部副总工批示"同意销毁，但必须按《爆破安全规程》第11条有关规定执行，呈报审批"。有关领导于1月26日批示"同意销毁，但必须稳妥可靠"。但杨某接到批文后没有按批示执行，而是主观安排将6200发非电毫秒延期雷管随炸药运送到现场，并安排装入炮孔中销毁，导致重大事故。

(2) 项目部没有认真执行危险作业审批制度，虽然杨某打了书面报告，但没有提出具体销毁过期雷管的可行方案，项目部有关领导也作了批示，但没有进一步认真追查、过问是否按规定执行，从"项目部领导组织机关干部参加劳动，协助爆破队完成此次爆破施工任务"这一点,可知项目部领导对危险作业重视不够,对处理过期雷管的方法没有认真研究,有关部门对处理过期雷管的方法是否正确没有监督、询查。

(3) 干部员工安全意识淡薄,习惯性违章根深蒂固,尤其是爆破队有从事爆破作业20多年的专业爆工,不但对错误方法没有提出制止意见,而且还参与错误销毁雷管事宜的商量,参与现场操作。

3. 措施

(1) 严格危险作业审批制度,细化危险作业审批程序,并严格监督实施。

(2) 加强施工现场习惯性违章纠查,治理施工生产环境,整顿生产秩序,消除事故隐患。

(3) 加强施工现场安全监督管理,加强安全操作规程学习,提高安全素质和安全意识。

案例四:吊臂断裂造成一死一伤

1. 事故概况

某年12月17日,某浇筑队三组在大坝六坝段浇筑混凝土,混凝土用四号缆机从四坝段下料平台低速调运至六坝段。当第八罐混凝土被调运至六坝段上空准备下放吊罐时,该吊罐在无任何碰撞的情况下,吊臂突然断裂,从▽205高度坠落至▽184.3的混凝土仓面上,浇筑队职工杨某当场被砸死,梁某被砸成重伤。

2. 原因分析

(1) 起重作业前,应对吊车钢丝绳、吊罐吊臂、吊耳等重要部位进行检查,该浇筑队没有按规定进行班前检查或检查不认真,以至没有及时发现隐患造成事故。

(2) 杨某和梁某没有按规定及时撤离到起重作业规禁范围外,现场指挥、施工人员管理不力。

(3) 班组"三工"活动没有认真开展,项目部安全监督管理落实不到位。

3. 措施

(1) 起重作业必须严格遵守有关作业规定，作业前必须对吊钩、钢丝绳、吊臂及吊耳等进行检查，发现裂痕或断丝超过允许范围的必须及时整改后，方能作业。

(2) 强化起重作业安全规定，起重机吊物运行下方严禁人员停留。

(3) 加强员工有关安全知识和安全意识培训，使其自觉按照安全操作规程作业。

案例五：物体打击死亡事故

1. 事故概况

11月16日上午，某施工部综合队职工戴某带农民工秋某等6人在▽94平台15孔下游左、右墩塔下料平台。秋某蹲在堆放的钢板盖和木箱之间的通道上捡杂物，起身时臀部右侧碰到钢板盖，致使3块钢板盖坠落，砸中正在15号底孔转移钻机的乙项目部职工章某、刘某，章某因头部伤势过重抢救无效死亡，刘某右臂轻伤。

2. 原因分析

(1) 施工部对堆放在▽94平台左墩临边部位的钢板盖管理不到位，看管人员未尽职尽责堆放稳妥。

(2) 综合队戴某违反当班作业程序指导书，带农民工到非指定作业场所的左墩捡杂物，无意间碰掉钢板盖。

(3) 两项目部在上下交叉作业部位既未搭设安全防护棚，又未安排安全监护岗哨，是造成事故的又一原因。

3. 措施

(1) 加强对▽94平台一线及其他临边部位堆放材料的安全监管力度，堆放较多材料的部位应加设护栏，加高踢脚板等安全防护设施。

(2) 在立体交叉作业部位，必须上、下设置安全监督岗哨，必要时搭设安全防护棚。

（3）两家以上施工单位上下交叉作业部位，有关业主、监理单位应加强协调管理，督促其签订安全生产管理协议，及时通报作业情况，共同搞好安全监督工作。

案例六：违章操作被空压机挤压致死

1. 事故概况

某年1月28日，某施工处空压班职工李某接夜班，其开启115号九立方移动式油动空压机送气阀后，发现空压机不能启动，遂要求施工员安排加油，加完油后空压机仍不能启动，李某判断是因为地势不平，便自作主张让四位民工帮助将空压机推到平地上，并交代每向前推20 cm就在轮子下垫石头，然后李某和一工人在前面掌握空压机牵引杆，另三名工人分别在空压机两侧推，空压机移动到下坡段时，因惯性加速下滑，李某因躲避不及被空压机右前轮挤压，经抢救无效死亡。

2. 原因分析

（1）移动式空压机应使用机械并按有关规定牵引移动，而李某违反安全操作规程，在未经许可，更没有安全保证措施的情况下擅自用人力牵引移动空压机。

（2）李某经验不足，空压机未能启动，其误判断是地势不平所致，并擅自指挥蛮干导致事故。

（3）该工程施工正处于前期准备阶段，人员变动频繁，对现场操作人员及民工的安全管理和教育上存在漏洞。

3. 措施

（1）组织员工强化安全操作规程学习，定期开展安全日活动，提高员工安全生产操作技能和安全意识。

（2）加强现场安全生产监督检查，现场施工管理人员在布置、检查生产任务的同时布置、检查安全工作。

案例七：装载机坠落重大事故

1. 事故概况

某年9月28日13点50分，某项目部机械队派该队司机胡某驾驶装载机01-362号到县生石材处协助拖拉两辆半挂车上山。胡某驾机将两辆半挂车推拉上山后，停在离半挂车10 m左右远的坡上（未熄火）准备返回停车场，装载机起步后速度较快，而路面又是一段坡高为2.6~2.8 m的下坡路（路面宽20 m），此时装载机驾驶室外左右两边分别站着指挥拖车的岳某和贲某，当看到装载机像脱缰的野马向坡下飞奔时，岳、贲二人相继跳车，而司机胡某则连人带车从黄柏河右桥台▽106路边悬崖摔落至▽66.5山下开挖工作面上，胡某当场死亡，装载机360度翻车，四轮朝天，整机大梁变形，局部断裂，驾驶室机外壳严重变形，变速箱外壳破裂，传动轴断裂，发动机机座断裂。事故直接经济损失超过130万元。

2. 原因分析

（1）严重违章操作。经机电部门事故现场勘察及检验结果表明："刹车及方向均无明显故障迹象"，由此首先排除了机械性事故的可能性。而由"该机下坡时空挡溜放，速度越来越快，刹车已难起作用"表明，胡某违章操作是造成事故的主要原因。

（2）胡某本工种工龄只有3个月，驾机时间短，对该车性能掌握不十分了解，操作不够熟练。

（3）该车刹车灵敏性不够，机电管理人员在每个操作人员上机前，均交代了"下坡切不能挂空挡溜放或踩动离合器踏板造成动力与传动分离，挡位不起作用"等有关注意事项，但未能引起高度重视，执行不力。

（4）装载机外载人，严重违反操作规程。

3. 措施

（1）加强特种设备驾驶员安全技能培训，严格执行操作规程和安全要求，提高自我保护和紧急避险能力。

(2) 对特种设备安全性能进行一次专项检查，尤其是新购置的二手设备，发现问题及时整改，一时无法解决的要限制使用或暂停使用。

(3) 严格机长负责制，加强机械设备管理和维护。

(4) 加强施工现场安全监督和制度管理，狠纠"三违"行为，消除事故隐患。

案例八：擅自合闸造成触电身亡

1. 事故概况

某年6月6日下午，某施工处广西队农民工韦某、兰某等5人在地下厂房2号洞扩散段清渣、冲洗仓位，修配队电工汪某与民工秦某两人负责1～4号洞内抽水。17点左右，汪某关闭2号洞内放在上游仓内水窝里的潜水泵（380 V，2 kW）电源，出去吃饭，而此时还在2号洞内清渣的韦某、兰某等人想提前完成任务，便将潜水泵移至下游最低处，兰某擅自合上潜水泵电源闸刀抽水。约18点10分，在其用水管冲洗仓位时，因潜水泵进火接头处漏电，使双脚浸泡在水中的兰某触电身亡。

2. 原因分析

(1) 潜水泵接头漏电是事故发生的直接原因，也是造成事故的主要原因，即电工为潜水泵接进火接头不合格，留下事故隐患。

(2) 兰某不是电工并在未得到允许的情况下却违章进行电工作业，私自合上潜水泵电源开关。

(3) 兰某自我保护意识不强，在有电器的水中作业应穿绝缘长筒胶鞋，而兰某穿解放鞋并双脚全部浸在水中。

(4) 施工现场安全管理存在漏洞。汪某停工吃饭前既没有关掉潜水泵总电源，也没有任何防止警示标志，更没有对兰某等工人交代任何注意事项，现场施工管理人员也未及时发现并制止。

3. 措施

(1) 立即对施工现场所有电气设备及电源线路进行安全检查，

发现隐患立即整改。

（2）强化施工用电安全管理制度，危险部位增设警示牌，非电工持证人员严禁任何有关用电操作。

（3）加强对各类电工人员进行操作技术技能考核，对技术较差、责任心不强的电工暂停其上岗作业，确保作业安全。同时加强对外协队及民工的安全管理和安全教育，严禁以包代管，增强民工自我保护意识。

（4）加强施工现场安全监督检查，非按规定劳保着装人员不得进入现场施工。

第八章 班组长安全管理艺术和管理经验

人的行为是由心理控制的，行为是心理活动结果的外在表现，因此，要控制人的不安全行为应从心理、行为、纪律等方面采取措施。

第一节 预先安全心理调适

安全心理调适就是采取一定的手段将容易引发事故的不良心理状态调节到有利于操作安全的心理状态。

一、不安全的心理状态

根据安全心理学分析，作业人员的不安全心理状态主要表现在以下方面。

（1）骄傲自大、争强好胜

自己能力不强，但自信心过强，总认为自己有工龄，有时也感觉力不从心，但在众人面前争强好胜，图虚荣、不计后果，蛮干冒险作业。

（2）情绪波动，思想不集中

受社会、家庭环境等客观条件影响，产生烦躁，神志不安，思想分散，顾此失彼，手忙脚乱，或者高度喜悦、兴奋、手舞足蹈、得意忘形，导致不安全行为。

（3）技术不熟练，遇险惊慌

操作技术不熟练，生产工艺不熟，面对突如其来的异常情况，正常的思维活动受到抑制或出现紊乱，束手无策，惊慌失措，甚至茫然无措。

（4）盲目自信，思想麻痹

特别是青年工人和一部分有经验的老工人，他们在安全规程面前"不信邪"，在领导面前"不在乎"，把群众提醒当成"耳旁风"，把安监人员的监视视为"找麻烦"。盲目自信，自以为绝对安全，我行我素。

（5）盲目从众，逆反心理

看见别人违章作业，他也盲目照着学，对执行安全规章制度有逆反心理。如登高作业把安全帽系在腰间；看见领导来了赶快脱下手套，领导一走又戴上手套操作旋转机床。

（6）侥幸心理

侥幸心理是许多违章人员在行动前的一种重要心态。有这种心态的人，不是不懂安全操作规程，缺乏安全知识，也不是技术水平低，而多数是"明知故犯"。在他们看来，"违章不一定出事，出事不一定伤人，伤人不一定伤我"。这实际上是把出事的偶然性绝对化了。在实际作业现场，以侥幸心理对待安全操作的人，时有所见。例如，干某件活应该采取安全防范措施而不采取；需要某种持证作业人员协作的而不去请，自己违章代劳；该回去拿工具的不去拿，就近随意取物代之等。

（7）惰性心理

惰性心理也可称为"节能心理"，它是指在作业中尽量减少能量支出，能省力便省力，能将就凑合就将就凑合的一种心理状态，它是懒惰行为的心理根据。在实际工作中，常常会看到有些违章操作是由于干活图省事、嫌麻烦而造成的。例如有的操作工人为节省时间，用手握住零件在钻床上打孔，而不愿动手事先用虎钳或其他夹具先夹固后再干；有些人宁愿冒点险也不愿多伸一次手、多走一步路、多张一次口；有些人明知机器运转不正常，但也不愿停车检查修理，而是让它带"病"工作。凡此种种，都和惰性心理有关。

（8）无所谓心理

无所谓心理常表现为遵章或违章心不在焉，满不在乎。这里也有几种情况：一是本人根本没有意识到危险的存在，认为章程都是领导用来卡人的。这种问题出在对安全、对章程缺乏正确的认识；二是对安全问题谈起来重要，干起来次要，比起来不要，在行为中根本不把安全条例等放在眼里；三是认为违章是必要的，不违章就干不成活。无所谓心理对安全的影响，因为他心里根本没有安全这根弦，因此在行为上常表现为频繁违章。

有这种心理的人常是事故的多发者。

（9）好奇心理

好奇心人皆有之。它是人对外界新异刺激的一种反应。有的人违章，就是好奇心所致。例如刚进厂的新工人来到厂里，看到什么都新鲜，于是乱动乱摸，造成一些机器设备处于不安全状态，其结果或者直接危及本人，或者殃及他人。有的人好奇心很重，周围发生什么事都会引起他的注意，结果影响正常操作，造成违章甚至事故。

（10）工作枯燥，厌倦心理

从事危险、单调重复工作的人员，容易产生心理疲劳、厌倦心理。如某电工进行变压器避雷试验，当天已完成7台，在进行第8台时，心理疲劳，感到乏味，结果违章触电。

（11）错觉，下意识心理

这是个别人的特殊心态。一旦出现，后果极为严重。例如一名配电工在高压柜区域用绳子拉了一个禁区。在禁区外工作一会儿后，突然闯进禁区，把实际存在的危险区域错误地感觉为安全区域，结果触电身亡。

（12）心理幻觉，近似差错

有些职工感到自己"莫明其妙"地违章，其实是人体心理幻觉所致。有一个小汽车司机因妻子刚生小孩，回家心切总希望沿路放行绿灯，到达交叉路口时竟将红灯视为绿灯，发生撞车事故。

(13) 环境干扰，判断失误

在作业环境中，温度、色彩、声响、照明等因素超出人们感觉功能的限度时，会干扰人的思维判断，导致判断失误和操作失误。

二、安全心理调适的具体方法

上述不安全心理状态都极易诱发事故，作为安全管理人员应想办法引导职工调节心理状态。不同的人，不同的心理状态，具体调节方法也不同，应根据具体对象而定。

1. 安全心理调适的一般方法

(1) 注意每个职工个人的心理特征

特别要注意做好非安全型心理特征人员的转化工作。根据统计资料分析，在工业生产中成年人的心理状态，可以按照心理特征分为以下几种类型。

①活泼型：表现为反应灵敏、适应性强、精力充沛。一般来讲技术熟练的青年人、男职工属于这种类型。

②冷静型：表现为头脑清醒、善于思考、工作细致、行动准确。一般中年人、女职工属于这种类型。

③急躁型：表现为反应快、胆大、遇事求成心切，工作草率，一般情况下年轻的男职工有一定技术水平者属于此种类型。

④轻浮型：表现为喜欢轻举妄动、顾此失彼、工作忙乱、不重视学习，新工人中这种类型较多。

⑤迟钝型：表现为反应迟缓、动作呆板、判断能力差，一般智能低的人属于此种类型。

根据事故统计分析，活泼型和冷静型人员的事故发生率较低，可以称为安全型；后三种中特别是轻浮型，其事故发生率较高，称为非安全型。所以需要在培养人的全过程中，通过教育、作风培养、体育锻炼、文化娱乐活动做好心理状态的转化工作。进行危险作业时,应尽量选配安全型人员。

(2) 加强职工心理品质锻炼

心理品质包括一个人的感知觉、思维、注意力、行动的协调连贯,反射建立,反应能力等,这些素质都可通过教育培养得到提高,所以应将这些内容纳入全面培养每一个劳动者的计划之中,在组织学习、技术培养及实际工作中注意对人的心理品质的教育。

(3) 重视危险、单调、重复作业人员的心理疲劳

从管理上采取调整工作与休息时间,增加工作中的提醒次数等措施,在技术上设法改进工艺。此外,进行一定的模拟试验,统计分析不同人员心理疲劳的极限值,寻找一些防止人为失误的有具体针对的措施,是很有必要的。

(4) 加强和改进安全教育,提高教育的效果。

2. 情绪的控制与调节

情绪对安全的影响极大,所以如何发挥情绪对安全的积极作用,避免其不利影响,是人员不安全行为控制中的一个重要问题。

情绪的调节,其实质是变减力情绪为增力情绪。但是,一种情绪、情感,究竟对人的活动能力发生增力作用,还是发生减力作用,不能绝对而言,它取决于多种因素,如一个人的理想、信念、世界观、人生观、政治觉悟、道德修养等。有的人即使遇到了忧愁的事,但他能把国家利益、集体利益放在首位,有高度的工作责任心,因而能克制自己的情感。把本来是减力情绪变为推动自己前进的动力,把工作做得更好。反之,如果一个人只计较个人得失,沾沾自喜于一得之功,并从而自高自大,旁若无人,故步自封起来,到头来反而把增力情绪变为减力情绪。因此一个人不仅技术要精,而且还要有高尚的道德情操和对祖国、对企业、对集体的高度责任感,同时要善于控制自己的情绪、情感,即要有把情绪控制在适度范围内的能力。可见,情绪的调节要以情绪的控制为手段,而控制

的目的在于使情绪朝有利于工作的方向转化。

实际安全管理中应引导职工学会控制自己的情绪,做到胜不骄,败不馁,遇到顺心的事,要乐而自持,不能忘乎所以;遇到不顺心的事,要不为逆境所困,丢得开,放得下,及时解脱。只有保持良好的心理状态,才能具有充沛的精力、旺盛的斗志,才能减少工作中的失误,保证安全生产。

关于如何控制和调节自己的情绪,可以从多种途径着手,例如要设法消除引起情绪变化的原因。这里仅从心理学的角度、从自身可为的方面提供几条建设性措施。

(1) 语言调节法

语言对人的情绪体验与表现有着重要的作用。语言既能够引起情绪反应,也能抑制情绪反应。即使是不出声的内部语言也能起到控制自己情绪的作用。例如,当暴怒时默默提醒自己要"制怒";在心情紧张时口中默念"要镇静";在恐惧时心里念叨"别害怕""没什么好怕的"等,对控制情绪都有一定的作用。

(2) 注意转移法

在现实生活生产中,遇到烦恼的事,可有意识地转移自己的注意力,多想想高兴的事。当前一阶段工作取得成绩,在高兴之余多考虑下一阶段的安排和可能遇到的问题。在非工作时间,看看电视、听听音乐、串串门、聊聊天等,对缓冲或消除不愉快的心情是有益处的。

(3) 精神宣泄法

个人的焦虑、苦衷不要长期闷在心里,要用适当的方式,向自己的领导、朋友、亲属、同事等倾诉出来,让别人分担一些自己的苦痛,得到别人的理解、安慰、同情、解劝,以减少自己内心的痛苦。

(4) 角色转换法

引起人情绪变化的原因很多,其中重要的原因之一是由人和人之间产生的矛盾冲突而引起的。对于这种情况,可以采用角色对换的方法,站在对方的立场或角度想一想,能够在一定程度上消除负面情绪。例如,一个因违反操作规则而险些造成事故的职工,挨了领导的批评,自己心里委屈,产生愤慨情绪。此时可以设想"如果我是领导",这件事应不应该批评,该不该管,这样倒过来想一想,可能很快就打通了思想,心情也就逐渐平和下来。在生产和日常生活中,人和人之间难免会磕磕碰碰,采用角色对换法,多从对方的角度想一想,当领导的想想"如果我是工人",当工人的想想"如果我是领导";当顾客的想想"如果我是售货员",当售货员的想想"如果我是顾客";当乘客的想想"如果我是司机",当司机的想想"如果我是乘客"……双方就会多一分理解,多一份体谅,就会化解矛盾,避免激情迸发,引起双方不愉快,妨碍生产,威胁安全。

(5) 辩证思考法

无论是想问题,办事情,做工作,都应该有辩证的观点,凡事要一分为二,这样无论碰到什么情况,都有心理和思想准备。用辩证的观点看问题,就可以做到乐而自持,哀而有节。

3. 操作人员的性格调节

性格是人对事物的状态度或行为方面的较稳定的心理特征。性格是在人生理素质的基础上,在社会实践活动中逐渐形成、发展和变化的。如勇敢、懦弱、细心、诚实、虚伪、忠厚、轻浮、认真负责、马马虎虎等都是人的性格具体表现。在心理学中,性格是作为个性心理特征的一种表现来研究的,它是个性的重要组成部分。人的个性心理特征,除性格外,还有能力和气质。不过,性格是人的心理特征的一个主要方面,是人与人之间差异的主要标志。

人的性格与安全生产有着极为密切的关系,无论技术怎样好的操作人员,如果性格不好,马马虎虎,也会常常发生事故。研究表明，具有如下性格特征的人容易出事故。

（1）性格怪僻，固执己见，同事关系不好者。

（2）情绪不稳定，易于冲动者。

（3）精神过度紧张（抑郁、惊恐不安）。

上述特征表明一个人对自己的行为缺乏控制力。这类不良的性格特征，对操作人员的作业行动会发生消极的影响，对安全生产极为不利。而具有优良性格特征的人，他们干起活来精力充沛；观察情况认真细致；思考问题全面周到；操作机器不莽撞、不蛮干。这种性格，有利于作业的顺利进行，有益于安全生产。

虽然人的性格是一种比较稳定的心理特征，但也是可以改变的。因为一个人的性格是在社会实践中形成的，也受周围环境的影响，同时，也在社会实践中发展和变化。人的性格与人的立场、观点、理想、信念都有密切的关系。因此主要的调适方法是进行思想教育，加强职工自我修养，随着立场和观点的变化，性格也会随之发生变化。引导职工增强和巩固好的性格，改造和丢弃不良性格，使自己不断进步，做一个有崇高理想、高尚情操和优良性格的操作人员。

第二节 安全行为激励

安全行为是指人们在劳动生产过程中表现出保护自身和保护设备、工具等物资的一切动作。要减少、控制职工的不安全行为，激励是一种重要的手段，通过激励措施，可引导职工把安全需要作为一种自觉的心理活动和行为准则。

一、人员安全行为激励的原则

激励是一门科学，其理论基础是马斯洛的需要层次论。正确的激励应遵循以下原则。

1. 目标结合原则

在激励机制中,设置目标是一个关键环节。目标设置必须体现安全生产目标的要求,否则激励将偏离实现安全生产目标的方向,目标设置还必须能满足职工个人的需要,否则无法提高职工的积极性,达不到满意的激励强度。只有将安全生产目标与个人目标结合好,使安全生产目标包含较多的个人目标,使个人目标的实现离不开为实现安全生产目标所做的努力,这样才会收到良好的激励效果。

2. 物质激励与精神激励相结合的原则

职工存在着物质需要和精神需要,相应地激励方式也应该是物质激励与精神激励相结合。鉴于物质需要是人类最基础的需求,但层次也最低,物质激励的作用是表面的,激励深度有限。因此,随着生产力水平和人员素质的提高,应该把重心转移到以满足较高层次的需要即社交、自尊、自我实现需要的精神激励上去。换句话说,物质激励是基础,精神激励是根本,在两者结合的基础上,逐步过渡到以精神激励为主。在这个问题上应该避免走极端,迷信物质激励则导致拜金主义,迷信精神激励又导致唯意志论或精神万能论,事实证明二者都是片面的、有害的。

3. 正激与负激相结合的原则

根据强化理论,可把强化(即激励)划分为正强化和负强化。所谓正激(正强化)就是对职工的符合安全生产目标的期望行为进行奖励,以使得这种行为更多的出现,即职工积极性更高;所谓负激(负强化)就是对职工的违背安全生产目的的非期望行为进行惩罚,以使得这种行为不再发生,即犯错误职工弃恶从善,积极性向正确方向转移。显然正激与负激都是必要而有效的,不仅作用于当事人,而且会间接地影响周围其他人。通过树立正面的榜样和反面的典型,扶正压邪,形成一种好的风气,产生无形的压力,使整个群体和安全生产的行为更积极、更富有生气。但鉴于负激具有一定的消极作用，容易产生挫折心理和挫折行为，应该慎用。因此，安全管理中应该把严格管理（依法治厂）与思想工作（文化管理）相结合，使职工外有压力，内有动力，焕发出巨大的安全生产积极性。

4. 按需激励原则

激励的起点是满足职工的需要，但职工的需要存在着个体差异性和动态性，因人而异，因时而异，并且只有满足最迫切需要（主导需要）的措施，其效果才好，其激励强度才大。因此，在制定安全生产激励措施时，管理人员应深入地进行调查研究，不断了解职工需求层次和需求结构的变化趋势，有针对性地采取激励措施，才能收到实效。

5. 民主公正原则

公正是激励的一个基本原则。如果不公正，奖不当奖，罚不当罚，不仅收不到预期的效果，反而会造成许多消极后果。公正就是赏罚严明，并且赏罚适度。赏罚严明就是铁面无私，不论亲疏，不分远近，一视同仁。赏罚适度就是从实际出发，赏与功相匹配，罚与罪相对应，既不能小功重奖，也不能大过轻罚。

二、人员安全行为的激励方法

1. 物质激励法

根据马斯洛的需要层次理论，生理需要是人最基本的需要，因此物质激励通常具有很大的驱动力。物质奖励的方法比较具体，最终都与金钱有关。具体方式有安全奖金法、安全结构工资法、安全抵押金法等。

2. 精神激励的方法

精神激励是重要的激励手段，它通过满足职工的精神需要，在较高的层次上调动职工的安全生产积极性，其激励深度大，维持时间长。国内外的先进企业在这方面积累了丰富的经验，归纳有如下行之有效的方法。

（1）目标激励

企业目标是一面号召和指引千军万马的旗帜，是企业凝聚力的核心。它体现了职工工作的意义，预示着企业光辉的未来，能够在理想和信念的层次上激励全体职工。职工的理想和信念应该通过企业目标来激发并使二者融为一体。企业应该将自己的长远目标、近期目标大张旗鼓地进行宣传，做到家喻户晓，让全体职工看到自己工作的重要意义和光明的前途，从而激发大家强烈的事业心和使命感。在进行目标激励时，应把安全生产目标与个人目标结合起来，达到企业目标与个人目标的一致性，企业目标中包含着职工的个人目标，职工只有在完成企业目标的过程中才能实现其个人目标。

（2）形象激励

一个人通过视觉感受到的信息，占全部信息量的80%，因此充分利用视觉形象的作用，激发职工的荣誉感、光荣感、成就感、自豪感，也是一种行之有效的激励方法。

最常用的方法是照片上光荣榜，借以表彰本企业的安全生产标兵。现在，许多大型企业都安装了闭路电视系统，并开设了"厂内新闻"等电视节目，使形象激励又多了一个更有效、内容更丰富且灵活多样的手段。厂内发生的新人、新事、五好青工、优秀党员、模范家属、劳动模范、技术能手、安全标兵等，都在"厂内新闻"中成为新闻人物，立即通过视觉形象传遍千家万户，不仅本人感到光荣而且全家引以为豪，这种激励效果是强有力的。

（3）荣誉激励

荣誉是众人或组织对个体或群体的崇高评价，是满足人们自尊需要，激发人们奋力进取的重要手段。给予"先进生产者"、"安全生产能手"、"安全标兵"、"青年突击队"等荣誉称号，不仅激励了先进个人、先进集体，也激励了更多的有进取心的人们。

(4) 兴趣激励

兴趣对人们的工作态度、钻研程度、创造精神的影响很大,往往与求知、求美和自我实现密切相连。在管理中重视兴趣因素会取得很好的激励效果。兴趣可以导致专注,甚至于入迷,而这正是获得突出成就的重要动力。因此,安全宣传教育形式应丰富多彩,并与职工文化活动结合起来,寓教于乐,这样才能提高职工的学习兴趣,取得良好的宣传教育效果。

(5) 参与激励

企业的安全生产涉及每个人,要搞好安全生产也只有依靠大家,通过举办各种安全活动,让职工参与整个活动过程,尊重他们,信任他们,让他们在不同层次和不同深度上参与决策,吸收他们中的正确意见。通过参与,形成职工对安全生产的归属感、认同感,变"要我安全"为"我要安全"。

(6) 榜样激励

模仿和学习也是一种普遍存在的需要,其实质是完善自己的需要,这种需要对青年尤为强烈,最典型的表现是"明星效应"。榜样激励是通过满足职工的模仿和学习的需要,引导职工的行为至安全生产目标所期望的方向。榜样激励方法就是树立企业内安全生产先进个人和先进集体的形象,号召和引导模仿学习。

第三节 安全纪律控制

强化劳动安全政策和规定及对违规者进行纪律惩处,是安全工作的重要组成部分。经常强化对安全行为方式的要求和及时表彰积极的安全举措,将十分有助于减少安全事故。纪律控制就是利用纪律的约束力,要求职工严格按照各种规章制度进行作业,杜绝违章指挥、违反劳动纪律的现象发生。一旦出现违纪现象,对违纪者严肃处理。

纪律是培养按企业规则办事的习惯的一种强制性措施。纪律措施从本质上说是预防性质的，其目的是为了提高员工遵守企业政策和规则的自觉性。让全体职工全面了解企业的纪律措施，可以杜绝或减少各种违规行为。纪律措施和其他安全措施一样，其侧重点都是防范。在企业各部门，应要求各级负责人向职工提供有关纪律方面的咨询，这样做可产生良好的效果。在许多情况下，负责人只需简单地提醒员工注意企业的政策规则，就会引起员工的高度重视。当然，在制定职工纪律时，企业必须首先考虑与职工权利有关的问题。

1. 纪律惩处的有效性问题

为了确保不触犯法律规定，企业管理人员必须既了解纪律惩处原则，又懂得如何恰当地运用惩处措施。管理人员必须明确，采取纪律措施的目的只是为了促进良好的工作表现，因此，纪律措施要想公正有效并且合乎法律，就必须针对人们的工作表现，而不应针对个人品性和其他特征。

在采取纪律惩处措施时，新分管安全生产的领导必须参考其他领导在这方面的经验，并应分析以前所采取的纪律惩处的实际效果。对不同职工的惩处措施应具有前后一致性，只有保持这种一致性，才能确定和使职工明确可做什么和不可做什么的严格界限。缺乏一致性的纪律惩处会使职工无所适从并引发混乱。

要想使纪律惩处发挥应有的效力，在决定处罚时，还必须保持准确的书面记录，并以书面的形式通告被处罚的职工。在许多案件中，由于企业没有给予被处罚职工书面的通告，职工往往辩解自己"不曾知晓"这些处罚。另外，为了避免或减少无意识的违规现象，企业还必须使职工详细了解企业的各种有关规则。在有些情况下，职工之所以认为对他们的纪律惩处不合理，其辩解的依据就是因为他们自己并不知道其所作所为已经违反了有关的规则。

此外，纪律惩处还应具有及时性，才能更加有效。从违纪到采取纪律处罚之间的间隔时间越长，纪律处分的效果就越小。最后，有效的纪律处分不应具有个人情感色彩，同时应使之只针对工作表现而非职工本人，这样就可将纪律措施带来的不良效果降到较低限度。

2. 纪律处罚方法

纪律处罚可采用累进纪律惩罚制度。它是采用循序渐进的惩处步骤来规范职工行为。在最终采取开除措施之前，通常先依次采取口头警告、书面警告、留职察看和降职降薪等处罚。累进纪律措施向职工讲明，随着不良行为的持续发生，矫正不良行为的措施也将变得更加严厉。

累进纪律惩处过程的最后一个阶段是除名。企业领导在开除职工的同时也应做自我反省，因为某些职工的失误或过错往往是由于领导未能创造适当的工作环境所造成的。例如，某些过错也许是因为职工未受到应有的培训，或者是因为管理层未能制定有效的政策。企业领导对他们的职工不仅负有管理的责任，而且在一定意义或程度上，他们对职工的失误和过错也负有一定的责任。

当企业与职工在涉及职工权利方面出现争议时，不一定非采取法律诉讼方式不可，目前，越来越多的企业与职工间的争议采取了庭外解决的方式。这些方式主要包括，由第三方进行仲裁、由同事组成审查小组裁决以及双方在庭外自行调解。

第四节　班组先进安全管理经验

在企业的安全生产管理中，班组是企业最基本的组织形式，是安全生产的第一线，是企业完成各项工作的基础，也是安全生产的基础。现在，人们越来越深刻地认识到这一点，提出"关口前置、重心下移""向安全生产一线倾斜""安全生产在班组"等，也越来越重视对班组长的培训和对班组安全管理方法、安全经验的交流。

有些好的班组管理办法受到了班组和广大员工的欢迎，具体例举以下四点经验。

经验一：做职工的贴心人、领路人、带头人和明白人

某公司机动一班是"全国质量信得过班组"，班组的安全文化建设搞得红红火火。他们的管理经验是：搞好班组安全文化建设，重在以情感人，以言服人，以行化人，做职工的贴心人、领路人、带头人和明白人。

1. 做职工的贴心人

"安全工作不同于其他工作，涉及工作现场的方方面面，要求有一万分的保险，而不能有万分之一的'死角''漏洞'。做好安全工作，仅靠某位领导或职工是无法实现的，它需要班组成员共同努力。要通过思想政治工作把先进的安全管理理念贯穿到工作当中，把安全意识渗透到每一名职工的心中，把大家的思想统一到'以人为本，安全第一'上来，努力在企业内部营造一种人人重视安全、人人保证安全的良好氛围。"机动一班的王班长在多年的班组安全管理中总结出一套适合本班组实际的安全管理工作方法。

作为企业的"兵头将尾"，王班长深知，首先要身先士卒，用自己的实际行动对班组成员起到"桃李无言、下自成蹊"的带动作用。如果不能从严要求自己，工作就不可能开展好。因此，在日常管理中，他认准一个理：严于律己、宽以待人。遇到班组成员发生纠纷时，他会坚持公道，以理服人，在班组树起了刹歪风、树正气的良好风气。

另外，他还常说，当好班长首先要明确自己所负的责任，不但对工作尽心尽责，还要时刻关心班组成员的生活和工作，及时了解职工的思想动态，做到"时时处处了解人、真心真意尊重人、实实在在关心人"。在工作中，要用道理启迪、用行为召唤、用典型引路。对自己一日三省，靠人格魅力带动和激励大家。

"如果班里的成员遇到困难，要想方设法尽自己所能帮助他们摆脱困境,这样时间久了,班里的同志都把我当成他们的知心朋友,有什么心里话都愿和我聊一聊。"王班长如是说。

班里有一名叫小吴的职工,丈夫不幸患病去世,使本来就很困难的家庭雪上加霜,王班长和分公司领导一起组织职工为其捐款,帮助该同志解决了一些实际生活困难。这位同志上班后很长一段时间情绪都非常低落,王班长就多次找她谈心,开导她,使她感受到了集体的温暖,对生活又充满信心。现在一提起此事,吴某还非常激动地说:"当初如果没有班长真诚的帮助,我真不知该怎样面对生活,面对工作。"

在王班长的感召下,班组职工的工作干劲空前高涨,人人讲安全,个个做安全生产的传播者和践行者,班组的安全生产出现了前所未有的喜人局面。

2. 做职工的领路人

"人是企业的灵魂,若不能终身学习,就会失去创新的力量和源泉。"王班长说。培训是班组安全文化建设的基础,在抓职工培训上,王班长结合日常检修工作中出现的不安全现象,职工中出现的情绪不稳定等情况,有针对性地组织开展座谈会、岗前培训、岗位练兵、预案演练等活动,做到寓教于乐。同时,班组在培训工作中改变了"头痛医头,脚痛医脚"的习惯和不出事故不培训的做法,进一步激发职工兴趣,让职工从培训中不断提升素质,陶冶情操,提高他们搞好安全生产的积极性。

抓好学习的落实是组织职工政治学习的重中之重,王班长组织机动一班积极响应公司号召,倡导终身学习的理念。班组坚持从政治学习制度入手,在时间、内容、经费上都有措施给予保证,为职工配备了一些喜闻乐见、通俗易懂的学习书籍,做到了正确灌输,合理引导。通过班组全员的互动和学习实践,提高职工的学习、创新能力。

多年的学习经验使该班组认识到,只要时常注意研究新情况,拿出新办法,切实把职工安全教育和政治学习抓起来,职工的安全意识肯定会有新的面貌,产生新的活力。

3. 做职工的带头人

王班长认为:"抓安全生产工作,必须做好人的工作,这是思想政治工作的重要体现。"通过认真分析近几年兄弟单位发生的事故,他得出这样的结论:事故的发生不是人的安全技术素质不高,也不是企业的安全投入不够,而是人的思想在作怪,传统观念制约着班组职工的思想和行为,"艺高人胆大"、简化工作程序等侥幸心理在作怪。因此,必须清醒地认识到,抓人的安全意识是一项长期工作,应从最基础的环节抓起,从转变人的观念抓起。

作为班长,王班长深知,应把集体利益放在第一位,不仅要和班组成员搞好团结,更应和班里的核心搞好团结。这些年来机动一班在班组安全管理方面取得了长足进步,与他们有一个强有力的班组核心是分不开的,在进行较大项目的工作以及较为敏感的奖金分配等问题上,他首先同班组核心进行商量,充分发扬民主,集思广益,就工作的难点和热点问题交换意见,最后做出决定。

王班长向笔者讲述了这样一个故事:考核和奖励的力度特别大时也给班里的奖金分配带来了不少困难。因为当时的奖金分配基本上是在吃"大锅饭",分公司又要求必须考核到人,受到考核的人员一时接受不了这个现实。怎么办呢?作为班长的他就召开班委会,让大家献计献策,商讨奖金的分配问题,经过多次商讨,制定出"消缺奖发放办法"、"安全生产制度奖惩办法"、"经济责任制考核及综合奖发放办法",借着这次东风,班组还对劳动纪律及一些日常制度重新做了修改,并全部在班务公开栏里公开,使每一位同志对新制度都能心中有数,公开和公正的管理模式使班里的民主管理制度得以体现。

4. 做职工的明白人

企业生产安全与职工生命安全息息相关,王班长深知"预防为主"是保证生产安全的一条基本原则,班长作为一名基层班组的管理者,既要当好领导的参谋与助手,又要当好班组的带头人。王班长的做法是运用好"望闻问切"四诊法,对症下药,标本兼治。

(1)望:注意观察班组职工情绪。人的情绪会对安全生产造成很大的影响。在班组管理中,班组长要善于发现职工的情绪波动。如果发现不安全的情绪因素,要及时疏导和教育,使其工作不受影响。

(2)闻:倾听班组职工的意见。班组成员是企业生产的主体,班组长要经常听取大家的意见和建议,从职工的言谈中能得到很多有益的启示,从而更好地开展工作,促进安全生产。

(3)问:多与班组成员进行思想上的交流。班组长要做班组职工的知心朋友,多了解他们的困难,并想方设法加以解决,这样会充分调动起班组职工的积极性。

(4)切:围绕中心工作,抓住主要矛盾。企业工作千头万绪,都要通过班组的工作落到实处。班组长要准确找出管理中的薄弱环节,制定措施;解决问题要切合实际,切忌走形式。

同时,他还积极推广新技术,不断吸取安全工作的新方法和新思维,将传统的工作经验与现代科学管理的要求有机结合,在"严、细、实"三个方面下功夫。

如何创建优秀的班组安全文化呢?从多年的工作实践中,王班长总结出搞好班组安全文化建设的几点经验:一是在浓郁的企业文化影响下,提高职工的思想意识,积极营造出良好的班组安全文化氛围,使"安全是职工的最大福利"的思想深入人心。二是建设优秀的制度文化,为深化班组安全管理提供必要的组织保障和科学引导。不断改进和完善班组安全管理的科学指标,制定和实施一系列旨在提高职工积极性的政策措施,确保安全文化创建工作的良性发展。三是建设优秀的物质文化,提高班组管理的硬件水平。要加大班组安全装备和文化设施的投入,为班组安全文化建设奠定坚实的物质基础。

班组安全文化是一种理念和习惯行为,更是一种责任。王班长认为,如果我们在日常工作中,能够形成讲到工作就会想到安全,并对安全措施逐一落实的思维,那么工作中的安全系数就会有较大提升。反之,如果安全理念没有形成,对待安全问题满不在乎,再改起来就很困难,这就是"惰性和习惯"在作怪。

经验二:班组长安全管理"十字法"

班组是企业的细胞,而班组长又是企业各项制度的执行者,也是班组安全、生产、质量、效益的"第一责任者"。如何发挥其应有的作用呢?某化工有限公司最近总结出一套利用率高、效果好的班组长安全管理"十字法"。

(1) 突出一个"学"字。经常开展班组安全知识学习活动,提高个人安全意识,增强班组的群体安全素质和安全责任感。

(2) 狠抓一个"严"字。工作上讲求严密,使事故无可乘之机;态度上要严肃,抓安全毫不放松;标准上要严格,抓规程作业一丝一毫不含糊;在行为上要严于律己,以身作则做表率。

(3) 坚持一个"查"字。坚持做到班前互相确认检查制,班中现场巡查制,查现场各种不安全因素,查人的思想动态,及时消除各种不安全因素。

(4) 立足一个"准"字。个人动态有标准,作业行为守规范。

(5) 深化一个"细"字。细在安全责任制上,细在规章制度上,细在操作标准上,细在班组建设上,细在每一项施工环节和每一道工序上。

(6) 注意一个"防"字。要有超前预测预防意识,消除人的不安全行为、物的不安全因素和环境对人的影响,使班组在生产活动中形成自保互保的三道安全防线。

(7) 贯彻一个"全"字。做好全员培训,全线预防和全面管理,对人与机、人与环境、物与环境的安全进行分析和评价,处理好这三者相互间对事故产生的关系,达到班组安全生产的目的。

(8) 落实一个"实"字。将安全预防措施落到实处,确确实实落到各工种各岗位,实事求是搞好安全生产。

(9) 要求一个"快"字。对上级关于安全工作的指示精神要传达得快,现场发现问题要处理得快,查出事故隐患要整改得快,对三违人员要制止批评教育得快,安全生产情况要汇报得快。

(10) 保持一个"多"字。在生产活动中多留一个神,多说一句话,多提一个醒。对易发事故的区域和岗位,在工作中力求多一点确认,多一些查看,进而达到多一处预防,多一个措施,把事故消灭在萌芽状态。

经验三:抓管理,强措施,促使班组安全良性发展

如何搞好班组安全管理也就是企业安全管理的一项重点内容。为此,中铝某分公司热电分厂通过以下几项措施使班组安全管理工作走上良性发展的轨道。

1. 选好班组长,强化班组长核心地位

班组长是班组的组织者和决策者,也是班组安全生产的第一责任人,安全措施的最终落实者。因此,首先必须选拔具有政治思想好、安全责任心强、技术素质高、管理能力强的职工担任班组长;其次要给班组长直接管理考核的权力,强化班组长的核心地位,并通过加强班组长培训来提高班组长的综合素质。

2. 提高班组安全员素质

(1) 利用"安全生产月"活动,开展班组安全员培训工作,培训内容应包括政治思想、政策法规、文化知识、管理知识、操作技术、工艺技术等多个方面。

(2) 分厂开展评选优秀班组安全员活动,每月在 67 个班组安全员中评选出 10～11 个优秀班组安全员进行奖励。

3. 加强班组建设

(1) 实行标准化管理,在开展创建标准化班组竞赛中,将班组安全管理作为第一考核标准，要求各班组安全管理网络健全，班组安全生产目标明确，班组安全生产制度完善，各种台账记录规范；同时，分厂、车间两级安全管理人员实行分班包干，具体帮助指导所负责班组的安全管理及达标推进工作，班组的工作做得不好，要对挂钩负责人进行连带考核。

（2）完善班组制度建设。分厂每个基层班组都制定了《安全生产管理制度》《班组安全生产责任制考核细则》《班前班后会程序》等制度。

4. 狠抓制度落实

（1）开好班前会。分厂、车间两级安全管理人员定期参加所挂钩负责班组长的班前会，利用班前会向职工宣传安全生产方针政策、分析当前安全生产形势、了解基层安全生产状况，班组安全管理情况；班前会上班长要听取职工班前检查情况汇报，考察职工是否认真细致地进行了班前检查，布置本班安全生产工作，提出具体要求；班组安全员要在班前会上，针对具体工作强调安全注意事项，提醒职工加强安全责任，确保生产安全。

（2）加强班前、班中安全检查。开展班组安全检查，是坚持"安全第一、预防为主"安全生产方针的要求，也是企业做好安全生产工作的关键。班前，班组长责任重大，要对本班组所管辖的设备进行全面检查；班组成员都要对自己所管辖的范围进行安全检查，这是安全作业的第一步。班中安全检查每2小时巡检1次。

（3）贯彻落实分厂各项规章制度，车间各项定期工作制，认真遵守《电业安全工作规程》《专业运行操作规程》及《检修作业规程》，严格执行本班《安全生产责任制考核细则》。

5. 抓好班组安全日活动

企业的活力来源于班组，而班组的活力很大程度取决于班组安全日的深入程度。特别是在新时期，如何搞好企业班组安全日活动，提高安全意识，营造安全氛围显得尤为重要。

（1）分厂下发《关于明确班组安全日活动的有关规定》，以制度的形式明确班组安全日活动要求。每周 1 次，活动时间固定为：各运行班组为每轮白班下班之后，各检修班组为每周一下午，活动时间不少于半小时。

（2）确立活动内容，分厂在每个月组织的安全生产例会上，结合国家安全生产形势，分公司的会议精神及分厂的生产实际，具体安排 1~2 个必须开展的安全学习内容，除此之外，各班组可以自主学习一些事故案例、电业安全工作规程、安全技术知识，也可以总结上一周的安全工作情况，布置下周的安全工作。

（3）实行车间领导与班组安全日挂钩制度，各车间领导、安全员各自分管一个或几个班组，分头参加班组安全日活动（负责几个班组的，轮换参加），并签名。这样既转变了干部作风，又促进了安全日活动的正常开展，同时也加速了基层安全信息的全面反馈。

（4）规范班组安全日活动记录，按统一记录格式填写，要求应到与实到人数相符，所有参加人员必须自己签名，没有参加人员要补学，每次活动记录都有车间分管领导的签字。

（5）加强班组安全日活动的监督，并加大奖罚力度。分厂安全管理人员每月每个车间抽查 2~3 个班组的安全日活动记录；另外，为了防止班组安全日活动流于形式或弄虚作假，分厂每月要深入班组，随机抽查职工本周或上周班组安全日活动的内容。记录不符合要求或考问答不上来的情况，作为考核该班组的依据。

6. 开展班组安全培训

（1）安全规程学习制度化、日常化，分厂每月对每个车间随机抽考 5~10 名职工，检查职工学习情况；各车间每季度组织一次抽考；分厂每半年组织一次全员安全规程闭卷考试，并对学习达不到要求的进行考核。

（2）分厂每月开展一次反事故演习，利用备用设备或道具，模拟事故应急处理，培养职工快速反应能力和冷静正确地处理事故能力。

（3）基层班组经常开展事故预想活动。具体做法是：一般由班组长、班组安全员或有经验的司炉、司机对班组成员或助手等提出某项操作可能发生的异常情况，由被问者述说处理方法，提问者再作评价，共同就一项具体的操作磋商多次，共同研究选出最优操作法。

（4）运行班组利用班后会总结安全生产工作，让每个职工都谈一谈各自在这一个班里的操作安全经验、某项操作的特殊体验或安全认识方面的变化，相互交流，共同提高。

经验四：建立安全标准化管理，有效控制事故

某化工有限公司通过建立安全标准化管理体系，规范了公司的安全管理，尤其是提高了班组的安全管理水平，使"安全第一、预防为主、综合治理"的方针和企业的各项安全工作真正落实到了班组，有效减少了各类事故的发生，巩固了公司的安全管理基础。主要通过以下几个方面来开展班组安全建设工作。

1. 制定班组各成员安全职责并进行考核

制定《全员岗位安全职责》，规定班组长和班组各成员的安全职责，每个季度对职责履行情况进行一次考核，并进行奖惩。

通过制定班组各成员安全职责和考核机制，提高了班组各成员的安全工作积极性，确保班组各成员能够主动履行自己的安全职责，增强安全生产意识，按章办事，互相监督，从不同角度做好工作，确保安全，杜绝事故。

2. 开展形式多样的班组安全教育和班组安全活动

（1）班组安全教育

安全理论是枯燥乏味的，学起来不易掌握，容易忘记，工作中人们更是常常沿用承袭下来的习惯，甚至不探究这些习惯的正确性。不良习惯一旦养成则不易矫正，长此以往，必酿大祸；承袭不良的作业传统，侥幸过关，还以为是经验，容易产生麻痹松懈思想，使本来就很薄弱的安全防线不攻自破，从而导致事故的发生；习惯性的做法易被人接受，从而使违章面不断扩大，造成恶性循环。故此，对安全理论的学习显得尤为重要，却也尤为困难。

采用形式多样的班组安全教育形式，如岗位培训；班前班后会；剖析事故案例；观看反映安全生产的电影、电视；标语黑板报等。这些方式方法，生动直观形象、富有感染力，使安全教育如同春风化雨，深入人心，收到了事半功倍的效果。

（2）班组安全活动

安全活动的质量与人身安全、设备安全有着密切的关系。公司规定班组必须坚持每月搞两次安全活动。班组安全活动要求内容充实、联系实际、形式多样、讲求实效，班组必须做好记录，避免流于形式。

公司规定领导必须定期参加班组安全活动，其好处是能引起员工对安全活动的重视，能及时了解和解决班组在安全生产中存在的问题，能抓住重点问题展开讨论和进行安全分析，能掌握班组生产、安全情况。班组安全活动不能流于形式搞突击，要形成制度化，针对班组的实际，查找思想中的隐患。

活动的内容是多方面的，如开展安全技术问答、安全知识竞赛、安全培训、技术比赛、模拟现场安全措施、安全分析、事故预想；每季度进行一次事故应急预案演练；结合生产实际，有针对地组织班组成员学习上级有关安全生产的规章制度、文件和会议精神，事故通报及安全生产知识；交流班组成员之间、成员与领导之间、班组之间的安全工作情况；交流对班组安全生产的看法，"反三违"活动的经验与体会，搞好班组安全生产的经验；评议本班组安全生产中的好人好事，习惯性违章在本班组中的各种表现，本班组和其他班组发生的不安全情况；分析班组安全管理上存在的问题，分析设备和系统存在的隐患和薄弱环节，研究改进措施；检查班组安全管理上存在的问题，重点检查设备和系统存在的隐患和消缺情况，安全工器具完好情况，现场安全设施和工作现场安全措施完善情况，有无违章情况；表扬安全生产中的好人好事，对违章人员提出批评教育和处罚；发动班组成员为安全工作献计献策，收集他们提出的合理化建议等。

各种安全活动要使员工感到活动内容生动活泼、学以致用，从而提高参加学习的积极性和效率。

3. 努力提高各班组长的安全素质

班组是企业安全工作的窗口，而班组安全工作的好坏，起关键作用的是班组长。他们的安全素质如何，直接决定着班组安全管理的成败和安全生产的好坏。因此，要抓好班组安全管理，必须从班组长抓起，从提高班组长的素质抓起。

公司挑选那些政治坚定、有强烈的事业心和责任感，热爱本职工作，有一定生产经验的职工担任班组长。并规定班组长应熟悉安全工作规程、现场技术规程，熟悉本企业和车间（工场、工区、队）制定的事故、障碍、异常调查规定及其他有关安全生产的规章制度，熟悉本班组分工管辖的设备的结构原理和系统的图纸、技术资料、工作的技术要求和质量标准，及时掌握本班组管辖范围内设备系统存在的威胁、安全生产的隐患和薄弱环节，掌握本班组分工管辖的设备系统和工作的安全特点和特殊安全要求，掌握本班组的安全生产目标、安全工作指导思想、安全工作要点和安全技术、反事故技术措施，掌握班组内人员的思想动态、技术业务能力和特点、安全意识水平和对安全生产的态度，掌握班组安全管理上存在的问题和薄弱环节，掌握本班组外来人员（包括临时工、外协工、民工、实习生等）的情况及其安全管理要求等。公司每年会对班组长进行统一的安全教育培训，不断增强班组长的安全素质。

通过对班组长的严格要求，使班组的安全管理工作得到有效开展。

4. 加强班组现场安全管理

(1) 安全检查

班组安全检查对安全工作的促进很大。我公司规定每个当班班组每天进行一次现场安全巡检，尤其是重大危险源、关键装置的检查，并做好检查记录。通过经常性和规范性的安全检查，可以及时发现和查明各种"险情"和"隐患"，并采取相应的措施，加以有效地防范和整改，化险为夷；可以及时监督各项安全规章制度和操作规程的贯彻实施，及时制止违章作业，确保安全生产的实现。

班组安全检查形式较多，按检查人员划分有自检（自我检查）、互检（互相检查）、专检（专人检查）；按检查内容划分有普通检查、专业检查；按时间划分有季节检查、节假日检查和"三检制"（指班前、班中、班后进行安全检查）等。

(2) 作业过程控制

数理统计表明，大量的事故多发生在作业中和作业现场。因此，作业控制是班组动态管理的重点方面。我们公司通过分析生产工序中的危险因素，有针对性地采取控制对策，按班、按日检查落实情况，发现问题及时解决。公司根据工作性质的不安全状态和信息反馈的情况，把安全检查的对象加以分析，把大系统分成若干子系统，确定安全检查项目，再把检查项目按照大系统和子系统的顺序编制成班组安全检查表，每班对照检查。检查有规律、检查项目全，内容底数清。

总之，班组的安全管理工作是一项复杂、长期的系统工程，要以建设本质型安全企业为大前提，树立科学管理、以人为本的安全理念，下大决心、下大力气全员参与建设。班组虽小，但安全职责不小，当我们投入热情、科学对待时，才能使企业的安全管理从基础上得到落实。